资助项目（基金）：
四川省"西部卓越中学数学教师协同培养计划"项目（ZY16001）
四川省高校人文社科研究基地四川中小学教师专业发展研究中心科研项目
——中学数学教师核心素养结构与测评研究（PDTR2018-02）
内江师范学院2020年校级教改项目——中学数学探究教学的案例开发与实验研究（JG202019）
四川省教育科研资助金项目重点课题"差错诊断与差错控制——数学教与学解困新路探究"（SCJG20A049）

内江师范学院
四川省"西部卓越中学数学教师协同培养计划"项目
研究成果之一

中学数学
教学设计案例

ZHONGXUE SHUXUE
JIAOXUE SHEJI ANLI

编　著	王　佩	赵思林		
编　委	李寿珍	袁小燕	王淑丹	罗　东
	白雄英	程雪莲	刘籽含	张彬彬
	郭彩漪	刘　丹	赵天玉	连　科
	黄成世	唐　瑞	高　峥	汪　洋
	熊　露	刘　艺	蒋　双	赵　伟
	张先毅			

四川大学出版社
SICHUAN UNIVERSITY PRESS

项目策划：毕　潜
责任编辑：毕　潜
责任校对：胡晓燕
封面设计：墨创文化
责任印制：王　炜

图书在版编目（CIP）数据

中学数学教学设计案例 / 王佩，赵思林编著. — 成都：四川大学出版社，2021.5
ISBN 978-7-5690-4704-2

Ⅰ．①中… Ⅱ．①王… ②赵… Ⅲ．①中学数学课－教学设计－高中 Ⅳ．① G633.602

中国版本图书馆 CIP 数据核字（2021）第 085620 号

书　名	中学数学教学设计案例
编　著	王　佩　赵思林
出　版	四川大学出版社
地　址	成都市一环路南一段 24 号（610065）
发　行	四川大学出版社
书　号	ISBN 978-7-5690-4704-2
印前制作	四川胜翔数码印务设计有限公司
印　刷	成都东江印务有限公司
成品尺寸	185mm×260mm
印　张	14.5
字　数	370 千字
版　次	2021 年 8 月第 1 版
印　次	2021 年 8 月第 1 次印刷
定　价	63.00 元

◆ 版权所有 ◆ 侵权必究

◆ 读者邮购本书，请与本社发行科联系。
　电话：(028)85408408/(028)85401670/
　　　　(028)86408023　邮政编码：610065
◆ 本社图书如有印装质量问题，请寄回出版社调换。
◆ 网址：http://press.scu.edu.cn

四川大学出版社
微信公众号

前　言

　　数学教学设计是为了达到教学活动的预期目标，减少教学中的盲目性和随意性，使学生能更高效地学习，开发学生的学习潜能，塑造学生的健全人格，以促进学生的德智体美劳全面发展．数学教学设计研究可有效帮助师范毕业生——未来青年教师的中坚力量，提升业务素养、研究意识、研究能力，启发探寻理论的内在需求，激发摒弃偏见和错误的勇气，追求教学艺术的卓越．

　　关于指导本科生撰写教学设计研究论文．师生共同探讨，预先构想论文选题、框架，然后基于此框架收集资料、寻找依据，有效解决本科生相关知识技能积淀不足等问题．构思论文是对思维的一种挑战．例如，如何清楚描述问题，使读者也认为这是一个亟待解决的问题？用什么方法解决这个问题？可以得出什么结论？如何有效表达研究成果？如何阐述得有理有据，使人信服，又能够与他人分享？对于初步接触研究论文撰写的学生而言，在这条未知且充满艰难的道路中所经历的迷茫、无奈，随着时间的流逝终将淡忘，而经过字斟句酌最终成型、定稿的论文，记录着学生的汗水，并激励着他们不断前行，进而自我发现、自我成长．期望通过指导本科师范生撰写教学设计研究论文，逐步促进他们从不会教到能教、从能教到会教、从教知识到教方法、从胜任教学到高效教学，让未来青年教师初尝胜利的甘甜，不断促进教师专业发展．

　　关于数学教学设计的理念．提倡全面理解，充分挖掘数学学科的育人价值、应用价值、科学价值和文化价值，以提高学生的推理能力、抽象能力、想象力和创造力等．思考问题产生心灵愉悦，探究问题激活生命活力．从数学发生发展的本源上促进学生的理解，启迪学生的思维，探寻数学知识体系的逻辑顺序和学生学习的心理顺序之间的最佳结合方式．理论的指导是教学设计由经验层次上升到理性、科学层次的基本前提，因此，既要遵循学习内容的特点，又要遵循学生学习数学的心理规律．通过展示相关知识的背景，阐明知识的来龙去脉以及本质，注重在获得知识过程中的能力生成、情感体验和人文关怀．通过创设问题情境，让学生去探究、去发现，想象学生会遇到怎样的困惑，会有怎样的反应．至于需要发现什么、探究什么，这就需要教师提前思考、构思，并呈现在教学设计中．

　　关于科普式教学．当学生的理解力和接受心理不适应数学的抽象性时，为呵护学生对数学的感受和热情，建议暂时避开数学的抽象性和严密性，采取科普式的数学教学方式，把抽象的东西变得具体，把严格的东西变得直观．教师可采用通俗易懂、科学准确的语言对教材内容进行解释、说明、论证．例如，对于导数定义的教学，可以暂时回避极限的严格定义，用直观语言并借助图式描述极限、导数．

　　关于创造性使用教材．教材的局限所造成的困扰成为创造性教学的契机．从开篇布局到起承转合，每一步都可基于对教材的欣赏、改造和完善，基于对教材局限的突破，基于对静态学术知识和动态教学知识的有机结合，基于对学生认知规律和思维特点的思考．揣摩教材编写者的意图，感知编者面临的困境，尝试通过重组和创新等方式来解决教材因文本局限带来的矛盾．也可以通过比较、借鉴和参考多版本教材，从中获得启发和灵感，获取教材创新的智慧．调整或重组教材提供的素材时，选取最能体现问题本质、最典型、最具可接受性的素材，以此建立思路清晰、结构和谐的教学体系，引领学生向上．

关于教学设计的基本程序．确定教学的预期目标；厘清教学重难点；确定学生的起点状态（包括学生已有的知识水平、经验和技能，以及学习动机和状态）；分析学生从起点状态过渡到终点状态应掌握的知识技能，或应形成的态度和行为习惯；考虑用什么样的方式和方法呈现教材，提供学法指导；考虑用什么样的方式和方法引起学生的反应并提供反馈；考虑如何科学合理地测量和评价教学效果．

关于教学过程的设计．通过复习旧知或创设情境引入，将已学过的知识不断提取和再现，对其进行归纳整理、巩固提高、融会贯通．这是为了恢复或强化头脑里已形成的知识经验，从而对其进行组块的再加工，以期将新知识与学习者认知结构中已有的适当观念建立起实质性的联系．创设能引发学生兴趣和想象的思维情境，激发学生"愤、悱"的内在需求和主动探究的意愿，即想求明白而感到困难、想说出来又说不明白的状态．关于探究新知．围绕知识的形成、获得和辨析这一条主线，给予学生去探索、去经历、去尝试的深度参与式探究．关于课堂小结．从知识、思想、方法等层面来进行课堂小结，并提倡用省略号或者问号来结束．知识层面主张以本节课所学知识的发生和发展这一条逻辑明线来进行梳理，旨在将知识框图内化为学生的认知结构．可通过对一系列问题的追问来实现，比如，今天主要学习了什么？为什么要学习它？学习它的意义和价值何在？接着从怎样学习它，即学习它背后蕴涵着哪些数学思想方法这一条暗线来进行．及时提炼思想方法，方能维持其时效性和鲜活性，使学生在学习数学知识的同时，学到数学思考问题、解决问题的一般思想方法．数学思想方法是在问题解决过程中的自然延伸，应该在其过程中渗透、揭示、运用和提炼，为今后面对未知的问题情境或复杂的学术情境做好铺垫．关于布置作业．从以下四个层面布置作业：第一，复习本节课所学内容；第二，练习与本节课内容息息相关的习题；第三，提供能促进学生思维发展的相关思考题；第四，预习下一节课即将要学习的内容．及时复习有利于学生对本节课所学知识的巩固和掌握，必做题和思考题既可以考查所有学生对本节课知识点的掌握情况，也可以让学有余力的学生得到综合训练；而课前预习使学生在课堂听课环节更具有针对性．

本书主要探讨了函数单调性、弧度制、正弦函数的图像与性质、正弦型函数图像的变换、两角差的余弦公式、正弦定理、余弦定理、等比数列求和公式、基本不等式、平面的公理、直线与平面平行的判定定理、双曲线及其标准方程、导数的定义、分析法等课题的教学设计．

本书在撰写过程中力求体现如下特点：

（1）重视实用性．书中的数学教学设计案例对高中一线教师和高等师范院校的本科生、研究生等具有实用性，可以结合具体学情稍微改动后投入教学实践．

（2）对上述课题的教学设计进行了深度探讨．书中每一个教学设计案例均从2~3个视角对其进行教学设计，并给出相应的设计意图．

（3）注重理论与实践结合．理论的指导是教学设计由经验层次上升到理性、科学层次的基本前提. 书中所有教学设计案例均基于教学理论, 如 5E 教学模式、ARCS 动机模型、KWL 教学策略、MPCK 教学理论、BOPPPS 教学模式、PBL 教学模式、自然学习设计理论（4MAT 理论）、HPM 教学理论、认知同化学习理论、问题驱动理论、数学核心素养理论等.

（4）书中教学设计均写成论文形式, 为一线教师和高等师范院校的本科学生、研究生提供了撰写教学设计论文的样例.

（5）本书选取内江师范学院数学与信息科学学院数学与应用数学专业部分师范生的毕业论文, 系"西部卓越中学数学教师协同培养计划"项目、四川省高校人文社科研究基地四川中小学教师专业发展研究中心科研项目研究成果之一.

本书编著者王佩、赵思林系这些教学设计的指导教师（即通讯作者）. 感谢为本书的出版提供有力支持和资助的内江师范学院数学与信息科学学院、科技处、教务处, 四川省"西部卓越中学数学教师协同培养计划"项目（ZY16001）, 四川省高校人文社科研究基地四川中小学教师专业发展研究中心科研项目——中学数学教师核心素养结构与测评研究（PDTR2018-02）, 内江师范学院教材出版基金, 2019 年成都市教育科研重点课题"基于大数据差错诊断的直播教学结构构建"（CY2019Z07）, 内江师范学院 2020 年校级教改项目——中学数学探究教学的案例开发与实验研究（JG202019）, 四川省教育科研资助金项目重点课题"差错诊断与差错控制——数学教与学解困新路探究"（SCJG20A049）等; 感谢为本书的出版付出辛勤劳动的四川大学出版社的编辑们; 感谢为本书的出版提供资料的本科学生李寿珍、袁小燕、王淑丹、罗东、白雄英、程雪莲、刘籽含、张彬彬、郭彩漪、刘丹、赵天玉、连科、黄成世、唐瑞以及高峥（成都七中）、汪洋（成都西藏中学）、熊露（内江师范学院）、刘艺（内江师范学院）、蒋双（内江师范学院）、赵伟（巴中市巴州区教师进修学校）、张先毅（内江市二中）等; 对引用研究成果的作者致以衷心的谢意, 同时也深深感谢关心、支持本书出版的所有同行和朋友们. 限于水平和时间, 书中一定存在不少问题, 敬请大家批评指正.

编　者

2021 年 3 月

目 录

第一章 教学理论及教学方法……………………………………………………（1）
 理论1 HPM 教学理论……………………………………………………（1）
 理论2 认知同化学习理论…………………………………………………（2）
 理论3 MPCK 教学理论……………………………………………………（3）
 理论4 5E 教学模式…………………………………………………………（4）
 理论5 ARCS 动机模型……………………………………………………（6）
 理论6 自然学习设计理论…………………………………………………（7）
 理论7 BOPPPS 教学模式…………………………………………………（7）
 理论8 PBL 教学模式………………………………………………………（9）
 理论9 APOS 教学理论……………………………………………………（9）
 理论10 范希尔理论…………………………………………………………（10）
 理论11 KWL 教学策略……………………………………………………（11）
 方法1 情境教学法…………………………………………………………（12）
 方法2 讨论教学法…………………………………………………………（12）

第二章 数学教学设计案例………………………………………………………（13）
 第一节 函数单调性的教学设计……………………………………………（13）
 第二节 弧度制的教学设计…………………………………………………（28）
 第三节 正弦函数图像与性质的教学设计…………………………………（45）
 第四节 正弦型函数图像变换的教学设计…………………………………（57）
 第五节 两角差的余弦公式的教学设计……………………………………（81）
 第六节 正弦定理的教学设计………………………………………………（92）
 第七节 余弦定理的教学设计………………………………………………（105）
 第八节 等比数列求和公式的教学设计……………………………………（114）
 第九节 基本不等式的教学设计……………………………………………（130）
 第十节 平面的公理的教学设计……………………………………………（136）
 第十一节 直线与平面平行的判定定理的教学设计………………………（150）
 第十二节 双曲线及其标准方程的教学设计………………………………（162）
 第十三节 导数定义的教学设计……………………………………………（177）
 第十四节 分析法的教学设计………………………………………………（188）

第三章 教师及学生发表的论文 (199)

第一节 核心素养视角下的数学教学设计
——以"任意角的三角函数的定义"为例 (199)

第二节 "单位圆定义法"与"终边定义法"的有机融合
——以三节"任意角的三角函数"课堂实录为例 (205)

第三节 多种教学理论视角下的排列概念的教学设计 (213)

第四节 基本不等式教学研究综述 (218)

第一章 教学理论及教学方法

理论 1 HPM 教学理论

一、理论简介

HPM 是英文 History and Pedagogy of Mathematics 的缩写,既是指数学史和数学教育关系的国际研究团体,也是指如何将数学史融入数学课堂教学,以促进学生的发展的研究主体[1]. 汪晓勤教授认为该理论框架可以用"一个视角、两座桥梁、三维目标、四种方式、五项原则、六类价值"来概括[2]. 这一理论使数学教学处于 HPM 的视角下,搭建起了沟通数学与人文、历史与现实之间的桥梁;提出教师专业发展所需的知识、信念和能力三个维度;给出了将数学史融入数学教学可以采取的附加式、复制式、顺应式和重构式四种方式;提出在数学教学中要遵循趣味性、科学性、有效性、可学性、人文性这五大原则;明确数学史在数学教学中具有和谐知识、美化方法、乐于探究、展现文化魅力、锻炼能力、进行德育教育六类价值.

二、理论的应用

数学史为数学学习者提供了领会数学思想的台阶,可以说数学史是数学教学的指南针[3]. 数学史是数学文化的重要部分,也是数学文化渗透到数学教育的一种形式,它可以让学生了解数学概念、思想和方法的演变、发展、形成过程,进而启迪学生在学习的过程中探求对数学发展产生影响的各种因素,以培养学生的数学思维逻辑. 这也进一步证明了数学史是融数学知识传授与智慧启迪于一体的一门学科[3].

关于如何将数学史融入数学教学,HPM 理论提供了附加式、复制式、顺应式、重构式四种方式[4]. 李林波认为数学史与数学教育融合方式有两种:一是故事策略,二是揭露思维[5]. Bidwell 提出运用数学史的三种方式:一是在课堂上展示有关数学史的趣闻轶事;二是在授课过程中加注历史材料;三是将数学历史的发展过程作为课程本身的一部分[6]. 无论是以何种方式将数学史融入数学教学,都需要从学生的认知结构出发,选取富有典型性和教育意义的数学历史素材,对数学历史素材进行适当的处理,基本呈现数学知识从自然产生到发展再到形成的过程,调动学生的学习内驱力,以形成学习兴趣,达到发生教学法的最佳效果[7]. 学生通过领略数学家们的创造性思维过程,可以深刻地理解教材,领会教材的实质，从而增强学生驾驭教材的能力[8]．通过数学史教学，向学生渗透数学创造性思想，培养数学科学精神和人文精神，发展学生的认知和情感，提升学生的求知欲，以达到掌握所学知识的目的．

参考文献

[1] 徐利治，王前．数学哲学、数学史与数学教育的结合——数学教育改革的一个重要方向［J］．数学教育学报，1994，3（1）：3-8．

[2] 陈飞．中国特色的 HPM 理论：将数学历史融入数学教学——汪晓勤教授访谈录［J］．中学数学教学参考，2019（7）：7-12．

[3] 居艳．科学予知　历史予智——《数学史选讲》教学之思考［J］．数学通报，2013，52（4）：25-27，31．

[4] 吴骏，汪晓勤．数学史融入数学教学的实践：他山之石［J］．数学通报，2014，53（2）：13-20．

[5] 李林波．数学史与数学教育的融合——评《HPM：数学史与数学教育》［J］．高教探索，2018（6）：136．

[6] Bidwell J K．Humanize Your Classroom with the History of Mathematics［J］．Mathematics Teacher，1993，86（6）：461-464．

[7] 崔静静，赵思林．HPM 视角下对数定义的教学设计［J］．理科考试研究（初中版），2018（11）：25-28．

[8] 张楠，罗增儒．对数学史与数学教育的思考［J］．数学教育学报，2006，15（3）：72-75．

理论 2　认知同化学习理论

一、理论简介

认知学习理论起源于 20 世纪 60 年代，同化与顺应学习理论最开始是由瑞士著名心理学家皮亚杰（Piaget）提出的，而认知同化学习理论是由美国当代著名的认知心理学家奥苏贝尔（Ausubel）于 1978 年正式提出的，并对该理论做了系统的研究．他认为学生认知学习的基本方式包括同化和顺应两种．同化学习是指学习者根据学习的新内容与原来认知结构中内容的相似性与契合性的特征，将新学习的内容纳入原有的认知结构，不断积累以发生量变，使之更加充实和完善；顺应学习是指学习者对于学习的新内容无法直接通过同化学习得以掌握，进而选择调整原有的认知结构，使认知结构发生质的变化，可以纳入学习的新内容[1]．同化学习是有意义的学习过程，包含着下位学习、上位学习和并列结合学习三种关系，这三种学习关系是决定学习产生方式的重要因素[2]．同化主要适用于与旧知识联系紧密，从旧知识中发展出来的新知识的学习；顺应主要适用于那些与旧知识没有直接联系，与原有认知结构差别较大的新知识的学习．

二、理论的应用

数学知识的学习是在认知和理解的过程中完成的，在这个过程中可以运用归纳法进行同化学习或顺应学习，消除学生心理上的恐惧感，引导学习尽快入门上位．可以采用演绎法选择同化学习或顺应学习，突破惯性思维的局限性，克服心理障碍，揭示数学知识的本质．可以通过类比教学，促进同化学习或顺应学习，突破教学难点，加速认知结构的形成[3]．科学进行学习不仅需要学习者对所学知识有从初步认识到深刻理解的体验过程，还需要学习者在学习后能够自主形成新的、更加完备的知识系统、网络框架，更重要的是要在同化新知识的过程中积累学习活动经验，激活全脑思维，学会学习．

认知同化学习理论是教师必须知道并能灵活运用的认知学习理论，因为只有熟知认知同化学习理论，才能更好地判断各数学知识之间的联系、学生的认知结构适合采取的学习方式是同化还是顺应．选择不同的学习方式会对人的认知产生不同的影响，而在人的认知学习过程中经常容易出现认知失调的现象，即出现认知冲突．心理学家费斯廷格认为，认知冲突是指原有认知结构与所学新知识之间无法包容的矛盾，当出现认知冲突时也就意味着认知失调出现了[3]．认知失调往往是教学的绝佳机会，是不容忽视的．教师要抓住一切教学良机，根据所选的学习方式采取合适的策略设计教学．

参考文献

[1] 喻平. 基于认知主义的数学教学观 [J]. 中学数学月刊, 2009 (6)：1-3.
[2] 李可南. "同化顺应"理论在优化概率论教学中的作用 [J]. 湖南师范大学社会科学学报, 1991 (4)：117-119.
[3] 林金茂. 引发认知之冲突, 促进前概念之转变 [J]. 福建基础教育研究, 2015 (2)：92-93.

理论 3　MPCK 教学理论

数学教学内容知识（Mathematics Pedagogical Content Knowledge，MPCK）是由教学内容知识（Pedagogical Content Knowledge，PCK）结合数学学科发展而来的．PCK 最早是由美国教育家舒尔曼根据当时教师资格认定等方面出现的学科知识与教学知识相分离这一现象提出的．这一理论提出后，有许多研究者对其内涵进行了拓展，虽然成分有所不同，但本质上都认为 PCK 是关于教师如何将知识转换为适合学习者的不同兴趣和能力，以使学习者更好地进行有关学习方面的知识[1]，同时 PCK 也是教师开展教学活动时具有的独特知识[2]．有了对 PCK 的认识，对于 MPCK 则可以理解为关于某一特定的数学内容该如何进行表述、呈现和理解，以使学生更容易接受和理解的知识[3]．为使 MPCK 具有更高的实用性，黄毅英等[4]将数学教师教学需要的知识分为数学知识（Mathematics Knowledge，MK）、教学法知识（Pedagogical Knowledge，PK）、内容知识（Content Knowledge，CK）．在教学过程中需要将三者综合使用才能更好地将数学中学术形态的知识转换为教育形态的知识，使学生更好地理解所教知识的内容及本质．各部分知识间相互作用，形成数学教师需要的基础知识．将三者比作集合，其交集即为 MPCK，如图 1 所示．

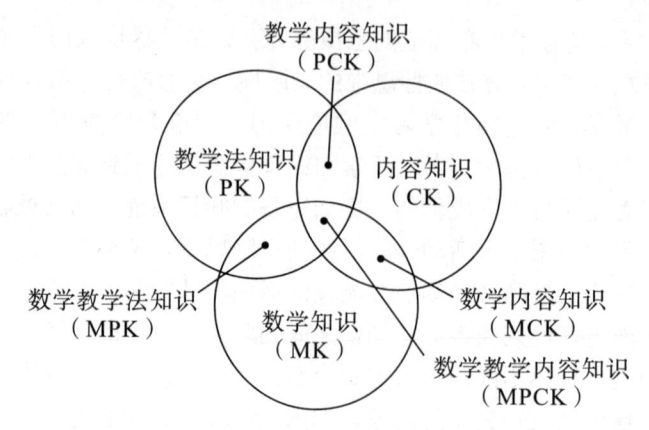

图 1 MPCK 的一般结构[4]

参考文献

[1] 李渺,宁连华. 数学教学内容知识(MPCK)的构成成分表现形式及其意义[J]. 数学教育学报,2011,20(2):10-14.

[2] Shulman L S. Those Who Understand: Knowledge Growth in Teaching [J]. Educational Researcher, 1986, 15 (2): 4-14.

[3] 童莉. 数学教师专业发展的新视角——数学教学内容知识(MPCK)[J]. 数学教育学报,2010,19(2):23-26.

[4] 黄毅英,许世红. 数学教学内容知识——结构特征与研发举例[J]. 数学教育学报,2009,18(1):5-9.

理论 4 5E 教学模式

5E 教学模式由美国生物学课程研究(Biological Science Curriculum Study,BSCS)开发,由美国生物科学协会的教育委员会于 1958 年提出,目的在于改革当时的静态课程,全方位促进生物学教育[1]. 20 世纪 80 年代,5E 教学模式被广泛应用,21 世纪初被引入国内,各学科用其指导教学,已初具成效,生物学科尤为显著,但数学教学方面的应用却较为缺乏[2-7]. 本模式由五部分构成,分别是 Engagement(引入)、Exploration(探究)、Explanation(解释)、Elaboration(迁移)和 Evaluation(评价)[1-8]. 5E 教学模式有利于我国基础教育改革,能够有效辅助我国探究教学的深入开展[9]. 其中评价是本模式的最大亮点,与其他教学模式相比,它将评价渗透于各个教学环节,如图 2 所示,全程引导学生自评、互评,教师点评,增强学生的参与度,实现学生是课堂的另一主人,提高教学效率.

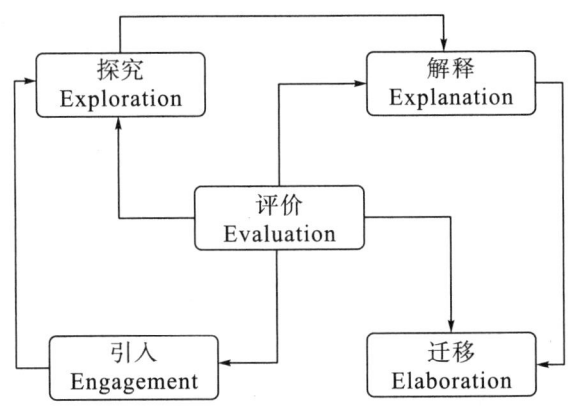

图 2 "5E 教学模式"流程

第一环节——引入，本模式的起始环节[2-5,8]．其中，复习引入在于引导学生回顾旧知，激活已有知识结构中与新知紧密联系的知识节点，提高探究新知的效率；情境引入在于引起学生的认知冲突，激发学生的学习兴趣和欲望，促进学生主动参与课堂探究．

第二环节——探究，本模式的中心环节[2-4,8]．探究主要指"探" + "究"，"探"是引导学生提出是什么，"究"则是引导学生明白为什么[10]．探究过程中，教师要坚持以人为本的学生观，并践行学生是学习的主体的理念．教师需要给学生思考、探索的时间和空间，并适当地给予提示或引导．

第三环节——解释，本模式的核心环节[2,4,8]．引导学生在探究活动中观察发现得到的规律性的结论，根据理解，用自己的话语体系进行概括、总结，此时，教师需引导学生不断完善、补充，最终将结论以简捷、准确、精炼的形式呈现出来．在这一环节中，学生通过与同伴共同探究，能初步发现并提出一个"初具雏形"的规律性的结论，这有效提升了学生的自我认可感和成功体验感．

第四环节——迁移，本模式的精致环节[4]．根据解释环节得到的新概念或新结论，进行具体的、可操作性的实施、练习、迁移，即利用所学到的知识解决新的问题，让学生学以致用．教师设计的问题需要恰当、全面且具有层次性，用于促进学生对新知识的理解．

第五环节——评价，本模式的贯穿环节．该环节贯穿于整个教学活动中，较明显的体现于评价学生对新学知识的理解和内化．例如，通过练习、测评的完成情况，对学生进行终结性评价；通过课堂回答问题及小组交流，对学生进行过程性评价[2]．一方面保证教学目标的完成，另一方面有利于改进后续教学．

参考文献

[1] 马文奎．美国 BSCS 中的"5E"教学模式 [J]．外国中小学教育，2002 (4)：39-40．
[2] 黄勇樽．5E 教学模式下的思想品德教学设计 [J]．中学政治教学参考，2013 (6)：26-28．
[3] 刘玉荣，靳建华．"5E"教学模式在化学教学中的应用 [J]．现代中小学教育，2013 (7)：41-43．
[4] 汪涛，戴文远，陈庆颖．5E 教学模式在地理实验教学中的应用——以河流地貌模拟实验为例 [J]．地理教学，2019（20）：4-7．
[5] 袁维新．"5E 教学模式"及其在生物学教学中的应用 [J]．生物学教学，2004 (5)：10-11．
[6] 佘建云，安军．围绕生物学核心概念的教学设计——以"遗传信息的传递"为例 [J]．生物学通

报, 2010 (10): 24-27.
[7] 邓秋萍, 刘恩山. 运用 5E 教学模式进行"拒绝饮酒"的教学设计 [J]. 生物学通报, 2011 (1): 28-30.
[8] 吴成军, 张敏. 美国生物学 "5E" 教学模式的内涵、实例及本质特征 [J]. 课程·教材·教法, 2010 (6): 108-112.
[9] 胡久华, 高冲. 5E 教学模式在我国的教学实践及其国外研究进展评析 [J]. 化学教育, 2017 (1): 5-9.
[10] 赵思林, 李正泉. 由椭圆中点弦问题引发的研究性学习 [J]. 数学通报, 2016 (9): 38-41.

理论 5　ARCS 动机模型

ARCS 动机模型由美国心理学教授凯勒（J. Keller, 1987）提出, 是期望价值及教学设计客观理论的结晶, 在各个教学环节利用科学的方法激发并维持学生的学习动机[1-2]. 该模型由 Attention（注意）、Relevance（关联）、Confidence（自信）、Satisfaction（满足）[2-10]四部分构成. 注意是指通过提出能引起学生注意并思索的问题, 激发其求知欲望和热情. 关联是指教学要与学生的知识背景、个人需求和生活经验联系起来. 自信是指教师帮助学生建立对数学积极且适度的期望, 并提供容易获得成功的机会, 增强其自我认同感. 满足是指通过知识框架的梳理过程, 让学生学有所得, 获得成功体验和满足感.

注意和关联指出学习目标和学习任务, 需与学生的经验相联系, 强调任务的内在吸引力, 以及教学事件的外在驱动力. 自信和满足主张用学习获得的自然结果来强化其带来的愉悦, 也主张教师认可学生的点滴进步, 注重引导学生个人自身的纵向比较.

参考文献

[1] 陈立春. 美国 "ARCS 学习动机设计模型" 的本土化研究 [J]. 上海教育科研, 2009 (12): 65-66.
[2] 黄波. ARCS 动机设计模型在初中物理课堂教学中的思考与实践研究——以 "液体的压强" 的教学为例 [J]. 物理教学, 2018 (12): 37-39.
[3] 郭红霞. 基于 ARCS 动机模型的课程教学实践探索 [J]. 当代教育科学, 2019 (4): 49-51.
[4] 赵生龙, 王洁. "ARCS 动机模型" 下的地理学习动机设计——以人教版必修 1 "营造地表形态的力量" 为例 [J]. 地理教学, 2019 (23): 12-14.
[5] 郑康. ARCS 动机模型在高中物理课堂中的应用——以 "生活中的圆周运动" 为例 [J]. 中学物理教学参考, 2016 (12): 27-29.
[6] 孙冬梅, 刁彩霞. ARCS 动机设计模型及其在高校课堂中的实践探索 [J]. 现代教育科学, 2011 (3): 141-144.
[7] 陈立春. 美国 "ARCS 学习动机设计模型" 原理在课堂教学中应用的研究 [J]. 上海教育科研, 2010 (3): 79-80.
[8] 但娟, 何松, 王强. 基于 ARCS 动机模型的翻转课堂教学设计与理论探析——以 "金属与酸和水的反应" 为例 [J]. 化学教学, 2018 (6): 55-59.
[9] 肖素平, 钟娅琳. 例谈 ARCS 动机模型在高中人文地理教学中的应用 [J]. 地理教学, 2018 (19): 15-16, 62.

[10] 皮连生. 教育心理学 [M]. 4版. 上海：上海教育出版社，2011：304-311.

理论6　自然学习设计理论

自然学习设计（Nature Learning Design）又称四元学习循环圈（4MAT Learning Cycle），由美国教育心理学家 Bernice McCarthy 基于学习者的学习风格、左右脑控制、创造性、运动艺术等领域的研究成果提出[1-2]. 根据不同的信息感知和加工方式，McCarthy 将学习者的学习风格分为想象型、分析型、常识型、活力型四种类型. 其中，想象型学习者偏好"为何（Why）"类问题，关注学习的意义和价值；分析型学习者偏好"是何（What）"类问题，注重理解知识；常识型学习者偏好"如何（How）"类问题，注重操练和掌握知识；活力型学习者偏好"若何（If）"类问题，进行发现式学习，注重发现创新[3-7].

基于各类学习风格所偏好的问题有所不同，McCarthy 主张任何学习过程都要经历"为何（Why）—是何（What）—如何（How）—若何（If）"四个象限组成的学习循环圈. 其中，象限一"为何（Why）"回答为什么学习知识，象限二"是何（What）"回答当前所学内容是什么，象限三"如何（How）"回答如何操练知识，象限四"若何（If）"回答如何创新知识[8]. 在一个学习循环圈中，通过指向不同问题的各种学习活动，以实现综合培养学习者的目的.

参考文献

[1] 胡小勇. 问题化教学设计——信息技术促进教学变革 [M]. 北京：教育科学出版社，2006：73-75.
[2] 黄梦远，唐剑岚. 基于自然学习设计理论的数学实验创课设计——以"正弦函数的图像与性质"的教学为例 [J]. 中小学课堂教学研究，2017（Z2）：16-20.
[3] 张美玲. "4MAT"教学模式特点及其教学启示 [J]. 科教文汇（上旬刊），2011（11）：36-37.
[4] 左志宏，王敏，席居哲. McCarthy 学习风格的分类及其 4MAT 教学设计系统 [J]. 上海教育科研，2005（10）：63-66.
[5] 林德全，徐秀华. 学习概论 [M]. 郑州：河南大学出版社，2013：59-60.
[6] 黄江华，唐剑岚. 基于自然学习设计理论的数学概念教学设计——以"弧度制"教学为例 [J]. 中国数学教育（高中版），2018（3）：42-46.
[7] Enver T, Ramazan D. The effect of the 4MAT method (learning styles and brain hemispheres) of instruction on achievement in mathematics [J]. International Journal of Mathematical Education in Science and Technology, 2009, 40 (8)：1027-1036.
[8] 韦金利. 基于 4MAT 模式的高中函数概念教学设计 [J]. 课程教育研究：学法教法研究，2018（20）：142-143.

理论7　BOPPPS教学模式

由于教师资格证认定的需要，温哥华大学的道格拉斯·克尔在1976年创立了教师技能培训体系 Instructional Skills Workshop（ISW），BOPPPS 教学模式是 ISW 的理论基础，注重学生的参与度，发挥学生的主观能动性，提倡以学生为主体，将课堂教学过程进行模块化拆分，使用微型教学方式在教师培训中进行演练，通过短时间、小规模的高强度演练让教师重新审视并改进教学过程，从而保证既定课程教学目标的有效实施[1].

笔者在知网和维普网上进行文献检索，以"发表时间＝不限到 2020 年 3 月 22 日""主题＝BOPPPS"为条件进行检索，知网上得到结果 476 条，维普网上得到结果 473 条，其中最早的 BOPPPS 的文献收录于维普网，李秀清等[2]发表于 2010 年，王若涵等[3]发表于 2011 年，2015 年开始增量加大并在随后的三年持续增长，2019 年收录的文献知网上达到 214 篇，维普网上达到 209 篇. BOPPPS 教学模式在高校、高职院校和机构中得到广泛的应用，在各专业中有其独特的地位[2-5]，但在中学学科教学中目前还只用于物理教学中[5]. BOPPPS 教学模式将教学过程分成六个模块，即 Bridge-in（导言）、Objective（目标）、Pre-assessment（前测）、Participatory Learning（参与式学习）、Post-assessment（后测）和 Summary（总结），各模块的作用和课程教学要素见表 1，其中最重要的模块是目标，其他五个模块都为实现目标而服务[1,6].

表 1 BOPPPS 教学模块的作用和课程教学要素

标号	教学模块	作用	课程教学要素
1	导言 (Bridge-in)	从学生感兴趣的内容引出新课，进而使其产生学习动力	Why
2	目标 (Objective)	让学生明确掌握学习的方向	Who/Will do what/Under what condition/How well
3	前测 (Pre-assessment)	通过测验、问答等方式全面了解学生，帮助教师设置教学节奏，提高教学效率	Known what
4	参与式学习 (Participatory Learning)	学生参与，培养科学探究思维，增加师生、生生交流及课堂投入度	Whether or not
5	后测 (Post-assessment)	检测学习效果，有效评价教学过程	How well
6	总结 (Summary)	系统概括知识点，厘清学习框架	—

参考文献

[1] 曹丹平，印兴耀. 加拿大 BOPPPS 教学模式及其对高等教育改革的启示[J]. 实验室研究与探索，2016，35（2）：196-200，249.

[2] 李秀清，高珊. 大学英语课堂教学质量监控指标体系研究[J]. 中国成人教育，2010（12）：151-152.

[3] 王若涵，张志翔. BOPPPS 式教学在"植物生殖生态学"课程中的探索与实践[J]. 中国林业教育，2011（6）：55-57.

[4] 赵锋，齐晓丹. BOPPPS 教学模式在"药剂学实验"中的应用[J]. 实验技术与管理，2018，35（12）：184-186.

[5] 尹庆丰. BOPPPS 教学模式在高中物理课堂中的探索与实践——以"导体的电阻"为例[J]. 物理

教师，2018，39（4）：2—7.
[6] 张建勋，朱琳. 基于BOPPPS模型的有效课堂教学设计［J］. 职业技术教育，2016，37（11）：25—28.

理论8　PBL教学模式

1969年，加拿大麦克玛斯特大学的神经学教授Barrows[1]第一次提出以学习者、解决问题以及合作学习三者为中心的教学方式，这意味着Problem-Based Learning（简称PBL教学模式）的诞生. 20世纪80年代，PBL教学模式在欧美医学上得到较快的发展，到了1991年，美国70%的医学院都采用了PBL教学模式[2]. PBL教学模式打破了传统教学以讲授灌输为主的方法，师生共同创设学习问题，通过教师的点拨和启发，学生自主探究、合作学习[3].

PBL既是一种教学方式，也是一种学习方式. PBL教学模式在数学学科教学中分为七个部分，即划分小组、提出问题、小组讨论、汇报结论、同学提问、老师提问和总结评价.

参考文献

[1] BARROWS H S, TAMBLYN R M. The portable patient problem pack: a problem-based learning unit [J]. Journal of Med Education, 1977, 52 (12): 1002—1004.
[2] O'NEILL P A. The role of basic sciences in a problem-based learning clinical curriculum [J]. Med Education, 2000, 34 (8): 608—613.
[3] 孙天山. 指向"基于问题的学习（PBL）"模式的思考与实践 [J]. 教育理论与实践，2014，34 (26): 53—55.

理论9　APOS教学理论

APOS理论是美国学者杜宾斯基以建构主义为基础提出的理论，其核心是让学生从社会线索中学习数学知识，分析数学问题的情况，构成他们的数学思想[1]. 杜宾斯基以"如何帮助学生建立适当的心智结构"为数学教学的目的，从"学生是如何学习的"到"什么样的教学计划可以帮助这种学习的理解"，旨在帮助学生深层次理解数学概念，而不仅仅是听老师的讲解.

APOS强调在实际生活中发现和处理数学问题. 通过丰富多彩的数学活动来学习数学概念，利用数学活动中现有的知识和经验，内化数学概念，达到建立心理框架的目的. 在此过程中，个体按顺序构成了操作或活动（Action）、过程（Process）和对象（Object），最终由理解问题情况的图形结构（Scheme）构成[2].

第一阶段：操作或活动阶段. 这里的活动是指个体一步一步地通过外部现象（或记忆性）命令改变客观的数学对象[1].

第二阶段：过程阶段. 活动反复多次被个体熟悉，物理性的操作被内化为"过程".

可能存在这样的"程序",个体可以不通过外部刺激来想象这个过程,也可以不用进行具体的操作,他可以在脑海中实现这个程序,甚至可以反转这个程序,还可以与其他程序组合.

第三阶段:对象阶段.当个体能够将"过程"转化为一个整体时,这一过程成为其一种心理的"对象".

第四阶段:图形结构.对个体活动、过程、对象及其所具有的相关方面的图式进行相应的整合和精准,新的图形结构就可以被运用到解决问题的情况中.

参考文献

[1] 佚名. 第八章 APOS 学习理论 [EB/OL]. [2019-12-17]. https://dwz.cn/FEIwWLLl.
[2] 鲍建生, 周超. 数学学习的心理基础与过程 [M]. 上海:上海教育出版社, 2009.

理论 10　范希尔理论

范希尔(Van Hiele)夫妇把几何思维划分为五个水平[1].

第一水平:直观(visuality). 此阶段学生只能直观区分几何图形,如同范希尔所说,"图形看起来像"以及"知道图形是什么,却不能说明为什么"[2].

第二水平:分析(analysis). 学生可以描述图形的基本性质并进行图形分类. 如同克莱门兹和贝蒂斯塔所说:"这个阶段的学生不再通过直觉辨认图形,而是根据所了解的性质辨别图形."[3]

第三水平:非形式化的演绎(informal deduction). 学生能结合性质建立图形与图形之间的联系并进行图形分类.

第四水平:形式的演绎(formal deduction). 学生能够进行几何逻辑证明.

第五水平:严密性(rigor). 学生能够在公理系统下严谨建立定理.

20 世纪 80 年代,范希尔夫妇将以前的五个思维水平合并为三个[1].

(1) 直观水平:整体认识几何体,即通过观察几何体的外表不断认识.

(2) 描述水平:根据其几何体的性质不断认识. 此阶段学生已经由原来的感知逐步过渡到推理,也称过渡阶段.

(3) 理论水平:利用演绎推理证明几何关系,学生已经理解了几何概念.

范希尔夫妇根据五个几何思维水平提出了五个教学阶段[1]来指导教学.

第一阶段:学前咨询(information). 师生进行双向交谈,引出学习课题.

第二阶段:引导定向(guided orientation). 让学生找到学习方向.

第三阶段:阐明(explication). 引导学生理解概念,表达自己内在的看法.

第四阶段:自由定向(free orientation). 学生在寻找方法和解决问题的过程中会碰到多步作业或者能以不同方式完成的作业,这一自由探索的阶段使得学生收获学习经验.

第五阶段:整合(integration). 针对学生学习的数学知识,老师需要作一个评述来帮助学生完成此过程.

参考文献

[1] 鲍建生，周超. 数学学习的心理基础与过程［M］. 上海：上海教育出版社，2009.

[2] Van Hiele P M. Structure and Insight：A Theory of Mathematics Education［M］. Orlando：Academic Press，1986.

[3] Clements D H，Battista M T. Geometry and spatial reasoning［M］. New York：Macmillan Press，1992.

理论 11　KWL 教学策略

20 世纪 90 年代，美国学者 Ogle 在针对以"教师如何教学"为主题的美国教育改革运动的背景中，结合学习理论、教学评估、图式理论等知识，提出了 KWL 教学策略[1]，旨在帮助学生提高元认知水平、优化学习过程、建构学习意义等[2]，解决"教师节约课堂教学时间"和"降低课堂教学的无效劳动"等问题[1]. KWL 教学策略引进我国后在语言学[3]和医学[4]中均得到广泛运用，在中学数学学科的教学中也有所尝试[5−8].

KWL 教学策略强调以已有的知识（已知）为基础，通过独立思考、合作探究等激发学生的学习欲望（想知），最后在教师的引导下获得新的知识（新知）的过程. 该教学过程分为 K、W、L 三个阶段进行知识建构. 其中，K（What I know）指学生已有的知识，W（What I want to learn）指学生将要学习的知识，L（What I learned）指学生通过学习学到的知识. 即从学生已有的知识图式，通过"同化"和"顺应"不断作用从而达到新的平衡点，继而获得新的认知的活动过程[9]. KWL 教学策略具有双边性的特点，既是指导老师教学的"教学清单"，又是引导学生学习的"学习清单"，为课堂教学提供帮助[5].

参考文献

[1] Ogle D M. KWL：A Teaching Model that Develops Active Reading of Expository Text［J］. Reading Teacher，1986，39（6）：564−570.

[2] 吕方方，黄婉莺，曾文婕. 融通学生的已知、想知和新知——KWL 策略的缘起、应用与成效［J］. 基础教育参考，2016（19）：8−12.

[3] 梁婷，张樱子. 论基于图式理论的 KWL 阅读策略在大学英语阅读教学中的应用［J］. 英语广场：学术研究，2014（11）：106−107.

[4] 薛海峰，闫宏. KWL 策略在高血压健康教育中的应用［J］. 实用预防医学，2008（3）：917−918.

[5] 陆萍. KWL 策略指导下的高中数学教学——以"抛物线的标准方程"为例［J］. 数学通报，2013，52（2）：25−28，40.

[6] 王静，段有强. KWL 策略指导下的初中数学教学——以"二元一次方程组"为例［J］. 数学教学通讯，2014（19）：5−6，17.

[7] 孔胜涛. KWL 教学模式在高中数学教学中的尝试——以"不等式选讲"习题课中的一个教学片断为例［J］. 中学教研（数学），2016（8）：6−8.

[8] 黄玲玲. KWL 策略让高中数学课堂大放异彩——以抛物线及其标准方程为教学案例［J］. 数学教学通讯，2015（24）：26−27.

[9] 刘浪飞. "KWL"教学模式凸显人文关怀价值［J］. 中国教育学刊，2015（9）：102−103.

方法 1　情境教学法

　　情境教学法是以案例或情境为载体引导学生自主探究性学习，以提高学生分析和解决实际问题的能力[1]. 美国教育家杜威说："我们主张必须有一个实际的经验情境，作为思维的开始阶段."几乎所有的教学活动都要在一定的教学情境中进行，离开了教学情境，也就难以进行教学. 情境教学的核心在于激发学生的感情，这打破了以前的教学方法独裁主义的框架，在教育实践中取得了良好的效果[2].

　　针对数学学科高逻辑性、高抽象性的特点，为了使学生主动地投入学习，情境教学法是很好的选择. 那么，情境教学法有哪些途径呢？第一，可以根据学生的"最近发展区"，创设问题情境，即合理细化教学问题，培养学生对数学的自信心；第二，可以通过让学生回忆已有的知识经验，引入教学内容，让学生感受到之前的知识是学有所用的；第三，创设生活情境，让学生明白数学是来源于生活并高于生活的；第四，创设讨论情境，正所谓"一千个人眼中有一千个哈姆雷特"，通过交流讨论，可以学会多角度思考问题；第五，利用多媒体创设直观情境，多媒体教学越来越普遍，它不仅可以解决传统教学中板书带来的耗时问题，而且可以通过多媒体向学生展示动态的画面，让学生拥有更加直观的感受.

参考文献

[1] 百度百科. 情境教学法［EB/OL］.［2020-01-19］. https://baike.so.com/doc/5543276-5758380.html.

[2] 庄昌艳. 做好情境教学，让数学课堂"活"起来［J］. 数学教学通讯，2016（5）：15-16.

方法 2　讨论教学法

　　讨论教学法强调在教师的精心准备和指导下，为实现一定的教学目标，通过预先的设计与组织，启发学生就特定问题发表自己的见解，以培养学生的独立思考能力和创新精神[1]. 讨论教学法大致包括设计问题、提供资料、启发思路和得出结论四个环节. 在"生生讨论"的过程中，可以培养学生的表达能力、逻辑思维能力，同时通过讨论交流还可以培养学生的发散性思维能力，让学生学会从多角度思考问题. 在"师生讨论"的过程中，老师和学生得到的及时反馈信息又快又强，老师可以及时纠正学生所发生的错误，并清楚学生的易错点；学生可以及时解决自己的疑惑，为后面的学习扫清障碍. 但是在运用讨论教学法时，需要注意控制讨论时间，并且随时掌握学生的讨论情况，避免学生在讨论过程中开小差. 更为重要的是，避免生生之间传递不成熟的想法，要坚持老师起主导作用的原则，全方位控制课堂.

参考文献

[1] 百度百科. 讨论教学法［EB/OL］.［2020-01-19］. https://baike.so.com/doc/7855407-8129502.html.

第二章　数学教学设计案例

第一节　函数单调性的教学设计[①]

1　引言

一堂好课首先源于教师是否做足了工作、是否认真备好课."凡事预则立，不预则废"，备课是上课之始端，授课之前提，没有准备的课是缺乏尊重、违背教育原则、不负责任的课[1].备课包括备教材、备学生、备教法，其实质就是写教学设计.作为一名优秀的数学教师，就应该深刻地研究课程标准、教科书和教学参考资料，并且善于研究学生，为学生创造合适的条件，发挥出他们的最大潜能.在数学教学设计中，要时刻贯彻好教师主导、学生主体的作用，要避免一边倒.教学设计的质量取决于教学设计内容的丰富性、教师的主导性和学生的主体性.部分经验不足的教师不喜欢写教学设计，认为是浪费时间，凭自己主观意愿教学，这实际上是缺乏科学的理论指导，是不成熟的教学.《普通高中数学课程标准（实验）》[2]指出：在数学教学设计中要充分考虑数学的学科特点，高中生的心理特点，不同水平、不同兴趣的学生的学习需要，运用各种教学方法和手段引导学生积极主动地学习.由此可见数学教学设计研究的必要性.

函数单调性是本节研究的教学设计的主题.函数单调性的学习涉及的学段非常广泛，贯穿了小学、中学、大学各个学习阶段.小学生已经初步获得函数单调性的概念，对函数单调性有了感性认识.小学生在学习数的排序时就遇到了简单的单调性问题[3].在初中阶段，学生通过自变量与因变量的变化关系来感知函数单调性，"当 x 增大时，y 增大"或者"当 x 增大时，y 减小"，此时学生对函数单调性的感性认识上升到较高阶段.在高中阶段主要从形的变化与数的变化两方面理解函数单调性，这便使学生对函数单调性的认识逐渐上升到理性阶段.在大学阶段，除了贯穿于高等数学中的某些知识，还有许多其他学科的学习同样需要掌握函数单调性的概念.

函数单调性是高中学习的重点课题，是高中的重要性质.小学和初中对函数单调性的理解缺乏理性认识，高中需要将函数单调性的概念完全学懂学透，为以后的学习奠定基础.函数单调性形式化定义的形成过程经历了三种语言的转化，这一抽象概念的形成过程有助于培养学生的思维能力、独立探究意识，有利于教师培养学生的数学核心素养.

[①] 作者：郭彩漪、赵思林（指导教师）.

课标对于概念教学是非常重视的，课标[2]中对函数单调性的要求："通过已学过的函数特别是二次函数，理解函数的单调性及其几何意义；通过函数单调性的探究学习，学会应用函数图像理解和研究函数的性质."很多教学参考书对幂函数、指数函数、对数函数、三角函数等基本初等函数的单调性的要求作了具体阐释，由此体现了函数单调性学习的重要程度.

函数单调性概念与高中阶段诸多知识密切相关，在高考中的体现也较为明显. 比如，2017年全国Ⅱ卷理科第11题：若$x=-2$是函数$f(x)=(x^2+ax-1)\mathrm{e}^{x-1}$的极值点，则$f(x)$的极小值为（　　）. 此题考查了函数单调性与函数极值的综合运用. 又如，2017年全国Ⅰ卷理科第21题：已知函数$f(x)=a\mathrm{e}^{2x}+(a-2)\mathrm{e}^x-x$，第一小问要求讨论$f(x)$的单调性，第二小问已知函数的零点的个数，求参数的取值范围. 此题结合了函数单调性与零点来考查学生的综合运用能力. 一直以来函数的单调性都是教师和学生讨论的热门话题，其"教"与"学"在所有概念教学中算是比较困难的，但又是每年高考的必考点，所以在学习这个概念之前，教师和学生都必须做好充分的准备，学完后必须牢牢掌握函数单调性的相关知识.

2 文献综述

2.1 函数单调性的重要性研究

函数单调性选自普通高中课程标准教科书数学 A 版必修 1 第三章第二节. 在初中，学生已经根据函数值随自变量的变化规律以及图像的变化了解了一些简单函数的增减性. 高中所学的函数单调性是建立在初中已有的对函数单调性的认知上，是对初步感知内容的进一步探究. 函数单调性在函数的性质中居于核心地位，是高中数学中的指引者. 函数单调性形式化定义的形成过程中三种语言的转变充分反映了数学的理性思维与理性精神[4]. 函数单调性的研究过程具有较好的示范性，可以为学生进一步学习函数的其他性质提供方法范例，对学生提升数学认识具有引领作用[4]. 函数单调性在高等数学中也占有重要地位，所以学习函数单调性无论是在高中还是在大学都十分重要.

函数单调性还具有承上启下的作用. 函数单调性除了是高中学习函数的第一个性质，还与其他很多数学知识紧密联系. 函数单调性蕴含着用代数方法研究函数的思想，在函数单调性概念的形成和理解过程中，要从具体函数开始研究，完成逐级抽象过程，并利用函数单调性的概念解决现实生活中的相关问题，这对于提升学生的数学逻辑推理、抽象运算素养具有重要意义[5].

函数单调性具有较高的应用价值. 在高中数学学习的过程中，函数单调性可以用来解决很多相关问题，在高考中占有很大比例，在具体问题中可以对函数单调性的应用进行总结归纳. 路梅芳[6]认为，在函数最值问题中，学习者首先需要判断所给函数的单调性；在不等式问题中，学习者首先可结合函数单调性的有关知识来判断未知数的取值范围，再继续探究. 函数单调性不仅适用于函数最值、不等式和导函数，而且可以运用在方程、数列及诸多知识中.

2.2 函数单调性的教学现状研究

在教学方面，主要对教学难点及突破方法、传统教学与现代教学的差异性分析、学习障碍及相关策略、教学案例分析、教学中存在的不足进行研究.

2.2.1 函数单调性的教学难点及突破方法

在函数单调性的形式化定义中存在着大量的数学符号和数学语言，由于中学生的知识掌握和理解水平的局限性，学生对形式化定义整体理解比较困难. 具体到数学符号或数学语言个体，比如对于"任意"的认识比较模糊. 上海师范大学张伟平[7]指出，中学生对无限的理解不够深入，特别是数学概念中隐含的实无限思想. 整体认知是影响实无限的主要因素，帮助学生发现并理解实无限的思想，培养学生的无限观. 数学上采用逻辑量词"任意"来描述无限，用"任意 x_1, x_2"表示考虑所有的点，一个也不能少的特征，逻辑量词"任意"实际上是从"整体认知"的角度囊括了所有 x 点的特性. 表面上看起来的确是有限的语言，但是却解决了描述函数单调性时所涉及的"无限"的困难[8].

刚步入高中的学生认知水平和学习方法都还停留在初中阶段，尉根强[9]老师认为学生不能将"随着 x 的增大，y 也增大"（单调递增）这一自然语言转化为"对于（区间上）任意的 $x_1<x_2$，有 $f(x_1)<f(x_2)$"（单调递增）的数学符号语言. 在突破难点时，尉根强老师首先通过温度随时间的变化情况来引出"当自变量 x 增大时，函数值 $f(x)$ 如何变"这一话题，用数学语言描述了图像的上升和下降，让学生自觉观察、分析、思考. 接着逐步通过形与数两个方面使得学生对图像变化的感性认识上升到数学的理论认识，对二次函数在 $(0, +\infty)$ 上函数值的大小比较及多媒体的结合使用，此时学生头脑中单调性的概念逐步形成，合理的环节让学生一步步逼近数学概念，这种方式既满足了学生学习的目的，即新概念的获得，也达到了教师教学的目标. 学生在学习了函数单调性以后，对高中函数的性质该如何学习有了进一步的了解，在探究过程中能促进对数学思想和数学方法的理解.

涂荣豹认为，函数单调性的定义有两个难点：①如何用数学符号描述"x 增大"与"$f(x)$ 增大"；②如何用数学符号描述"随着 x 的增大，函数值 y 也增大". 从静态的数学符号描述静态的数学对象到用整体的符号语言刻画动态数学对象，在思维能力层次上存在很大差异[10]. 他向学生展示出函数的动态变化，将上升和下降都用符号表示出来，并用假设法突破"任意"这一教学难点.

王波凤[11]认为，用符号语言去描述函数的单调性是本节课的难点，课内借助多媒体辅助教学，循循善诱，因势利导，逐步突破教学难点. 除此之外，利用函数单调性的定义去证明函数是否为增减函数时，由于学生尚处于初学者阶段，符号语言的准确描述也成了一大难点，因此需要培养学生的语言表达能力以及多角度看问题的能力.

朱善聪[12]认为本节课的难点在于为什么要用任意两点的变化来刻画函数的增减性的变化特征，为此他将函数单调性的教学过程设计分为六个环节：观察图像，引入新课—合作探究，形成概念—动手实践，建构概念—初步应用，巩固概念—总结反思，精准概括—目标测评，获得经验. 通过问题导向，设计问题串引发思考，"许多个"不能代表全部，以此来认识"任意"，逐渐引出定量的定义.

林晓岚[13]认为要将图像的上升以及"y随x的增大而增大"的变化趋势转化为数据特点，对于刚进校的高一学生来说是一个新生事物，需要教师悉心引导，并在引导过程中体现出x_1，x_2的任意性. 由于函数单调性概念本身就比较复杂，所以要重视引导、注重引入新课阶段. 函数的单调性教学设计中几乎都是由具有单调性的生活实例或者初中学过的简单函数的图像来引出函数单调性的概念.

2.2.2 函数单调性的传统教学与现代教学的差异性分析

传统的教与学具有极端同步性，认为所有的学生具有一样的学习能力，希望他们从同一个学习起点出发，在同样的时间内，按照同样的步数，到达同一个终点，这种极端的同步性忽略了学生学习风格的差异[14]. 在"函数的单调性"传统教学中，教师只教学生看图，直接看图就引出单调性的概念，这种教学缺乏探究意识，学生理性上没有提高；不注重单调性概念的形成过程，总是迫不及待地想教给学生单调性的符号表示，尽快完成教学任务；有些教师在教学中虽然也经历了三种语言的转换，但没有引导学生，三种语言对函数单调性的描述都是由教师直接说出，并且在教学中三种语言之间转换生硬、不自然[15].

现代教学要充分考虑到学生的差异性，要明确不同的学生的学习能力、学习起点是不同的. 教师需要有针对性地设计教学，在课堂上制造和谐的气氛，得到良好的教学效果. 教师要培养学生发现问题、提出问题并解决问题的能力，要善于挖掘学生的创造能力. 教师研究教法、学法，最根本的目的是提高学生的自主学习能力，"问渠那得清如许，为有源头活水来"，每个孩子都是一方活水，作为良师，就是要因势利导，引导学生自主学习. 这股活水汩汩流淌，奔流不息，以推动学校教育教学实现高质量发展[16].

南京大学郑毓信教授认为教师应当学会提问、"善于提问"，能准确而清晰地提炼出"本源性问题"，并能有效发挥"问题的驱动作用"[17]. 在现代数学的学习中，应注意培养学生自觉思考、分析的能力. 在函数单调性教学中，教师可以设置不同层次的问题引发学生的疑惑，在教师的指导下独自观察、思考并分析，逐步使学生习得函数单调性的概念，让学生产生问题解决的成就感. 张奠宙教授指出：教师的责任在于把教科书上冰冷的学术形态恢复为学生易于接受的火热思考的教育形态[18].

章建跃博士在《树立课程意识 落实核心素养》中指出：数学育人要用数学的方式，在课堂教学中要以学生思维之道，让学生能运用数学的思维和语言进行阅读、运算、推算、推理和表达，让学生经历完整的获得对象—研究性质—应用拓展的过程[19]. 因此，在函数单调性教学中，要充分认识到学生是学习的主人，教师不能采取"满堂灌"的方式教学，要注意过程的指导，例如在难点处如何将函数单调性概念转化为数学符号和数学语言加以指导，在指导的过程中要保证学生对新知识探究过程的深入，获得新知识的成就感.

羊振华[20]老师认为函数单调性的教学设计要以单元教学设计为主，这样设计的目的是能够清晰地突出数学内容的主线以及知识间的关联性. 对函数单调性的教学设计要全面系统，总结归纳出与函数单调性相关的其他教学，这样设计有利于学生在数学学习的过程中明确知识间的内在联系并能激发学生的发散思维.

颜军[21]老师认为函数单调性的教学关键要把握四个要素：学生学习单调性的认知基础、用数学的符号语言定义函数单调性的必要性、如何准确地将函数单调性的形式化定义描述出来、如何将用定义法证明函数单调性的步骤规范化. 研究者认为颜军老师对函数单调性的教学四要素把握得很好. 函数单调性教学的引入应从学生已有的认知基础开始, 建立在所学的简单函数的基础之上, 利用这些简单函数的图像, 直观感知函数的单调性. 在初中已经粗略地定义过函数的增减性, 教师的教学设计应让学生感受到数学符号化、形式化的重要性, 让学生参与到探究过程中来, 教师和学生一起讨论, 激起学生的求知欲望.

在函数单调性的传统教学中, 教师往往是很快给出定义并直接对其作出解释, 现代教学往往更加侧重于教师采取适当的教学方法让学生自己总结概括. 研究者认为在函数单调性概念的教学中, 由于学生已有认知经验的局限性, 学生对难点掌握颇为困难, 学生不易把握概念中的"任意"二字, 对无限的认识有些疑惑, 所以采用反证法说明"任意", 学生理解起来更加容易, 印象更深刻. 正如吴宝莹所说: 说明一个问题的重要性, 给学生证明说教强调灌输, 效果往往不好, 反面说明可使力度更大, 印象更深[22].

2.2.3 函数单调性的学习障碍及相关策略

第一, 函数单调性的形式化定义具有较强的抽象性, 数学的抽象性影响学生对函数单调性的理解. 数学知识从现实中来, 到现实中去. 数学是从现实的环境中逐步抽象出来, 经过人类教育学家的不懈努力, 用他们智慧的大脑依靠逻辑的力量不断推进研究领域, 更新人类的知识结构. 由于数学的抽象性, 所以学生理解概念比较困难. 抽象性是数学的本质特征, 因而这种困难是内在的, 是伴随着数学学习同时产生的[23]. 高一学生对函数单调性概念中的"任意"把握不准, 由于"任意"蕴含着极限和无穷的知识, 所以对其认识模糊不清. 在形式化定义引入后出现了大量的数学符号, 学生学起来更是难上加难.

第二, 从单调区间的角度分析研究影响学生学习函数单调性的问题发现, 主要有以下四个方面: ①函数单调性和单调区间都是建立在定义域的基础之上, 部分学生在求具体单调区间时会忽视定义域的存在; ②用特殊点的值来判断整个区间的单调性, 特别是端点函数值的取用; ③部分学生将所求的单调区间依次加起来, 最后形成一个单调区间.

第三, 旧知识的掌握程度会影响与函数单调性密切相关的知识的学习. 若对原有学习的知识掌握得不牢固, 就会影响新知识的学习. 新知识的获得本就与原来学到的知识和经验有密切联系, 学习者只有掌握新知识的认知结构, 才能将新知识与原有的认知结构联系起来, 使原本学到的知识得以巩固和完善, 使新学到的知识得以建构. 在函数单调性的学习中, 若对函数单调性定义本身理解得不够深入, 掌握得不够透彻, 就会对函数单调区间和与函数单调性相关的应用知识产生困惑, 也就不能很好地理解用导数来判断函数单调性的方法. 正是因为学习者原有认知结构不能同化新知识, 所以学习者学习这部分内容比较困难. 研究文献后对此提出如下策略:

(1) 帮助学生培养良好的数学思维. 刘英虎[24]老师认为, 数学思维能力能够让学生迅速透过表象抓住本质, 并且若长期运用思维运转大脑, 能够让学生更加清晰地处理问题. 在函数单调性的教学过程中, 很多教师会直接给出证明函数单调性的四个步骤, 即取值—作差—定号—下结论. 实际上很多学生都不明白为何要这样做, 学生只是跟着教师的节奏, 直接套用教师给出的步骤, 这样学生不断地进行机械式练习, 形成定性思维, 不利于学生数学思维能力的培养. 因此, 在函数单调性教学中, 不应直接给出证明函数单调性的步骤, 而应让学生在教师的有意引领下独立思考, 挖掘内涵.

（2）增强学习的趣味性. 由于升学的压力，很多学生都在"被迫学习"，而不是积极主动学习. 在函数单调性的学习中，学生因为高考必考而学习，因为老师多次强调其重要性而学习，实质对学习本身没有多大兴趣. 在大多数情况下，学生并没有把握住知识的本质，对知识的理解只停留在表层阶段. 在函数单调性的学习中，由于学生对函数单调性本身缺乏兴趣，所以概念的学习不够透彻，导致后面与其相关联的知识学习存在障碍. 因此在教学过程中，教师在创设情境时可设置一些趣味性片段，在课堂开始时就博得学生眼球，引起学生注意. 让学生对数学学习产生兴趣，不仅能让学生形成自主探究的意识，还能让学生获得更好的学习成果[25].

（3）重视探究过程. 函数单调性这一学习过程包括学生的学习过程和教师的指导过程. 教学不仅仅是教师教、学生学的过程，更是师生交往、积极互动、共同发展的过程. 教师要引导学生将观察到的结果清晰地表达出来. 教师采用问题串的形式不断追问学生，让学生开启智慧的大脑，引发学生的认知矛盾，最后获得新知识，并将新习得的知识加以同化，有利于与函数单调性有关知识的掌握. 正如邹常志所说："数学是思维的体操，学生经历思维过程的数学学习，在学习知识的同时能培养良好的思维品质，感悟数学思维之美."[26]函数单调性的概念本身就较难理解，经常呈现出跟不上"教师的课堂"的状况，因此更要注重教师引导、学生自主探究的过程，让学生动起来.

（4）抓住最近发展区. 在函数单调性的教学中，教师应提前充分了解学生已有的知识经验和水平，旧知识的掌握程度会影响新知识的把握，要抓住学生的心理特征. 在引入概念环节，教师应该注重概念的实际背景或生活实例，抓住学生的"最近发展区"，引导学生进一步探索[27].

2.2.4 函数单调性的教学案例分析

崔加奇[28]基于4MAT理论优化数学教学，在函数单调性的教学中把教学分为四个阶段：一是把握学习价值，回答"为什么"问题；二是透彻掌握概念，回答"是什么"问题；三是积极操练技能，回答"应怎样"问题；四是灵活运用，回答"该是否"问题. 基于4MAT理论的教学设计能够让所有的学生在课堂上找到自己的参与感，并且在课堂上的讨论和分享能够使学生之间加强交流、优势互补. 这样设计教学充分体现了因材施教的教育理念，学生能够接受这样的教学设计方式，容易达到教学目的.

杨帆[29]在设计教学时，用艾宾浩森研究的人类记忆的牢固程度为素材，该素材的研究对象与学生本人息息相关，能激起学生学习新知的兴趣，选取的素材科学、严谨、趣味性强. 在情境中提出一系列问题，利用问题串引发学生思考. 杨帆的教学设计创设情境直观，具有很强的趣味性. 合理设置问题串，注重问题情境的自然性、过渡性、流畅性、拓展性、深刻性、关联性，这样完整的教学设计让学生更容易掌握概念，学生普遍接受.

2.2.5 函数单调性的教学中存在的不足

研读文献分析得出，研究函数单调性的很多文献中将教与学的具体问题和具体解决方法阐述得比较模糊，不够具体化，而且绝大部分是关于函数单调性的简单应用、函数单调性教学建议、学生在学习函数单调性时的障碍. 对于学生在课堂中的表现与生成的问题研究较少，特别是教学设计中问题设置不当导致学生不能按教师预想回答正确，教师仍然按照自己的意愿教学,纯粹将学生看成是装知识的容器.在讲授与函数单调性相关的题目时,直接给出了解题方法和解题步骤,让学生直接套用模板,基本没有说明为什么要选择函数单调性来解题,也没有总结用函数单调性去解决普遍与之相关的题目,当学生遇到函数单调性的综合问题时就不能将知识迁移,学生没有完全理解概念的本质.罗强明确提出,教学设计最根本的理念是为学生设计教学,而不是为教学设计学习[4].但很多教师还是为了教学而教学,凭着自己的主观意愿教学,不注重学生的探究过程.

谢发超在教学提示中明确提出"函数单调性的教学,要引导学生正确使用符号语言",要"重点提升六大数学核心素养"[30].但具体如何引导、如何提升的文献比较少.

华瑞芬在《巧用函数单调性解题》中指出:在解题的过程中,若能深入地挖掘潜在条件,恰当地构造相应的单调函数,巧妙地运用该性质,将会起到画龙点睛的作用[31].但并未对如何想到这种方法做具体说明.

2.3 结束语

教学要准确分析学生的认知基础,确定本节课所要教的知识类型.新课改下的学生观明确要求教师要以学生为本,学生是学习的主体.教师要让学生参与到课堂的准备、实施过程中来,学生应该是课堂的主人,教师在教学中起着引导作用.在教学中,应该时刻以学生为中心,围绕学生设计课堂,教师要善于抓住中学生的心理活动特点,将课堂生动化、趣味化、合作化,具体措施如下:

第一,注意教学方式的多样化.高中学习与初中学习不一样,高中学科繁、多、杂,学生原本就不太适应高中阶段的学习,而函数单调性的概念又难以理解,这便让学生学起来更加吃力.学生自我效能感逐渐减弱,学习兴趣不强,这时可以融入概念形成和同化的方式,结合实际生活中有趣的例子引入课题,让学生通过数形结合,逐步理解概念的本质.

第二,因材施教,分层教学.新课改下的学生观强调学生是独特的人,学生是有差异性的.在实际教学中为了最大限度地激发每个学生的潜能,应根据学生的个体情况分层教学,因材施教,真正做到一把钥匙开一把锁.在设计教学时采取"低起点、小梯度、多训练、分层次"的方法,将教学目标分解成子目标步步落实[32].教师要善于发现学生身上的优缺点,扬长避短.

第三,以学生为主体,充分考虑学生原有的认知经验组织教学,创造条件发挥出他们的最大潜能,引起他们的学习兴趣和动机.在教学过程中摒弃教师教、学生听的传统模式,尽量将课堂这一舞台留给学生来表演.在课堂中教师需让学生体会到自己是学习的主人,教师只能作为引导者引导学生完成不能独立完成的任务.当然,在进行必要知识点的讲解时,教师要使用幽默风趣的语言,让课堂气氛始终活跃,讲每一个知识点都应精益求精,要做到求真务实,讲细讲透[33].

第四,注意知识的整体建构.教师要准确把握学生的最近发展区,设置的一系列问题都必须有理有据,学生需明白新知识的学习实质上是在旧知识基础上的进一步延伸、拓展和深化[34].

3 函数单调性概念教学设计

数学教学设计是对数学教学活动做出的系统规划和安排,对数学课堂教学起着统领的作用. 基于数学学科核心素养开展数学教学设计,是数学教学能否落实数学核心素养的关键[35]. 数学是一门充满神秘色彩的学科,它能够应用到生活中的许多问题中. 学好数学不仅仅是要学好基础知识,还要感悟原理和思想方法,能用数学知识独立解决生活中的诸多问题,在学习过程中培养数学素养. 而数学这一学科是较为复杂的,要想让学生真正学好数学,就要充分发挥教师这个引导者的角色. 教师首先就要备好课,写好教学设计. 函数单调性是高一学生首次接触的较为抽象的形式化定义,在教学过程中可以提升学生的数学核心素养.

3.1 教学分析

【学情分析】

学生在小学和初中已经对函数单调性有了感性认识,但是还不能精确描述函数单调性的概念. 高一的学生已经具备了一定的数学抽象、逻辑推理能力,尽管能力还比较薄弱,但能够在教师的指导下完成本节课的学习,将从对函数单调性的感性认识阶段上升到理性认识阶段.

【教学目标】

知识与技能:能够在函数单调性定义的符号化过程中理解增函数、减函数的概念;能够根据图像判断函数的单调性;能够根据单调性的定义证明函数的单调性.

过程与方法:在函数单调性概念的符号化过程中,通过问题启发(图像语言→自然语言→符号语言)培养学生的数学抽象、逻辑推理、直观想象核心素养;在证明具体函数单调性的过程中,培养学生数学运算、数据处理的核心素养.

情感、态度与价值观:通过问题层层递进,不断启发学生,培养学生观察、抽象、推理、归纳的能力,学会多角度看问题,认识到学好函数单调性、学好数学的必要性.

【教学重难点】

教学重点:增函数、减函数的形式化定义;用定义证明函数的单调性.

教学难点:函数单调性的图像语言到自然语言再到符号语言的形成过程.

【教学过程】

(1) 创设情境

问题1 ①图1是某地一天24小时的气温变化图,观察该气温变化图,说说气温在哪些时段逐渐上升,哪些时段逐渐下降. 这条曲线是否表示了一个函数关系?

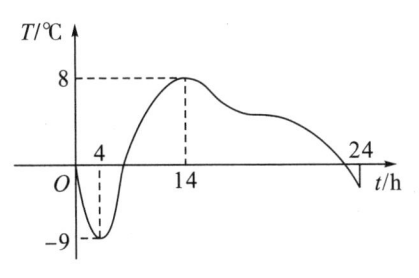

图 1　某地气温变化图

②生活中描述上升或下降的变化规律的成语有哪些？你能用函数图像来描绘这些成语吗？

教师引导学生观察图像得出结果：从 0 时到 4 时，气温逐渐下降；从 4 时到 14 时，气温逐渐上升；从 14 时到 24 时，气温逐渐下降．生活中描述上升或下降的成语有蒸蒸日上、每况愈下、此起彼伏．

教师引导学生回归函数的定义，函数是描述事物运动变化规律的数学模型．图 1 反映的是气温随时间的变化关系，只要在给定区域内赋予时间 t 一个具体的值，就有唯一的温度与之对应．所以图 1 是一个研究函数变化趋势的问题．在高中阶段这种有升有降的描述就称为函数的单调性或者函数具有单调性．

设计意图：由学生所熟悉的现实问题（人们日常关心的气温变化）、语文中学过的关于变化趋势的成语创设情境，引入新课．将实际问题抽象为数学问题，让学生感受到数学来源于生活、生活中无法解答的问题都可以用数学问题来解答，由此展现出数学的奥妙，激起学生探究新知的兴趣，为培养数学核心素养创造条件．

（2）探究新知

问题 2　同学们回忆一下初中所学过的简单函数有没有这样的变化趋势？

请同学们画出下面 3 个函数的图像，说说图像分别有什么变化趋势（上升或下降）．

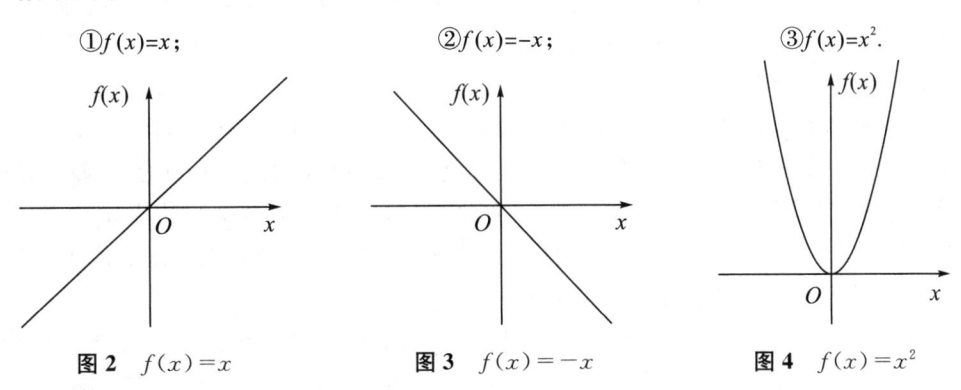

①$f(x)=x$；　　②$f(x)=-x$；　　③$f(x)=x^2$.

图 2　$f(x)=x$　　图 3　$f(x)=-x$　　图 4　$f(x)=x^2$

学生很容易在亲自作图后发现函数 $f(x)=x$ 的图像呈上升趋势；函数 $f(x)=-x$ 的图像呈下降趋势；函数 $f(x)=x^2$ 的图像在 y 轴左侧呈下降趋势，在 y 轴右侧呈上升趋势．并且一次函数 $f(x)=x$ 的图像可以代表蒸蒸日上，一次函数 $f(x)=-x$ 的图像可以代表每况愈下，二次函数 $f(x)=x^2$ 的图像可以代表此起彼伏．

追问 1：所谓"上升"或"下降"趋势是如何看的呢？从上往下看？从左往右看？

生 1：从左往右看．

追问 2：为什么要从左往右看呢？

学生的回答模糊不清，此时教师对此进行说明．首先肯定学生的回答是正确的，再解释由于 x，y 是两个变量，同时研究这两个变量不易把握其变化的规律，因此假定其中一个变量的变化规律是知道的，再去考查另一个变量的变化情况，就会简化问题．由于 x 是自变量，自然而然假定 x 的变化规律是知道的，因此假定 x 增大，故观察的方向应该从左往右看[36]．

追问 3：你能精确地描述所给的三个函数的变化趋势吗？

生 2：函数 $f(x)=x$ 的图像从左到右呈上升趋势；函数 $f(x)=-x$ 的图像从左到右呈下降趋势；函数 $f(x)=x^2$ 的图像在 y 轴左侧从左到右呈下降趋势，在 y 轴右侧从左到右呈上升趋势．

设计意图：让学生亲自操作画出这三个简单函数的图像是为了在课堂一开始就让学生动手参与其中、融入课堂，让每个学生都能找到自己的存在感．同时从学生已有的认知水平出发，让学生在作图的过程中体会"升"和"降"，不同的函数有不同的变化趋势，同一个函数也可能有多种变化趋势，这三个简单函数恰好反映了函数图像变化趋势的几种情况．并且与创设情境中的问题相呼应，这三个函数图像刚好代表了蒸蒸日上、每况愈下、此起彼伏这三个成语的含义．学生在实际操作过程中直观感知函数图像的变化，提升学生直观想象的数学素养．

问题 3 你能用图像语言说说增函数如何定义吗？你能用数学语言说说"函数图像从左到右呈上升趋势或下降趋势"的含义吗？（自变量 x 的值与函数值 $f(x)$ 有什么关系）

生 1：当函数图像从左到右呈上升趋势时，就称函数为增函数．

生 2：当函数图像从左到右呈下降趋势时，就称函数为减函数．

由于在学习函数单调性以前刚学过函数的概念，并结合已有的认知水平，所以学生容易发现：

"图像从左到右呈上升趋势"意为"随着自变量 x 的增大，函数值 $f(x)$ 也增大"．

"图像从左到右呈下降趋势"意为"随着自变量 x 的增大，函数值 $f(x)$ 减小"．

教师引导学生给出增、减函数的描述性定义：当函数图像从左到右呈上升趋势，即随着自变量 x 的增大，函数值 $f(x)$ 也增大，则称 $f(x)$ 为单调增函数；当函数图像从左到右呈下降趋势，即随着自变量 x 的增大，函数值 $f(x)$ 减小，则称 $f(x)$ 为单调减函数．

设计意图：从图像直观到定性描述，用数学语言给出增、减函数的描述性定义．将"图像从左到右呈上升（下降）趋势"抽象为"随着自变量 x 的增大，函数值 $f(x)$ 增大（减小）"，有助于培养学生的数学抽象素养．

追问：若将增、减函数定义为"随着自变量 x 的增大，函数值 $f(x)$ 增大（减小）"，则对于一次函数 $f(x)=x$ 或 $f(x)=-x$，当 x 增大时，函数值 $f(x)$ 增大或减小，此时可说明函数 $f(x)=x$ 或 $f(x)=-x$ 是增函数或减函数．对于函数 $f(x)=x^2$，当 x 增大时，函数值 $f(x)$ 也增大，比如取 $x_1=-2$，$x_2=3$，x 在增大，$f(x_1)=4$，$f(x_2)=9$，函数值也在增大，这时能说 $f(x)=x^2$ 是增函数吗？为什么？

生：不能．因为 $f(x)=x^2$ 的左、右两侧函数图像的变化趋势不一样，左边是下降趋势，右边是上升趋势，左边是减函数，右边是增函数，所以 $f(x)=x^2$ 不是增函数．

师：回答得非常好，这就说明了函数的增、减性必须建立在定义域的某个区间的前提下，不同的函数有不同的变化趋势，同一个函数在定义域内的不同区间上也有不同的变化趋势，函数单调性是一个局部概念．所以函数 $f(x)=x^2$ 在 $(-\infty, 0]$ 上是减函数，在 $[0, +\infty)$ 上是增函数．

设计意图：在给出函数单调性的描述性定义后，反问学生 $f(x)=x^2$ 是不是增函数，赋予自变量 x 两个不同的值，得到两个不同的函数值，此时若根据上面给出的描述性定义就能判断函数 $f(x)=x^2$ 是增函数，这和图像上直观感知的变化趋势不同，引起学生的认知冲突，强化学生对函数单调性的认识，提升学生的逻辑推理数学素养．

问题 4 如何定量地刻画函数 $f(x)=x^2$ 在区间 $[0, +\infty)$ 上，随着自变量 x 的增大，函数值 $f(x)$ 也增大呢？

①教师引导学生，将"区间"符号化：在区间 $[0, +\infty)$ 上取两个值 x_1, x_2．

②将"x 的增大"符号化：增大意味着比较，取两个自变量 x_1, x_2，且大小关系为 $x_1 < x_2$．

③将"函数值也增大"符号化：函数值的大小关系为 $f(x_1) < f(x_2)$．

④将"随着"符号化：当 $x_1 < x_2$ 时，有 $f(x_1) < f(x_2)$．

此时将"在区间 $[0, +\infty)$ 上，随着自变量 x 的增大，函数值 $f(x)$ 也增大"符号化：在区间 $[0, +\infty)$ 上取 x_1, x_2，当 $x_1 < x_2$ 时，有 $f(x_1) < f(x_2)$．

设计意图：让学生尝试用数学符号语言来描述函数的单调性，让学生体会到数学的严谨性，从定性的自然语言描述到定量刻画，将自然语言转化为数据表示，提升了学生的符号意识，培养了学生的数学抽象、数据处理的素养．

问题 5 同学们注意，在区间 $[0, +\infty)$ 上"取" x_1, x_2，如何取？比如若将增函数定义为"函数值 $f(x)$ 随着自变量 x 的增大而增大"，此时你能用该定义去证明函数 $f(x)=x^2$ 在区间 $[0, +\infty)$ 上是增函数吗？（突破难点"任意"）

生 1：自变量取两个不同的值，$x_1=2, x_2=4$，所以 $f(x_1)=4, f(x_2)=16$．因为 $x_1 < x_2$，所以 $f(x_1) < f(x_2)$，所以 $f(x)=x^2$ 在区间 $[0, +\infty)$ 上是增函数．

追问 1：赋予自变量两个不同点的值，比较函数值大小就能判断是增函数了吗？

生 2：自变量取无限多个值，且满足 $0 < x_1 < x_2 < \cdots$，所以 $f(x_1) < f(x_2) < \cdots$，所以 $f(x)=x^2$ 在区间 $[0, +\infty)$ 上是增函数．

追问 2：赋予自变量无限个不同点的值，比较函数值大小，这样是否取完了所有自变量的值？

生 3：在 $[0, +\infty)$ 上不管自变量取有限个值，还是取无限个值，使得 $x_1 < x_2$ 时，有 $f(x_1) < f(x_2)$，感觉还是有些自变量的值没有取到．

教师：说得很好！有限个或者无限个都没有取遍所有的值，不能代表所有，那该如何表示所有呢？

教师引导学生回忆以前学习函数的概念时就用了"任意"来代替"所有"的思想，所以在函数的单调性概念中要取到所有的自变量，也可以用"任意"来代替．

设计意图：学生在教师的引导下一步步逼近对"任意"的理解，培养学生的逻辑推理数学素养．同时在推理得出"任意"的过程中体会到数学符号化的必要性，有助于提升学生数学抽象的核心素养．

问题 6 现以函数 $f(x)=x^2$ 为例，准确地用数学符号语言来描述"在区间 $[0, +\infty)$

上，随着 x 的增大，$f(x)$ 也增大，即 $f(x)$ 在区间 $[0, +\infty)$ 上是增函数".

生：在区间 $[0, +\infty)$ 上任取两个数 x_1, x_2，当 $x_1 < x_2$ 时，都有 $f(x_1) < f(x_2)$，即 $f(x)$ 在区间 $[0, +\infty)$ 上是增函数．

师：若函数 $f(x)$ 是定义域 I 内某个区间 D 上的增函数，你能准确地用数学符号语言来刻画吗？

教师引导学生得出增函数的形式化定义：

设函数 $f(x)$ 的定义域为 I，区间 $D \subseteq I$；

如果任意的 $x_1, x_2 \in D$，当 $x_1 < x_2$ 时，都有 $f(x_1) < f(x_2)$，那么就称函数 $f(x)$ 在区间 D 上单调递增．

特别地，当函数 $f(x)$ 在它的定义域上单调递增时，我们就称它是增函数．

教师让学生类比增函数写出减函数的形式化定义：

如果任意的 $x_1, x_2 \in D$，当 $x_1 < x_2$ 时，都有 $f(x_1) > f(x_2)$，那么就称函数 $f(x)$ 在区间 D 上单调递减．

特别地，当函数 $f(x)$ 在它的定义域上单调递减时，我们就称它是减函数．

设计意图：在函数单调性的形式化定义的探究中经历了"图形语言""自然语言""符号语言"分别描述的过程，最后总结得出形式化定义，提高了学生的数学抽象和逻辑推理数学素养．让学生类比写出减函数的定义，培养学生的归纳概括能力．

（3）概念应用

例1 画出下列函数的图像，你能根据图像判断函数 $f(x)$ 的单调区间并判断在每个单调区间上函数的增、减性吗？

① $f(x) = \dfrac{1}{x}$；　　　　　　② $f(x) = x^2 - 6x + 9$；

③ $f(x) = x^2 + x - 12$；　　　　　④ $f(x) = -x^2 + |x| + 2$．

例2 根据定义证明函数 $f(x) = x + \dfrac{1}{x}$ 在区间 $[1, +\infty)$ 上单调递增．

设计意图：例1的设置有助于学生重温函数单调性概念的推理过程，学生能够自主作图，通过图像直观感知，判断单调性，培养学生直观想象的核心素养；例2直接画出图像较为困难，这时利用定义直接证明单调性，培养学生的数据分析、数学运算、逻辑推理的核心素养．

例3 物理学中的玻意耳定律为 $p = \dfrac{k}{V}$（k 为正常数），证明该函数 $p = \dfrac{k}{V}$（k 为正常数）是一个减函数．

通过两个例题的证明过程教师引导学生总结证明步骤：

第一步：在所给函数的定义域的任意一个区间内任取 x_1, x_2，且 $x_1 < x_2$；

第二步：作差变形；

第三步：判断正负；

第四步：得出结论．

设计意图：用单调性的知识来解决具体的物理问题，让学生感悟到单调性广泛的应用，同时培养了学生解决问题的能力，在证明过程中提升学生的数学运算核心素养．

例4 请同学们任意例举一个函数，并证明该函数的单调性．

设计意图：让学生回顾所学函数并判断单调性，是对过去所学知识的重温，对现在掌握知识的巩固，培养学生的思维品质.

（4）回顾总结

这节课学习的函数单调性的概念你掌握了吗？用自己的话说说你是如何理解的？

设计意图：从学生切身体会和实际情况出发说说对函数单调性的理解，有利于教师及时掌握学生的学习情况，从而改进教学设计，同时能鼓励学生提出疑问，让学生主动思考、积极主动求学.

（5）作业布置

①P_{79}课后练习题1、2、3、4题.

②思考题：函数$f(x)=4x^2-mx+5$，当$x\in(-2,+\infty)$时是增函数，当$x\in(-\infty,-2)$时是减函数，则$f(1)=$_____.

③预习函数最值、函数的奇偶性.

设计意图：课后练习题用于考查学生对函数单调性概念的简单理解，巩固概念；思考题用于考查学生是否理解概念的本质，是否对概念理解透彻，提高学生的思维能力；预习内容让学生体会到学习函数性质的必要性.

3.2 关于教学设计的思考

数学核心素养要将学生在数学方面的全面发展放在首位，将学习的重点放在六大数学核心素养方面的知识的学习上[37]. 由于函数单调性概念的学习对后续诸多概念的学习有指导性作用，尤其是概念形成过程中探究的方法，所以在函数单调性的教学中应该将精力更多地放在概念的探究形成过程中，而不是讲究题海战术，将大量的时间花在概念的应用上.

在函数单调性的教学设计引入部分应该注重生活实例引入，不宜直接用数学本身导入. 尤其是较为抽象且较难理解的教学更应该引用生活中丰富的实例，让学生感悟数学与生活的紧密联系，激起探究问题、掌握知识的动机. 研究者用气温随时间的变化规律的图像引入，再呈现三个简单函数的图像引入课题，学生对其课题产生兴趣，这样引入有助于学生一开始更好地融入课堂.

德国教育家第斯多惠曾经说过："一个坏的教师奉送真理，一个好的教师教人发现真理."在教学中应该时刻以学生为本，摒弃传统的"教师讲、学生听"的方式，发挥学生的主体作用. 在函数单调性教学设计中要注意问题的设计要有理有据、有针对性，层层递进地呈现出问题的核心所在，培养学生的数学核心素养.

4 结束语

课改十多年来，虽然教师们普遍认同新课程理念，也在努力改变自己的教学方式，但在教学中还是存在诸多困惑，如"教了，为什么没有学会？""学会了，为什么不能举一反三？""学会了，为什么还是不会学？"等[38]. 新课改要求教师要时刻反思教学中存在的问题，没有学不会的学生，只有教不懂的老师. 在教学设计中，教师应该充分把握住学生可能的学习障碍并加以研究，让学生爱上你的课堂. 研究文献后提出如下几点教学建议：

第一，注重概念变式，多角度理解概念. 在进行概念教学时，绝大部分教师都是直接照搬教材内容设计的，学生学完新课后只能对概念生搬硬套，没有深刻理解概念的本质. 函数单调性概念的讲授完全根据教材概念，没有任何变式创新，比如"在某个区间任取两个自变量 x_1，x_2，当 $x_1<x_2$ 时，有 $f(x_1)<f(x_2)$". 实际上到了高中阶段学生的理解能力、思维转变能力、逻辑推理能力等都有了很大提高，教师完全可以在原有的概念教学设计上继续对概念进行变式，比如当自变量的大小比较和函数值的大小比较是同号时，就称函数是增函数. 像这样具有探索性、概括性的概念变式会对学生的思维能力、创造能力有所提升. 在概念教学中的变式，只要设计得合理，便可以有效地呈现概念的本质属性、清晰概念的内涵及外延，能让学生多方面、多角度地加深对概念的理解，拓展知识；设置层层递进的变式问题，引导学生从不同的角度分析、用不同的方法解决，能提高学生分析问题的能力和迁移能力，培养学生的数学思维品质[39].

第二，注重形式化教学. 在函数单调性概念的形成过程中，经历了由图像语言到自然语言再到符号语言的转化. 应特别注意概念最终形式化的产生过程，函数单调性是学习了函数以后的第一个重要性质，由于其抽象性及概念较难理解，再加上将概念形式化对学生而言更是难上加难. 函数单调性是高中学习的第一个形式化的抽象定义，必须将其形成过程掌握透彻，以便促进后续形式化的抽象定义的学习.

第三，适当用问题导学的方式让学生进入课堂. 设置的问题要合情合理、有理有据、层层递进，引起学生的学习兴趣，培养学生思考问题的能力. 从问题的来源看，预设性问题能刷新学生的思维领域，质疑性问题能实现学生的思维融通，生成性问题能形成学生的思维跨越，通过问题导学，能让学生超越低阶认知，进入高阶思维状态[40]. 由此可见，好的问题的提出对教与学的影响很大. 在函数单调性的教学中，笔者认为用问题导入让学生快速进入课堂是一个高效的方式，同时在问题导学的过程中，有利于提升学生的数学核心素养.

第四，习题的设置层层递进，难度逐渐加深，能够起到逐渐深化概念的作用. 一堂好的数学课，除了要把教材上的概念教给学生，还要让学生真正理解概念，而判定学生是否理解了概念可通过习题来检验. 对于不同的学生，其能力是有区别的，所以需要设置不同层次的问题及时了解不同学生的学习情况，从而改进教学方式.

参考文献

[1] 李文送. 教师备课要做到"四读"[J]. 中国教育学刊，2019（6）：103.

[2] 中华人民共和国教育部. 普通高中数学课程标准（实验）[M]. 北京：人民教育出版社，2003.

[3] Bardelle C. Interpreting monotonicity of functions：Asemiotic perspective [C] //Pinto M F，Kawasaky T F. Proceedings of the 34th conference of the international group for the Psychology of mathematics education，Belo Horizonte：PME，2010（2）：177-184.

[4] 罗强. 从"为教学设计学习"到"为学习设计教学"——对"函数的单调性"教学设计的改进和反思 [J]. 数学教育学报，2008（2）：85-89.

[5] 郝晶，张强. 函数的单调性教学设计及评课 [J]. 教育实践与研究（B），2018（5）：59-64.

[6] 路梅芳. 函数单调性在高中数学中的学习与运用 [J]. 课程教育研究，2019（44）：164.

[7] 张伟平. 从函数单调性的实无限谈起——学生对数学概念中隐含的无限的认识研究 [J]. 数学教育学报，2008（2）：12-16.

[8] 李鹏. 对"函数单调性"教学设计的构想——以"概念同化"的方式为例 [J]. 数学通讯, 2007 (13): 6-9.

[9] 尉根强. 立足概念教学 培育核心素养——以"函数的单调性"教学设计为例 [J]. 福建中学数学, 2019 (1): 20-24.

[10] 涂荣豹. "教与数学对应"原理的实践——对"函数单调性"教学设计的思考 [J]. 数学教育学报, 2004 (4): 5-9.

[11] 王波凤. 对高中数学教学的几点认识——《函数的单调性》教学案例和反思 [J]. 数学之友, 2019 (3): 38-40.

[12] 朱善聪. 基于数学"问题引领"下的教学设计——以"函数的单调性"新授课为例 [J]. 新课程研究(上旬刊), 2018 (9): 42-45.

[13] 林晓岚. 落实核心素养 重视三年一体——"函数的单调性"教学设计 [J]. 高中数学教与学, 2019 (4): 27-29, 32.

[14] 王凯. 传统课堂教学的内蕴及其技术突破 [J]. 课程·教材·教法, 2017, 37 (11): 101-107.

[15] 黎栋材, 龙正武, 王尚志. 站在系统的高度 整体把握函数单调性教学 [J]. 数学通报, 2015, 54 (12): 7-11, 15.

[16] 周清华. "教"尽显美丽"学"更为科学 [N]. 中国教育报, 2020-02-05 (4).

[17] 郑毓信. 数学教育的"问题导向" [J]. 中学数学教学参考, 2018 (8): 2-6.

[18] 张奠宙, 王振辉. 关于数学的学术形态和教育形态——谈"火热的思考"与"冰冷的美丽" [J]. 数学教育学报, 2002 (2): 1-4.

[19] 章建跃. 树立课程意识 落实核心素养 [J]. 数学通报, 2016, 55 (5): 1-4, 14.

[20] 羊振华. 对函数单调性的深层次认识及教学策略 [J]. 高中数学教与学, 2018 (12): 29-31.

[21] 颜军. 函数单调性教学的四大要素 [J]. 数学学习与研究, 2018 (11): 133.

[22] 吴宝莹. 函数的单调性(第1课时)教学实录与反思 [J]. 中学数学月刊, 2014 (9): 4-6.

[23] 黄种生. 从克服抽象性方面提高高中数学教学效率 [J]. 中学数学, 2014 (15): 4-6.

[24] 刘英虎. 数学思维能力在高中数学教学中的培养 [J]. 课程教育研究, 2019 (34): 130.

[25] 魏凌雪. 刍议高中数学教学中对学生学习兴趣的培养 [J]. 数学学习与研究, 2019 (16): 27.

[26] 邹常志. 经历数学过程 感悟思维之美 [J]. 中国教育学刊, 2019 (7): 106.

[27] 李红. 形成概念, 启迪智慧——"函数的单调性"的教学设计及反思 [J]. 中学数学, 2019 (1): 12-15.

[28] 崔加奇. 基于4MAT理论优化数学教学——以"函数的单调性"的教学为例 [J]. 中学数学研究(华南师范大学版), 2018 (14): 31-32, 17.

[29] 杨帆. 通过情境提出问题 利用问题串引发思考——"函数单调性"教学案例 [J]. 数学学习与研究, 2018 (24): 80-81.

[30] 谢发超. 导向深度学习的数学教学目标设计——以"函数的单调性"为例 [J]. 中小学教师培训, 2019 (1): 41-45.

[31] 华瑞芬. 巧用函数单调性解题 [J]. 高中数学教与学, 2016 (15): 22-23.

[32] 王波凤. 对高中数学教学的几点认识——《函数的单调性》教学案例和反思 [J]. 数学之友, 2019 (3): 38-40.

[33] 陈艳. 高中数学中注重以学生为主体的诱思探究教学理念 [J]. 数学学习与研究, 2018 (5): 48.

[34] 刘玉华, 王文清. 整体建构 启迪思维——函数的单调性课堂实录及其点评 [J]. 中学数学杂志, 2019 (7): 33-37.

[35] 颜嘉逸. 基于学科核心素养的数学教学设计研究 [J]. 当代教育与文化, 2019, 11 (3): 54-57, 75.

[36] 李秀萍，赵思林. 函数单调性定义的"八步"教学设计[J]. 内江师范学院学报，2017，32（10）：21-25.
[37] 武小鹏，张怡. "数学核心素养"内涵的再认识[J]. 上海教育科研，2018（7）：16-20.
[38] 朱先东. 指向深度学习的数学整体性教学设计[J]. 数学教育学报，2019，28（5）：33-36.
[39] 陈丽真. "概念变式教学"提升核心素养[J]. 数学教学通讯，2019（12）：74-76.
[40] 蒋霞. 问题导学：静悄悄的思维革命[J]. 内蒙古教育，2019（35）：51-52.

第二节　弧度制的教学设计[①]

1　引言

第一，学习弧度制存在认知和非认知困难. 弧度制是度量角的一种制度，具有高度的抽象性，是高中数学学习的难点之一. 大多数学生只会用弧度制与角度制进行简单的单位换算，角度一旦变得不特殊，学生就容易感到无从下手，且学生对弧度制的数学本质一知半解，很多学生对弧度制的概念及其作用都只存在一个模糊的片面理解. 总体来说，学生不知道为什么要学习弧度制，对弧度制的概念理解得不够深刻，对弧度制的学习常常是以机械记忆为主，存在顺应学习障碍.

第二，弧度制概念教学研究是被数学教育研究忽视的重点. 弧度制的相关知识是每年高考考查内容中必定会涉及的知识点之一，《普通高中数学课程标准（2017年版）》[1]对弧度制的概念教学作了明确规定："了解任意角的概念和弧度制，能进行弧度与角度的互化，体会引入弧度制的必要性."

在百度学术网站输入"弧度制概念教学设计"，限定领域为"数学"，共查到43篇文章，其中只有2篇是北大核心期刊. 弧度制是高中基础的重点知识之一，学生不易理解和掌握，又容易被忽视，被认为是一个不易掌握的知识点. 各研究者对弧度制的关注度不够，且这一方面的优秀研究成果较少，这一研究现状也就启发教育研究者要重视对弧度制概念的教学设计研究.

第三，数学教学设计研究在教学工作中占据不可替代的地位. 系统的教学设计研究对于指导实践教学具有重要意义，主要包括以下几个方面：有利于科学开展教学工作；有利于将教学理论与教学实践相融合；有利于培养学生的科学思维习惯，锻炼学生的问题解决能力；有利于青年教师的成长；等等[2].

教学设计有利于科学开展教学工作. 当前教学设计存在"本本主义""经验主义""拿来主义"三大主义，以这样的方式进行教学，忽视了对学生的深度理解[3]. 教学要达到好的学习效果，才能体现教学的艺术性. 当代国际著名教学设计理论家瑞格卢斯（Charles M. Reigeluth）认为教学设计是一门提出关于最优教学方法的处方的学科，而这些最优的教学方法具有使学生的知识和技能发生预期变化的功能[4]. 摒弃教学设计中存在的三大主

---

① 作者：程雪莲、赵思林（指导教师）.

义的弊端，挖掘科学、优质、有效的教学方法，有利于开展教育教学工作.

教学设计有利于将教学理论与教学实践相融合. 实践产生理论，理论指导实践. 因此，教学要达到让学生获得知识和技能、将知识内化的效果，需要把教学理论和教学实践结合起来，即是要进行科学的教学设计. 在教学中渗透科学、适宜的教学理论，使用有效能的教学研究成果，以有效指导教学实践，同时可以利用教学实践不断丰富和完善教学理论，促使教学设计变得更加科学化，以达到教学理论与教学实践联合与双赢的目的.

教学设计有利于培养学生的科学思维习惯，锻炼学生的问题解决能力. 教学设计的逻辑起点指的是教学设计的出发点，它要解决的是教学设计系统中教学目标、教学内容、教学方法、教学评价的出发点问题[3]. 学生的基本活动经验主要包含三类基本内容：体验性内容，策略性内容，模式性、方法性内容[5]. 基于学生的基本活动经验来进行教学设计有利于学生在体验操作、经历探究、逻辑思考、复合经验[5]等方面思维水平的发展与提高.

教学设计有利于青年教师的成长. 叶圣陶指出："教学有法，教无定法，贵在得法."教学没有固定的方法，但科学的教学理论和方法是青年教师通过学习和实践可以掌握的. 教学设计研究可以帮助青年教师将科学的教学理论运用于教学，在个人教学素养方面取得进步，在教学水平方面得到提高，有利于青年教师获得成长.

把"弧度制"作为教学设计研究的主体主要是因为弧度制是角的重要度量制度，是学习三角函数，尤其是学习高等数学的重要前提和基础，且学生对学习弧度制的必要性理解不够深刻. 目前，在弧度制教学研究方面的研究成果较少. 在进行弧度制概念教学设计时，需要考虑学生的知识水平、认知结构，渗透源远流长的数学史，着眼于弧度制的数学本质进行设计.

2 文献综述

2.1 弧度制的产生与发展的研究综述

弧度制的产生和发展可以分为三个阶段，即萌芽阶段、发展阶段和形成阶段. 萌芽阶段是从公元前约300年的古巴比伦时期到公元640年的希腊古代数学落幕时期，发展阶段是从公元640年的希腊古代数学落幕时期到15世纪文艺复兴时期，形成阶段是从文艺复兴时期至今.

（1）萌芽阶段. 在古巴比伦时期，由于纯粹的几何语言描述具有局限性，已经不能满足人们的需要，尤其是从埃拉托斯特尼与阿利斯塔克对天文学的研究中可以发现人们对"角度与弦长的系统知识"的需求变得越加迫切[6]. 古巴比伦人发明了60进制，创造性地把圆周分为360等份，规定每一份所对的圆心角是1度，即一个圆周表示360°. 在此基础上还有单位的换算，即1度等于60分，1分等于60秒. 至于为什么古巴比伦人要把圆周分为360°，有人猜测这可能与他们习惯使用60进制有关，也可能是因为360是最接近一年中天数的较整齐的数值[7]. 这一做法影响了古希腊天文学的发展. 在古希腊天文学发展时期盛行"地心说"，为此，阿波罗尼奥斯（Apollonius，约公元前262—约公元前190年）给出了与三角学有关的偏心轮模型. 在此基础上，希帕科斯（Hipparchus，公元前190—公元前120年）首次绘制了弦表，而托勒密（Ptolemy，约100—168年）在他的著作《大成》中给出了更加完善的弦表. 这标志着三角学的开端. 根据这些史实可以得知弧长采用的是 60 进制, 若弧长作为自变量, 则需要给定半径, 而若弧度作为自变量, 则无须给定半径, 可以有效避免换算的麻烦[8].

（2）发展阶段. 公元 640 年希腊古代数学落幕时期由古印度的三角学继承了古希腊的数学, 公元 6 世纪印度数学家阿耶波多（Aryabhata, 约 475—550 年）在其著作《阿耶波多历数书》中采用与希帕科斯相同的半径来制作半弦表[8], 同时, 希帕科斯的研究让希腊天文学由定性的几何模型变成定量的数学描述[6]. 之后, 在前人研究的基础上, 阿拉伯人首次引入了余弦、正弦、正切的概念, 推导出了许多三角学公式, 三角学逐渐从天文学中独立出来成为时下的分支[8]. 正切表和正弦表直到 8 世纪才在中国出现. 在此期间, 三角学并没有发生实质性的改变.

（3）形成阶段. 关于弧度制的形成有两种说法: 一是希帕科斯根据亚历山大的许普西克尔斯（Hypsicles, 约公元前 150 年）在其《论恒星的升起》中和公元前最后几个世纪的巴比伦人所做的那样, 把圆周分为 360°, 他把圆的一条直径分为 120 份, 圆周和直径的每一度再分成 60 份, 每一小份再继续按照巴比伦人的 60 进制往下分成 60 等份. 进而有一定的弧对应相应的度数, 最后, 希帕科斯给出了今天的正弦函数[6]. 二是 15 世纪文艺复兴时期兴起思想大革命, 同时引起了数学的飞速发展, 三角学重新兴起. 哥白尼（Nicolaus Copernicus, 1473—1543 年）发现半径被给定时, 角和弧长实际上是可以一一对应的, 因此, 他把正弦、余弦、正切、余切、正割和余割定义成直角三角形边长的比[9], 此时已经有了发明弧度、三角函数的意识. 从其历史发展过程来看, 弧度制是由罗杰·柯特斯（Roger Cotes, 1682—1716 年）于 1714 年首次提出的. 当时他已经认识到这种度量角度的方式的自然性以及采用它所带来的好处[10]. 1748 年, 欧拉（Euler, 1707—1783 年）在其著作《无穷小分析引论》中提出用半径来度量弧长. 而弧度的名称"radian"首次出现在 1873 年詹姆斯·汤姆森（James Thomson, 1822—1892 年）编著并出版的一本考试问题集上, 后来得到学术界的认可[11]. 弧度制的本质是用线段长度度量角的大小, 是一种度量角的制度, 它是在三角学的基础上产生的, 同时它的产生推动了三角学的发展.

2.2 高中学习弧度制的必要性的相关文献分析

《普通高中数学课程标准（2017 年版）》[12]对弧度制的概念教学作了明确规定:"了解任意角的概念和弧度制, 能进行弧度与角度的互化, 体会引入弧度制的必要性."弧度是在三角学的基础上产生和发展起来的. 随着微积分的出现, 三角学经历了从计算发展到函数方法的过程, 在此过程中形成了严格的弧度制, 至今形成了应用广泛的三角函数. 弧度制是学习高等数学的重要工具之一, 同时, 学习弧度制对高中生数学思想的形成也具有重要意义.

在高等数学中, 三角函数是不可或缺的角色之一, 其现有成就与未来发展都与弧度制密切相关. 例如:

（1）三角函数的求导公式只有在自变量以弧度作为单位时才成立.

（2）弧度制影响一切与三角函数有关的积分公式和三角函数的泰勒展开式[10], 对学习微积分学有奠定基础和简化运算的重要作用.

(3) 弧度制在复变函数论中具有重要作用，如欧拉公式对弧度制就有很强的依赖性．

(4) 弧度制对三角函数的发展可以发挥根本性的作用，因为自然界广泛存在周期现象（如钟摆、潮汐、农作物的生长、地球的自转和公转）；世界是由波构成的，波是物质世界存在的基本形式，而波是由正弦函数、余弦函数来刻画的．许多天文学、物理学问题的研究需要借助三角函数来解决，而三角函数离不开弧度制，可以说弧度制对科学界的新发明、新研究而言是重要的研究工具．

在数学思维的形成方面，高中生已经有较高的思维发展水平，他们的思维开始逐渐发展得更加具有抽象性、系统性，思想逐渐形成、稳定．引导学生学习弧度制是帮助学生形成类比、化归、审美的数学思想的好时机，可以优化学生对弧度制的处理方式，加深学生对弧度制的理解．

2.3 弧度制教学的研究综述

弧度制是一种角的度量制度，是抽象的数学符号，也是符号化的数学．由于学生已经学习了度量角的一种工具——角度制，而且角度制可以度量任意角，在掌握了角度制的基础上学习度量角的另一种工具——弧度制时，学生不知道为什么要学习弧度制，容易产生疑问：已经有了角度制来度量角，还有必要用弧度制来度量角吗？并且初学者在理解弧度制概念方面具有难度，因为初学者的认知水平发展未完全成熟，学习方式以同化学习为主，顺应学习存在障碍．由于不少学生在学习数学概念和数学符号时吃过苦头，受过挫折，自信心受到过打击，自尊心受到过伤害，因此，这些学生在学习弧度制时就有畏惧心理，有的甚至产生学习焦虑[13]．学生缺乏对弧度制的认知需求，不了解学习弧度制的必要性，易把角的度量看成弧长，混淆度量的数值与度量，对弧度制的认识存在片面现象．为此，有必要对弧度制概念的教学进行深刻研究．

2.3.1 国外研究现状

（1）国外教材分析

研究者根据可获得的材料对 1877 年之后 20 世纪中叶以前的 59 种西方三角学教科书进行研究，发现西方国家的教材对弧度制的引入方式主要分为四种：直接引入、由类比角度制引入、由弧长公式引入、由三角函数作图引入[14]．

直接引入：Newcomb[15]认为，长度等于半径的弧所对的圆心角为 1 弧度的角．Lock[16]直接给出 1 弧度角的概念解决角度与弧度的换算问题．

由类比角度制引入：Richards[17]，Taylor[18]通过与角度制类比引出弧度制，进行教学．利用单位圆的周长与周角的关系表示出 $n°$ 所对的弧长 a，再说明长度等于半径的圆弧所对的圆心角与圆的半径无关[15]，该圆弧的长度叫作单位长度，该角叫作单位角，进而通过推理得到采用弧度制为度量单位的角可以表示为该角所对弧长与所在圆的半径之比．

由弧长公式引入：Wheeler[19]通过探究圆心角、弧长和半径之间的关系来引入弧度制．

由三角函数作图引入：Wilczynski[20]，Dickson[21]从三角函数作图出发，通过研究三角函数图形来引入弧度制．

（2）国外文章研究

研究者根据搜集到的相关国外文献研究发现，C.Fi[22]（2003）通过调查发现职前数学教师可以在弧度制和角度制之间进行转换,但他们都更习惯使用角度制,且他们在定义弧度时没有人会想到根据圆心角所对应的弧长与圆的半径的比例定义弧度,对于弧度的理解并不是很深刻. T. Topcu, M. Kertil, H. Akkoc, K. Yilmaz, O. Onder[23](2006)根据被调查的37名职前数学教师和14名在职数学教师对弧度制概念的认知情况,得到大多数参与测试的人对弧度制的概念表象受到角度的概念表象的支配,参与者都没有意识到可以用两个长度的比值来定义弧度制的结论. 同样地,Hatice Akkoc[24](2008)针对职前数学教师对于弧度的概念理解进行了研究,发现他们对弧度概念的理解受角度概念的影响极大. 而 Erika Kupková[25](2008)论述了帮助学生理解弧度制的概念可以利用三角学的历史和现代运用来实现. 除此之外,Mitchelmore 和 White[26](1998),Keiser[27](2004)等聚焦于研究学生对角的概念的理解.

通过以上研究可以发现,20世纪中叶以前的59种西方三角学教科书中大多数都是直接给出1弧度的定义,再阐述该定义的合理性,多数教科书编写者都没有处理好学习弧度制的必要性问题. 通过研究外国文献也可以发现,无论是职前数学教师还是在职数学教师,大多数教师对弧度的概念理解都不够深刻,对学习和使用弧度制的必要性认识度不够高、重视度不够强. 这在一定程度上体现了西方教学对引导学生学习和使用弧度制的必要性认识上还存在缺陷.

2.3.2 国内研究现状

国内有关弧度制的研究大致分为两大类:一类是研究学习弧度制的原因,另一类是研究弧度制这一内容的教学设计与课堂实录.

(1) 关于学习弧度制的原因的研究. 李忠[10]主要从度量问题角度、引入弧度的基本缘由和欧拉公式与弧度制的关系三个方面来说明为什么要学习弧度制.

(2) 关于教学设计和课堂实录的研究.

从教材角度分析弧度制概念教学:陈朝东[28]认为人教A版高中教科书中弧度制内容编排存在引入方式突兀,弧度制单位介绍难以理解,且与角度制关系不明的问题,建议弧度制概念教学可以从周长与周角的对应关系出发,经研究特殊圆心角所对弧长与角度的对应关系、任意弧长与半径的比得到弧度公式,定义1弧度的角,最后进行角度制与弧度制互换. 学会研究教材是教学的起点,在正确理解了教材的目的、内容的基础上设计教学才不会使教学陷入进退两难的境地.

联系角度制,基于认知冲突讲解弧度制概念:王光明、米妍[29]认为讲解学习弧度制的必要性时可以联系学生已有角度制和简单三角函数的知识,引起学生的认知矛盾. 通过弧长公式探究弧长与半径的关系讲解弧度制,再讲解角度与弧度之间的转换,最后推导弧度制下扇形的弧长和面积公式,加深学生对弧度制的理解. 黄江华、唐剑岚[30]认为弧度制概念教学可以从自然学习设计理论出发来进行,可以以三角函数图像为出发点,通过刻画同一事物,用不同单位有不同的数值来引发学生的认知矛盾,进而引导学生理解弧度的定义和合理性,最后再进行单位的换算. 从认知心理学方面分析,产生认知冲突时学生的注意力最易集中,是教学的极佳时机,在弧度制概念教学中制造学生的认知冲突可以帮助学生更好地理解概念,提升教学效果.

创设情境辅助弧度制教学:吴蕾、韩保席[31]基于Pirie-Kieren数学理解模型,通过创设问题情境，引导学生理解度量单位，并初步理解学习弧度制的必要性．引导学生探究弧长、圆心角之间的关系，类比角度制与弧度制，最后再推导扇形的面积公式，让学生经历形成概念表象、认识概念本质、推导应用公式的数学思维逻辑过程，进而掌握弧度制的概念．情境式教学是常用的教学方式，可以在最短时间内调动学生的学习参与度和积极性，是进行概念教学时可以优先考虑的教学方式．

利用数学史教授弧度制概念：何嘉驹、吴敏[32]认为讲授弧度制时可以引入探究汽车车轮与里程表的关系，引起学生的求知欲，再通过简述弧度制的数学史，引导学生探究 $\sin 30°=0.5$，并以此为基点进行探究活动，让学生自主发现弧长与半径的关系，进而理解弧度制的概念，最后再进行角度制与弧度制的单位互换．笔者认为基于此种教学方式可以尝试利用问题驱动进行教学，还原数学的本质属性，渗入数学史可以激发学生学习的内驱力，在弧度制概念教学中可以考虑把数学史与问题驱动教学相结合，有助于处理好重难点问题．

从三角函数角度教授弧度制概念：梅滋亚[33]根据实录课归纳得到引导学生从函数角度依据问题写出式子 $h=12+10\sin\alpha$，$0°<\alpha<90°$，再引导学生根据角度制构造函数模型，探究弧长与半径之间的关系，进而理解弧度制的过程，反思得出概念课要精心设问，先归纳后演绎，进而形成概念的结论．基于此，笔者认为从函数角度出发讲解弧度制概念在一定程度上可以让学生体会到学习弧度制的必要性和作用，但让学生超前接触三角函数式的较多内容，容易给学生造成学习上的负担．因此，若要采取此种教学方式，可以在课始简单介绍三角函数式，让学生初步了解弧度制与三角函数有密切关系、应用广泛的实际情况，进而探究学习弧度制概念．

根据国内研究发现，有部分老师认识到学习弧度制的必要性在教学中经常被忽略而造成学生不清楚为什么学习弧度制，为了让学生更好地理解弧度制，一线教师采取的处理方式主要包括：参照教材编排顺序进行教学；联系角度制，基于认知冲突讲解弧度制概念；创设情境辅助弧度制教学；利用数学史教授弧度制概念；从三角函数角度教授弧度制概念．有部分教师注意到学习弧度制的必要性，但对如何帮助学生了解学习弧度制的必要性的认识措施还不全面．已有的教学设计告诉我们，必须重视加强学生对学习弧度制必要性的认识，认真研究教材，掌握弧度制发展历史，理解弧度制的数学本质，掌握角度制与弧度制的关系、弧长与圆心角的关系，进而研究出更好的教学设计．

2.4 文献综述小结

2.4.1 文献研究的结论

研究学生学习弧度制时感到困难的原因，从认知方面分析可以得知其困难在于弧度制是抽象的数学概念，学生学习弧度制以顺应的学习方式为主，同化学习方式为辅．从非认知方面分析可以得知学生在掌握了角度制以后对于学习新的度量角的方式——弧度制没有足够的求知欲望，不了解为什么要学习弧度制．

根据已有文献，弧度制教学设计研究已经萌芽渐长，但其未来发展还有待尝试、摸索．从教材编排上看，弧度制教学过程中存在引入突兀、过渡不自然的问题，已有研究在这些方面做适当的处理使得该问题得到了一定的改善，例如王光明、唐剑岚等对此进行了新的教学设计.另外,让学生了解学习弧度制的必要性、正确理解弧度制的概念本质的处理方式还需要加以研究.

2.4.2 研究文献引发的思考

弧度制的教学体现了对数学抽象思维的启发和培养,但学生对弧度制的学习存在认知和非认知学习障碍,且对学习弧度制必要性的了解程度不够.研究者对弧度制概念教学给予了一定的关注,并展示了其研究成果,但仍然存在弧度制概念教学过程不自然、学生对其学习必要性不够明晰的问题.对此,笔者的后续研究将综合已有教学设计研究的优点,从教育学、认知心理学、HPM理论、科普式教学理论出发探究适应学生现实基础,并有助于学生更好地理解、掌握弧度制的教学设计.

2.4.3 弧度制教学建议

学生要学好数学的关键在于学习数学概念,学生发展认知的起点是学习数学概念,而学习数学概念是学生进行数学思维活动的介质.因此,在进行弧度制概念教学过程中应该重视组织探究性活动,引导学生经历数学活动,激发已有的数学活动经验,理解弧度制的数学本质,最终达到培养学生的数学思想的目的.

认知心理科学、逻辑系统科学、信息技术的发展是影响教学设计的主要因素,基于这三大因素而形成的数学教学理论对教学设计产生了积极的指导意义,为发展以学生为主体的科学的教学模式提供了心理学、教育学依据.关注学生顺应学习能力的发展,找到抑制学生顺应能力发展的因素,并在科学的心理认知理论的指导下克服弧度制难学的困难.

通过分析可以发现学生初次接触弧度制概念时会感到突兀,难以理解.弧度制概念教学涉及抽象的数学符号,在教学中需要培养学生的符号化语言、数学抽象思维,因此,可以从以下四个方面入手:一是通过探究性活动来实现学生对数学概念的理解,在进行弧度制概念教学时可以采取探究式教学方法做一定的铺垫,对弧度制的历史做一定的介绍,同时需要根据学生的实际情况进行合理设计.二是为了让学生快速领悟弧度制的概念,可以利用角度制与弧度制的类比关系制造认知冲突,设计科普式的教学.三是数学史在数学教育中占有举足轻重的地位,在概念教学中通过数学史可以发现数学教育的规律和经验,活跃数学课堂.因此,可以尝试以弧度制的数学史为主线贯穿整堂课的首尾,牵引弧度制概念的形成,根据学生的认知发展水平和认知规律设计教学.四是从学生思维发展规律出发,发现将有趣的情境和驱动式的问题加入教学过程可以驱使学生连续的思维活动,拓展学生的最近发展区.因此,可以通过真实有趣的有关弧度的情境设置层次递进、由浅入深的问题串,引发学生主动思考,进行自主探究、合作探索,进而理解概念,主动建构弧度制概念.若课堂上有多余时间,则可通过引导学生练习角度制与弧度制的换算以巩固学生对弧度制的理解和掌握.

3 弧度制教学设计案例

3.1 基于 HPM 理论的数学概念教学设计——以"弧度制"为例

3.1.1 教学分析

【教材分析】

弧度制这一节课被安排在人教 A 版高中数学教材[34]（2019 年版）必修一第五章第 1 单元第 2 节的第一课时. 学习弧度制是对学习角度制的补充，也是对前一节学习任意角的概念的发展，利于学生理解扇形的弧长公式与面积公式的联系，为学习任意角的三角函数的定义奠定理论基础.

【学情分析】

学生在学习本节知识之前已经掌握了角度制的知识，有了度量单位的基础，具有一定的抽象思维和符号意识，但学生的数学抽象思维还比较薄弱，概念理解能力还需要提高.

【教学目标】

(1) 了解学习弧度制的必要性，理解弧度制的概念.
(2) 掌握弧度制与角度制的换算，了解使用弧度制的优越性.
(3) 通过体验弧度制产生与发展的过程，培养学生科学发现的精神和发明创造的意识.

【教学重难点】

教学重点：理解弧度制的概念；掌握弧度制与角度制的换算.
教学难点：理解学习弧度制的必要性和弧度制的概念.

【教学方法与教学工具】

(1) 教学方法：启发式教学法，问题教学法.
(2) 教学工具：多媒体，黑板，彩色粉笔.

3.1.2 基于 HPM 理论的弧度制的教学过程设计

【弧度制的引入】

在数学教学中直接呈现数学概念的发现、发展与形成历程，是复制式的实施方式之一. 引导学生通过角度制与弦表的产生，亲历数学家曾经的探究、发现过程，让学生了解弧度制的萌芽和产生.

角和角度是小学就已经接触过的知识，那么角和角度是怎样产生的呢？度量角大小的角度制是古巴比伦人在公元前 300 多年发明的. 古巴比伦人习惯使用 60 进制，把圆周平均分为 360 份，一份为 1 度，也就是说，周角的 $\frac{1}{360}$ 为 1 度，即一个圆周是 360°. 角度制归为三角学的内容，且三角学被应用于天文学的研究中，成为天文学的一部分. 随着三角函数的出现，角度制的使用存在一定的局限性，出现了三角函数中自变量和函数值的单位不统一的问题．直到希帕科斯（Hipparchus，公元前 190—公元前 120 年）制作弦表时发现三角学中圆的弧与弦存在特殊关系，这一特殊关系的建立需要统一线段与弧长的单位，进而起到了扩充三角学知识的重要作用，体现了弧度制思想的萌芽．那么，弧度制是什么时候被发明的呢？

设计意图：在教学中教师应告诉学生弧度制并不是凭空产生的，而是因为数学科学研究的需要而被发明的．这预示了弧度制思想的萌芽，为建立三角函数的普遍适用性奠定了基础．

【弧度制的形成】

教师讲授 15 世纪文艺复兴时期哥白尼（Nicolaus Copernicus，1473—1543 年）发现半径一定时，角和弧长之间存在一一对应的关系．而弧度制是由罗杰·柯特斯（Roger Cotes，1682—1716 年）于 1714 年首次正式提出的．1748 年，欧拉（Euler，1707—1783 年）在他的著作《无穷小分析引论》中提出用半径来度量弧长，统一了线段与弧的度量，完善了弧度制．这些发现表明弧度制实质是指用线段长度来度量角的大小，由此弧度制的概念也就变得越来越具体．那么，弧长与半径之间的关系究竟是什么呢？又是用什么方式定义弧度制的？

探究 1 如图 1 所示，射线 OA 绕端点 O 旋转到 OB 形成角 α．在旋转过程中，射线 OA 上的一点 P（不同于点 O）的轨迹是一条圆弧，这条圆弧对应于圆心角 α．试探究圆弧 $\overset{\frown}{PP_1}$ 与 OP 之间的关系是怎样的．

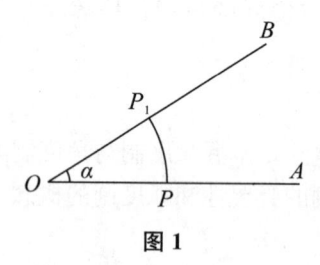

图 1

教师引导学生根据所给信息回忆弧长公式 $l = \dfrac{n\pi r}{180}$，可以自主尝试得到关系式 $\overset{\frown}{PP_1} = \dfrac{\alpha \cdot \pi \cdot |OP|}{180}$．

设计意图：讲述弧度制被发明的历史，尊重弧度制发展和形成的历史，帮助学生形成正确的数学历史观，充分调动学生的学习动机．利用探究 1 让学生初步体会通过弧长公式联系圆弧与半径的关系，树立圆弧与半径表示圆弧所对圆心角的意识，为进一步探究弧度制的概念埋下伏笔．

探究 2 在探究 1 的基础上，若在射线 OA 上任取一点 C，经旋转后形成弧长 $\overset{\frown}{CC_1}$，如图 2 所示，设 $\overset{\frown}{CC_1} = l_1$，$OC = r_1$，$OA$ 与 OB 所成圆心角为 α，此时圆弧 $\overset{\frown}{CC_1}$ 的长度 l_1 与半径 r_1 之间的比值是怎样的？

图 2

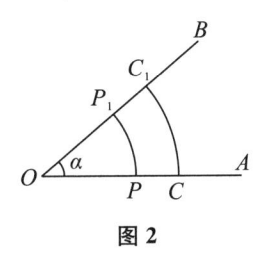

教师利用几何画板改变半径与对应圆弧的长度，并提供相应的数据，启发学生通过掌握的弧长公式自主探究弧长与半径之间的普遍关系，即 $|\alpha|=\dfrac{l}{r}$. 可以发现弧长与半径之比是度量对应圆心角角度的一种方式，进而定义弧度：长度等于半径的圆弧所对的圆心角叫作1弧度的角，弧度单位用 rad 表示，读作弧度.

对于弧度制单位符号的由来，教师向学生讲授其相关历史：弧度的名称是"radian"，这个名称1873年第一次出现在詹姆斯·汤姆森（James Thomson，1822—1892年）编著并出版的一本考试问题集上，后来得到学术界的认可[11]. 国际上普遍认可把弧度单位用 rad 表示.

教师需要向学生说明弧度制的单位——弧度（rad）可以省略不写.

角可以分为负角、零角、正角. 正角的弧度数是一个正数，负角的弧度数是一个负数，零角的弧度数是0.

教师引导学生在学习了弧度制的概念以后向学生讲明学习弧度制是研究三角函数的基础，可便于描述和研究钟摆、潮汐等周期现象.

设计意图：在探究1的基础上引导学生运用类比推理的方法深入探究用弧长与半径度量对应圆心角的方式，自然流畅地得到弧度制的概念. 弧度制单位的符号具有科学性、权威性、可认同性，是学生几乎不可能创造出来的，所以可以直接向学生介绍弧度制单位的符号、使用方式及弧度制下角的分类. 通过讲授弧度制单位符号的历史渊源，增强其可信度和科学性，培养学生的符号化思维. 启发学生使用几何画板作出同一圆心角的不同半径与对应的弧长图形，并提供相应的数据进行计算、分析、验证，培养学生数形结合的思想. 在教学中使用现代信息技术，让学生更加直观地感悟弧度制的概念，深入理解弧度制的概念与本质，进而提高学生的数学抽象能力. 讲授弧度制的应用，说明其促进了现代科学的研究、进步与发展，可以让学生初步了解学习弧度制的必要性，培养学生崇尚科学、创新创造的精神.

【弧度制与角度制的单位换算】

数学家利用半径与对应弧长的关系定义了弧度制，找到弧度制和角度制之间的换算关系就成为解决有关三角函数问题的关键. 这两者是以什么方式进行换算的呢？

探究3 尝试利用特殊角度和弧度确定弧度制与角度制的换算关系.

教师展示图3，引导提问：若此圆的半径为1，则圆的周长，即弧长是多少？其所对圆心角的弧度数是多少[11]？

图 3

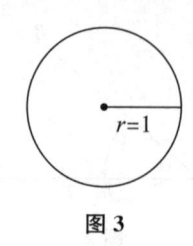

根据问题，学生可以得到弧长为 $2\pi r=2\pi$，所对圆心角为 $360°$，弧度数为 2π rad. 故有 2π rad$=360°$，从而可以得到 $1°=\dfrac{\pi}{180}$ rad，1 rad $=\left(\dfrac{180}{\pi}\right)°$.

教师还可引导学生通过自主探究度量半圆、$\dfrac{1}{4}$ 圆的圆心角的两种方式，进而得到弧度制与角度制的换算关系.

总结换算方法：

(1) 角度制换算成弧度制乘以 $\dfrac{\pi}{180}$.

(2) 弧度制换算成角度制乘以 $\dfrac{180}{\pi}$.

设计意图：以角度制和弧度制都是度量角的制度所存在的内在逻辑为线索，启发学生通过解决具体问题寻找两者之间的内在逻辑，即换算关系. 让学生亲历弧度制与角度制换算关系的探究发现过程，积累转化、运算经验，深化弧度制概念的学习，培养学生的数学语言表达能力.

【强化练习，掌握概念】

问题 1 将角度制与弧度制进行互换，完成以下问题：

表 1 弧度制与弧度制单位互换

角度	0°		45°	60°		120°		240°
弧度		$\dfrac{\pi}{6}$			$\dfrac{\pi}{2}$		π		2π

问题 2 已知圆弧半径为 6，圆心角为 $135°$，求该圆弧的弧长.

变式：已知圆弧半径为 6，圆心角为 $\dfrac{3\pi}{4}$，求该圆弧的弧长.

设计意图：设计弧度制与角度制相互换算的问题，让学生通过解答问题并尝试比较使用弧度制与角度制解决问题的方法的优劣，体验使用弧度制的优势和便捷. 强化学生对弧度制概念的理解和弧度制与角度制互换的方法的掌握，培养学生独立思考的习惯和分析问题的能力.

【比较整合，延拓新知】

衔接语：前面已经学习了什么是弧度制、弧度制与角度制相互换算的关系与方法，那么，弧度制可以怎么使用？其优越性是什么？不妨探究下面的问题：

已知一个扇形的半径为 R，圆心角为 $\alpha(0<\alpha<2\pi)$，面积为 S. 其中扇形面积公式为

$S=\dfrac{1}{2}\alpha R^2$ 和 $S=\dfrac{1}{2}lR$. 尝试自主学习，再小组讨论交流这两个扇形面积公式的推导过程，用弧度制证明这两个公式成立.

教师引导学生将以上两个扇形面积公式与角度制下的扇形面积公式 $S=\dfrac{n\pi R^2}{360}$ 相比较，总结使用弧度制在解决扇形问题中的优越性是可以简化公式、计算.

设计意图：设计角度制与弧度制下的扇形面积公式的推导证明问题，提高学生归纳概括、类比分析和推理运算的能力，引导学生体验并总结弧度制使用的优越性，体会数学的简单美，深化数学思维，维持学生的学习热情.

【课堂小结，布置作业】

（1）课堂小结

教师引导学生对学习的弧度制的数学本质进行提炼，明确弧度制所蕴含的数学思想，归纳弧度制的使用方法.

（2）布置作业

①巩固性作业：深化理解弧度制的概念及掌握其与角度制的换算方法，完成教材第175页习题5.1的4、5、6题.

②开放性作业：尝试探究扇形与三角形的面积公式的相似点，思考 $\sin x\,(x\in\mathbf{R})$ 的意义.

③预习作业：预习三角函数的概念.

设计意图：布置三个立意不同的作业：巩固性作业，巩固本节课所学内容；开放性作业，培养学生的自主探究能力和观察推理思维，为学习三角函数奠定基础；预习作业，为下一堂课做准备，培养学生预先学习、准备的学习习惯.

3.1.3　关于教学设计的思考

在教学中融入数学知识产生和发展的历史是让学生感受数学知识形成的曲折过程的最佳方式，是激发学生的学习兴趣、培养学生正确的历史观的重要教学方式. HPM 理论应用于教学是数学史融于教学的体现，而对于如何将数学史渗透到教学中的问题的解决措施有三个：一是抓住章节起始课，它是数学史教学的重要契机；二是在概念教学中灵活应用 HPM 理论，它是数学史教学的有效载体；三是重视核心知识的教学，它是数学史教学向纵深发展的源泉[35]. 科学地使数学史服务于概念教学往往会起到画龙点睛的作用.

由于弧度制与其符号"rad"等知识具有约定性的既成性质，其采用的教学方法以讲授法为主. 这种教学方式容易使学生感到枯燥无味，因此，在弧度制教学中使用 HPM 理论，可以有效地利用弧度制数学史实引导学生发现弧度制的历史发展逻辑，体会弧度制被发明的历史必然性，经历"知识从萌芽、发展到形成抽象概念"的深度学习过程，培养学生的学习兴趣. 在教学过程中教师要发挥主导性的作用，促使学生的主体性得到体现. 在教学中教授弧度制从产生、发展到形成的历史史实旨在让学生感悟弧度制产生的自然性，而讲授弧度制在科学方面的作用，则意在让学生明白弧度制应用的广泛性. 通过数学史引导学生在学习弧度制过程中经历直观感知、归纳类比、抽象概括和符号表示等数学思维过程，培养学生的逻辑推理与数学运算能力.

39

数学史进入教学并不是生搬硬套的，而是需要教师根据具体课题、学生的学习情况对历史材料作适当加工处理的．在教学设计中要力求通过数学史教育揭示数学知识的本质特征，设法通过数学史故事、问题的思维揭露等方式让学生有效地领悟数学知识的发展形成过程，体会数学家艰辛的心路历程，了解数学概念不断完善的曲折经历等，以培养学生善于发现、敢于创新的意识和实事求是的科学态度，帮助学生认识数学的科学意义和文化内涵，在感悟数学美方面对学生进行潜移默化的影响．

3.2 基于认知同化学习理论的数学概念教学设计——以"弧度制"为例

概念是思考一类事物的视角，学习数学概念是学习数学知识的前提、基础，是形成逻辑推理的重要依据．概念学习方式有概念形成和概念同化[36]．同化学习是最为经济的学习方式[12]，也是学生最易接受的学习方式．弧度制的概念是抽象的数学概念，与前面章节所学习的知识关系不紧密，其要被学生所掌握需要充分考虑学生的认知发展水平．需要打破学生原有的认知结构，即打破学生原有的有关角的度量制度、方式的认识，再将新知识（弧度制）纳入已有的知识体系，重新构建三角函数知识的认知结构系统．在教学中要让学生了解学习弧度制的必要性，掌握弧度制的使用方法，需要研究者加以深思，针对需要达到的目标要求，结合认知同化学习理论进行弧度制的教学设计．

3.2.1 教学分析

【教材分析】

弧度制被安排在 2019 版高中数学教材必修一（A 版）第五章第 1 单元第 2 节[34]，具有承接已学的角度制和任意角的概念，开启初步学习任意角的三角函数定义的作用．学习弧度制可以让学生了解通过弧度制度量角可以达到用对应弧长刻画角的大小的效果[37]，进而确定与角对应的实数，为后续学习三角函数时理解自变量和函数值的单位相同奠定基础．

【学情分析】

学生在学习本节知识之前已经掌握了角度制的知识，有了度量的基础，具有一定的抽象思维和符号意识，但学生的数学抽象思维还比较薄弱，概念理解能力还需要提高．

【教学目标】

(1) 了解学习弧度制的必要性，理解弧度制的概念．
(2) 掌握弧度制与角度制的换算．
(3) 感受类比、化归与转化的数学思想方法，并能迁移学习．

【教学重难点】

(1) 了解引入弧度制的必要性．
(2) 理解弧度制的概念，并掌握弧度制与角度制之间的换算．

【教学方法与教学工具】

(1) 教学方法：讲授法，讨论法．

(2) 教学工具：多媒体，黑板，圆规，彩色粉笔.

3.2.2 基于认知同化学习理论的弧度制的教学过程设计

【回忆旧知，引入弧度制】

问题 1 同学们，前面我们已经学习了任意角的相关知识，知道了角是由一条射线绕着它的端点旋转所成的图形，那同学们知道可以用什么来度量一个任意给定的角的大小吗？

在教师的引导下，学生很快得到可以用角度制来度量角的大小.

设计意图：利用学生的已有经验，引导学生回忆学习过的有关角的知识，启发学生思考度量一个任意角大小的方法，为弧度制的引入作铺垫，营造轻松和谐的学习环境.

问题 2 度量角除了可以用我们学过的角度制，还可以用弧度制，这也就是我们今天要学习的内容. 同学们肯定感到疑惑，既然我们已经掌握了度量角的角度制，为什么还要学习弧度制？有同学知道原因吗？大家可以与同桌相互交流一下.

教师在学生交流后可以告诉学生弧度制是后面紧接着要学习的三角函数的奠基性知识，因为角度制不能满足数学对角的知识的所有需求. 用角度制作为自变量来表示三角函数存在自变量值与函数值之间不能进行运算的突出问题（例如，60°与 sin 60°不能相加），这阻碍了三角函数通过运算法则形成初等函数[29]. 为解决这一突出问题，需要统一函数中自变量与因变量的单位，进而引入一种新的度量角的制度，即弧度制.

设计意图：由于学生对弧度制的学习是以顺应学习为主，同化学习为辅，因此在教学中从学生已有的角度制、简单的三角函数知识和对函数定义的元素要求的知识经验出发，引入弧度制. 以浅显易懂的方式利用已经掌握的角度制的相关知识来学习弧度制，引发学生思考，进而引起学生的认知冲突，同时告知学生学习弧度制是为后续学习三角函数提供方便. 虽然学习弧度制更重要的意义是为学习高等数学服务，但高一学生的知识基础和接受能力具有有限性，不宜将学习弧度制的原因和意义讲得过深. 以这样的方式可以明确学习弧度制的必要性，激发学生的好奇心和求知欲.

【讲授新知，建立概念】

在知道了为什么要学习弧度制后，需要弄清楚什么是弧度制，即弧度制的概念.

探究 1 我们要知道弧度制的概念，就需要知道弧度制的单位制的定义，即 1 弧度的定义. 为此，我们首先可以从 1°角的定义出发. 那么 1°角的定义是什么呢？

学生可以通过回忆得到 1°角是指规定周角的 $\dfrac{1}{360}$，是用度作为单位度量角的单位制.

设计意图：引导学生回忆 1°角的定义，进而回忆起角度制的概念，这样教学可以启发学生使用并列的学习方式学习 1 弧度的定义，降低学生顺应学习的难度，创造学习动机.

探究 2 既然已经知道了 1°角的定义，那么 1 弧度又是怎样定义的？

此时，教师可以使用讲授法告诉学生 1 弧度的定义，即 1 弧度的角是指长度等于半径的圆弧所对的圆心角，如图 4 所示.

图 4

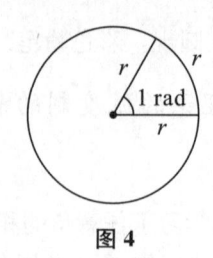

顺势而为，教师可以引导学生得到弧度制的概念：弧度制是指用弧长与半径之比度量对应圆心角角度的方式，用符号"rad"表示，读作弧度．

需注意的是，角可以分为三类，有负角、零角、正角．正角的弧度数是一个正数，负角的弧度数是一个负数，零角的弧度数是 0．

弧度制的单位——弧度（rad）可以省略不写．

设计意图：让学生在回忆了角度制的基础上学习弧度制的概念，可以培养学生使用类比的数学思想进行有意义的学习，降低顺应学习的难度；使用启发式教学法，根据 1°角的定义方法启发学生定义 1 弧度的角，进而得到弧度制的概念，使用了学生容易接受的同化学习；循序渐进，强调重要的概念和需注意的知识点，这样的教学易于让学生快速掌握弧度制的概念，加深学生对概念的印象，维持学生的学习动机．

【**深入探究，揭示换算关系**】

既然弧度制和角度制都是度量角的制度，那么就出现了一个问题：这两者之间存在怎样的换算关系呢？这里的关键是找到联系两种度量制的桥梁[38]．

探究 如何进行弧度制与角度制的换算呢？小组内合作尝试探究弧度制与角度制的换算关系．

在教师的引导下学生可以做到：根据角度制和弧度制的概念，知道由角度制有周角为 $360°$，由弧度制有周角为 2π，故有 $360° \Rightarrow \frac{2\pi r}{r} = 2\pi$ rad，即 $360° = 2\pi$ rad，也就有 $\pi = 180°$，$1° = \frac{\pi}{180}$，$1 \text{ rad} = \left(\frac{180}{\pi}\right)°$．

在弧度制与角度制的单位换算中需要注意（教师归纳总结方法）：

（1）角度制换算成弧度制乘以 $\frac{\pi}{180}$．

（2）弧度制换算成角度制乘以 $\frac{180}{\pi}$．

设计意图：根据角度制和弧度制的概念，启发学生找到两者之间搭建的桥梁，即换算关系．使用学生容易接受和参与的方式让学生体验寻找弧度制与角度制换算关系的过程，积累感性经验．帮助学生总结弧度制与角度制互换的方法，可以巩固学生对弧度制概念的掌握，增强其同化基础．

【**强化练习，深化概念**】

问题 1 将以下角度制换算为弧度制：

（1）$65°$；（2）$270°$；（3）$-79°$．

问题 2 将以下弧度制换算为角度制：

(1) 21 rad；(2) $\dfrac{\pi}{5}$ rad；(3) $-\dfrac{\pi}{6}$ rad.

设计意图：设计弧度制与角度制进行相互换算的具体问题，促使学生深刻理解换算对象与被换算对象的关系，进行知识的强化学习，引导学生积累同化学习经验，进而高效掌握弧度制的相关知识.

【课堂小结，布置作业】

（1）课堂小结

教师引导学生对学习的弧度制的数学本质进行提炼，明确弧度制所蕴含的数学思想，归纳弧度制的使用方法.

（2）布置作业

①复习弧度制的概念及其与角度制的换算.

②自主探究弧度制与扇形面积公式之间的关系.

③完成教材第 175 页习题 5.1 的 4、5、6 题.

④预习三角函数的概念.

设计意图：对本节课的内容进行小结可以起到整合所学内容的作用，利用认知同化学习方式辅助学生同化新知识，在大脑中对其进行改组和重构，形成新的认知结构和知识体系，培养学生归纳总结的学习习惯. 布置作业可以帮助学生强化新知，及时反馈学生对所学内容的掌握情况. 作业的布置需要兼顾基础较薄弱的学生和基础较好的学生，可与课内教学内容、网络资源等结合，满足有兴趣的学生的学习欲望和学习热情.

3.2.3 关于教学设计的思考

认知同化学习理论揭示了人普遍的学习方式和学习方法，同化学习和顺应学习是人在接触新事物、新信息时大脑根据已有的学习经验选择的有效的学习方式. 弧度制的概念作为一个抽象的数学概念，学生直接接触可能会产生排斥反应或是不解、困惑，难以利用同化的学习方式及时吸收，而易选择顺应的学习方式. 该学习方式对学生而言存在糅合困难，因此应根据认知同化学习理论设计教学. 在教学过程中需要使呈现的信息结构与学生的认知结构相适应，让学生易于理解、接受和参与. 以角度制作为辅助工具，引导学生进行并列学习，为学生搭建阶梯，降低顺应学习难度，引导学生利用角度制同化学习弧度制，可以在较短的时间内掌握弧度制的概念，并能进行相应的单位换算，达到较好的学习效果.

参考文献

[1] 中华人民共和国教育部. 普通高中数学课程标准（2017 年版）[M]. 北京：人民教育出版社，2018.

[2] 皮连生. 教学设计：心理学的理论与技术 [M]. 北京：高等教育出版社，2000：1−20.

[3] 刘莉，董志香. 教学设计的逻辑起点：理解学生 [J]. 课程教学研究，2015（11）：19−23.

[4] 盛群力，李志强. 现代教学设计论 [M]. 杭州：浙江教育出版社，1998：2, 4.

[5] 孔凡哲. 基本活动经验的含义、成分与课程教学价值 [J]. 课程·教材·教法，2009（3）：33−38.

[6] 佚名. 数学史（16）三角学的创立 [EB/OL]. [2020−02−03]. https://dwz.cn/BHh2zDp0.

[7] Katz V J. 数学史通论 [M]. 2 版. 李文林, 等, 译. 北京: 高等教育出版社, 2004: 112, 157.
[8] 江灼豪, 何小亚. 弧度制发展的历史溯源 [J]. 数学通报, 2016, 55 (7): 14−17.
[9] 徐章韬. 三角学历史发展中认识视角的变迁及其教育意蕴 [J]. 数学教学, 2010 (4): 29−36.
[10] 李忠. 为什么要使用弧度制 [J]. 数学通报, 2009, 48 (11): 1−7.
[11] 施良方. 学习论 [M]. 北京: 人民教育出版社, 2001: 137.
[12] 中华人民共和国教育部. 普通高中数学课程标准 (2017 年版) [M]. 北京: 人民教育出版社, 2018: 16−20.
[13] 赵思林. "对数"定义难学的心理分析 [J]. 数学教育学报, 2012, 12 (6): 77−81.
[14] 周杰, 汪晓勤. 20 世纪中叶以前西方三角学教科书中的弧度制 [J]. 中学数学月刊, 2015 (9): 59−61.
[15] Newcomb S. Elements of Plane & Spherical Trigonometry [M]. New York: Henry Holt & Co., 1883: 8−9.
[16] Lock J B. A Treatise on Elementary Trigonometry [M]. London: Macmillan & Co., 1885: 31−36.
[17] Richards E L. Elements of Plane Trigonometry [M]. New York: D. Appleton & Co., 1878: 86−91.
[18] Taylor J M. Plane Trigonometry [M]. Boston: Ginn & Co., 1904: 95−98.
[19] Wheeler H N. The Elements of Plane Trigonometry [M]. Boston: Ginn & Heath, 1877: 5−7.
[20] Wilczynski E J. Plane Trigonometry & Applications [M]. Boston: Allyn & Bacon, 1914: 163−166.
[21] Dickson L E. Plane Trigonometry with Practical Applications [M]. Chicago: Benj H. Sanborn & Co., 1992: 158−160.
[22] Fi C. Preservice Secondary School Mathematics Teacher's Knowledge of Trigonometry [D]. Iowa City: University of Iowa, 2003.
[23] Topcu T, Kertil M, Akkoc H, et al. Pre-service and in-service mathematics teacher's concept images of radian [C] //Proceedings of 30th International Conference on the Psychology of Mathematics Education, 2006 (5): 281−288.
[24] Hatice Akkoc. Pre-service mathematics teacher's concept images of radian [J]. International Journal of Mathematical Education in Science and Technology, 2008, 39 (7): 857−878.
[25] Erika Kupková. Developing the Radian Concept Understanding the Historical Point of View [EB/OL]. [2016−04−01]. http://math.unipa.unipa.it/~grim/Quad18_Kupkova_08.pdf.
[26] Mitchelmore M C, White P. Development of angle concepts by progressive abstraction and generalization [J]. Educational Studies in Mathematics, 2000, 41 (3): 209−238.
[27] Keiser J M. Struggles with developing the concept of angle: coparing six-grade Student's discourse to the history of the angle concept [J]. Mathematical Thinking and Learning, 2004, 6 (3): 285−306.
[28] 陈朝东. 人教 A 版高中教科书中弧度制内容编排的困惑与思考 [J]. 中学数学月刊, 2016 (10): 26−27.
[29] 王光明, 米妍. 认知负荷理论下的弧度制教学设计 [J]. 中小学教材教学, 2018 (5): 4−9.
[30] 黄江华, 唐剑岚. 基于自然学习设计理论的数学概念教学设计——以"弧度制"教学为例 [J]. 中国数学教育 (高中版), 2018 (3): 42−46.
[31] 吴蕾, 韩保席. 基于 Pirie−Kieren 数学理解模型的高中数学概念教学策略初探——以"弧度制"教学为例 [J]. 数学教学通讯, 2017 (9): 24−25.

[32] 何嘉驹,吴敏. 基于问题驱动理论的概念课教学设计——以弧度制概念教学设计为例[J]. 中学数学研究(华南师范大学版),2017(12):11-13.
[33] 梅滋亚. 把握来龙去脉,凸显核心素养——"弧度制"教学实录及反思[J]. 中学数学月刊,2018,42(10):39-42.
[34] 章建跃,李增沪. 普通高中教科书数学必修第一册(A版)[M]. 北京:人民教育出版社,2019.
[35] 居艳. 科学予知 历史予智——《数学史选讲》教学之思考[J]. 数学通报,2013,52(4):27-29,33.
[36] 喻平. 基于认知主义的数学教学观[J]. 中学数学月刊,2009(6):1-3.
[37] 朱一心. 弧度制教学中相关问题的问答[J]. 首都师范大学学报(自然科学版),2020,41(2):52-59.
[38] 章建跃. 关于弧度制的教学[J]. 中小学数学(高中版),2017(5):66.

第三节 正弦函数图像与性质的教学设计[①]

1 引言

现实世界中,许多运动都有着周期性的变化规律,正弦函数正是描述这些运动的数学模型. 研究并掌握正弦函数的性质,对人类认识客观世界十分有意义.《普通高中数学课程标准(2017年版)》将评价分为三个维度,第二维度的主线之一即几何与代数,三角学是其中重要的分支. 三角函数的图像与性质(包括三角函数的定义域、值域、奇偶性等)是三角函数的核心内容,是解决实际问题的工具. 其中,正弦函数作为三角函数最基础的内容,是学习余弦函数、正切函数的基础. 因此,深入研究正弦函数的图像与性质,对学好整个三角函数有着重要的作用和意义:第一,丰富了高考数学问题的研究思路,提供更加开阔的思维空间、研究模式;第二,将实际生活与高考数学相结合,充分体现了理论与实际的结合,也贯彻了我国一直坚持的"理论联系实际"的原则.

根据教学内容特点和学生的实际需求、能力水平、认知倾向,整合教学理论及相关心理学知识,提供富含科学理论的教学设计. 这不仅适用于研究正弦函数,还可拓展到更为广阔的领域,具有十分重要的实用意义.

2 文献综述

2.1 不同视角下正弦函数的图像与性质

正弦函数作为五类基本初等函数之一,在函数中占据极其重要的地位,是几何的基础内容,并且在生活中应用广泛,物理、天文、医学、地理等都需要用到正弦函数作为研究

---

① 作者:张彬彬、赵思林(指导教师).

工具.

2.1.1 数学历史文化下正弦函数的图像与性质

三角学起源于古希腊时期天文学的发展，三角学开山鼻祖希帕科斯（Hipparchus）给出了和今天三角函数相仿的数字[1]181；托勒密（Ptolemy）构造了一张三角函数表——弦表，也被视为最早的正弦表[2]，见表1[3].

表1 Portion of Ptolemy's Chord Table

Chords	Sixtieths	Arcs	Chords	Sixtieths
0；31，25	0；1，2，50	6	6；16，49	0；1，2，44
1；2，50	0；1，2，50	47	47；51，0	0；0，57，34
1；34，15	0；1，2，50	49	49；45，48	0；0，57，7
2；5，40	0；1，2，50	72	70；32，3	0；0，50，45
2；37，4	0；1，2，48	80	77；8，5	0；0，48，3
3；8，28	0；1，2，48	108	97；4，56	0；0，36，50
4；11，16	0；1，2，47	120	103；55，23	0；0，31，18
4；42，40	0；1，2，47	133	110；2，50	0；0，24，56

由于印度天文学的实际需要，三角学得以改进. 公元6世纪，阿耶波多（Aryabhate，生于476年）计算了半弦（相当于现在的正弦线），他将半弦长命名为 $jy\bar{a}$，经12世纪翻译成拉丁文 sinus，经邓玉函、汤若望与徐光启等译为"正弦"[1]182-183. 到了文艺复兴时代，人性的解放使得更多智慧逐渐浮现在历史长河. G. 莱布尼茨诗意而又理性地感叹"音乐，是人类精神通过无意识计算而获得的愉悦享受"；无独有偶，毕达哥拉斯也发现七弦琴的密语：当弦的长度成简单整数比时，它就发出和谐的声音[4]287. 从毕达哥拉斯时代到19世纪的若干年内，人们试图弄清音乐与数学的联系，直至数学家 J. 傅里叶（B. J. B. Joseph Fourier, 1768—1830年）的研究[4]298-301，世人才得以见证 G 大调曼妙的正弦舞步. 18世纪，法国数学家德拉尼第一个提出三角函数的周期性[1]186. 接下来，欧拉定义了单位圆，使得三角研究大大简化[1]186. 在中国古代数学中，一般三角学只有零星的知识. 明末《崇祯历书》中的《大测》和《测量全义》最早介绍了西方的三角学，其中《大测》[5]卷二中有三角函数表——"割圆八线小表"（每隔15°的四位三角函数表）和"割圆八线表"（每隔1°的五位三角函数表），其中八线之一就称为"正弦".

2.1.2 正弦函数图像与性质的实际应用

正弦函数除了在物理、生物、地理等理科学科中有所应用，令人意外的应该是它与音乐的结合. 音乐声音的数学分析具有重大的实际意义：利用正弦函数，人们大大改进了乐器，如钢琴制造商确定琴槌来调整不和谐的和音，鼓的制造中利用振动膜设计. 傅里叶定理[4]298告诉人们，所有声乐作品的声音不过是具有不同频率的简单声音的组合. 人耳所闻的声音有限，现代人们使用数学而不仅仅依靠耳朵判断音乐的优劣，制造商通过声波显示仪之类的仪器将音乐转化为图形，据其与理想图形的吻合程度来判断优劣. 除了音乐，正弦函数更多地融入人们的实际生活，例如电话的发明就是利用不同声音的组合试图再现真实的声音. 再现声音的机器，如无线电收音机、电影、扬声器系统的背后，是一条条正弦函数勾勒出来的曲线在上下起伏、摇曳生姿. 数学与音乐的双人舞交替旋转的背后，是现代生活的多姿多彩. 正弦函数图像的起伏还有其哲学意义，美妙的音乐当然是数学分析提供的，但通过傅里叶定理，让美妙的艺术得到了数学的描述. 数学恰似一门语言，向人们低语，将世界的秘语娓娓道来.

2.1.3 课标与高考对正弦函数图像与性质的教学要求

对于此节内容，《普通高中数学课程标准（2017 年版）》[6]中的要求：能画出三角函数的图像，借助函数理解正弦函数在区间 $[0, 2\pi]$ 上的性质. 2019 年颁布的《高中考试大纲》[7]中的要求：能画出 $y = \sin x$ 的图像，了解正弦函数的周期性，理解正弦函数在区间 $[0, 2\pi]$ 上的性质（如单调性、最大值和最小值，以及与 x 轴的交点等）. 学习此节内容，不仅可以增长学生现有的数学知识，而且能提升学生解决生活中实际问题的能力[8]. 学生可以在短时间内学到来源于实际的理论，而后结合实践将其运用到实际中去. 此节课的学习对于学生今后工作与生活具有重大意义. 除此之外，从学生数学学科核心素养来看，它是培养学生数学抽象、直观想象、逻辑推理能力[9]的磨刀石；从数学思想方法来看，它是让学生体会类比、化归、数形结合等数学思想方法运用[10]的好载体，可以很好地对学生的学习习惯与思维逻辑进行培养.

2.2 正弦函数图像与性质的教学现状

2.2.1 教材的研究

正弦函数的图像与性质是人教 A 版新教材必修一中第五章第 4 节的内容. 纵观世界，美国在"数学教育理论研究上处于国际领先地位，其普通高中学生的数学成就虽不尽如人意，但教材编制很有创意"[11-12]；英国的"SMP 数学教材至今仍在使用"[13]；德国数学教材的特色是"从实际问题出发，注重数学探究和建模活动"[14]；法国是"极少数对中学数学要求很高的西方国家之一，高中数学教材包括像球面三角这样的内容，范围超过了我国"[15]；俄罗斯是"传统的数学强国，且有一流数学家直接参与中学数学教材编写的好传统，教材在反映数学本质方面有独到之处"[16]；日本数学课程"在传统上与我国比较接近，近年来受西方的影响，课程风格发生了些许改变"[17]. 我国数学教育研究者王建磐、章建跃[18]选定了美、英、德、法、俄、日六国作为比较的对象，发现"我国高中数学教材核心内容仍然以传统基础数学内容为主，但各国都注意用现代数学思想方法来处理"；同时，"以函数为核心"是主流，但各国教材对三角函数的重视程度不一；三角函数的核心内容部分，各国在内容选择和处理方式上都存在较大差异；中国教材的内容和处理方式比较"中性"，重视在正弦函数的问题中数形结合. 进一步深入地与美国相比，付钰、张景斌[19]将人教 A 版与美国迈克道格公司 2008 年出版的数学教材《代数 2》进行比较，分别从习题数量、习题类型、习题综合难度三个维度对习题进行分析，最终得出"中国人教 A 版教材重视培养学生运算能力，而重视运算能力的培养是中国数学学科的一个显著特色"的结论.

2.2.2 教学策略的研究

在正弦函数图像与性质的考查中,很多学生灵活运用知识的能力不足,在实际解题情境中难以突破难点,做到灵活运用知识,也没有举一反三将知识进行延展的能力. 胡支云[20]从不同题型对症下药:对于选择题,"应做好历年高考有关三角函数试题难度的分析,给予学生针对性的辅导,学生可灵活应用排除法、特殊值法、数形结合法等进行解题";对于填空题,"既可结合三角函数性质单独出题,也可与不等式、向量、数列等结合起来出题,所以需要学生扎实掌握基础知识,并能灵活应用,对此教师应多讲解相关题型,鼓励学生不断进行总结与反思,最终能够举一反三,以不变应万变";对于综合题,"在高考中常出现在第17题,多与三角形、向量知识结合起来进行出题,对此教师应多进行相关题型的训练,让学生分析挖掘题设中的隐含条件并全面思考问题,保证解答结果的全面性与正确性". 在熟悉的背景中,条件、结论全变化,将问题纵深化;学生应加强对基本概念的学习,夯实基础,并将此部分内容系统化,加强它与整个高中数学体系的联系,同时训练总结概括的能力;在教学过程中,教师首先需要全面了解学生的学情,然后代入学生的视角与思考方式,想学生之所想,根据学生的已有经验和认知特点来设计实用的、具有发展性的问题,以此逐步激发学生的探究欲望,在探究过程中暴露学生完整的思维过程,以此对症下药,"促进学生的知识建构和数学理解"[21]. 数学教育学家斯托利亚尔指出:"数学教学是数学活动的教学,而不仅是数学活动的结果——数学知识的教学."也就是说,在数学教学中,教师不能也不应该牵着学生的思维走,或者把学生的认知活动当作自身的思维进行代入,而应该充分剖析学生的思维过程,分析学生思维过程的具体情况,通过探究学生思维过程中真实有效的部分,最终找到其思维的障碍或本质. 随着多媒体信息技术的日臻成熟,几何画板、三维动画等技术逐渐地成为直观数学教学的辅助工具,为突破教学难点提供了新的解决方案. 在讲解 $y=\sin x$ 的图像时,可以借助信息化手段,用直观的信息向学生展现抽象的内容,以此降低学生的认知困难与记忆困难. "信息技术能够帮助学生化解函数的高度抽象性带来的学习困难,借助信息技术可以实现教学内容的可视化、动态化、可操作性,增强学习活动的探索性"[22]. 在现代信息技术辅助的教学环境下,教学内容不仅有着多样化呈现方式,而且具有更强的趣味性,可以使"抽象问题形象化,复杂问题简单化,枯燥问题有趣化,微观问题宏观化","把快变慢,把慢变快". 在组织"正弦函数的图像与性质"的教学活动时,"通过创设情境中问题的铺垫,找到知识的固着点,给学生的思维活动搭建了台阶,再通过接下来的探究活动,使学生的思维达到一定深度,教师抓住学生思维发展的有利契机,立即进行变式训练和解决水车这一典型问题的操作活动",可以让学生体会到正弦函数模型在描述和刻画有周期性变化规律的实际问题中的重大作用,以此来实现教学难点的有效突破,很好地培养了学生利用正弦函数知识来分析解决实际问题的能力[23]. 随着素质教学理念的不断深入,在当前的高中数学教学过程中,如何渗透一些更为新颖的教学方法也是值得关注的话题. 教师可以通过营造合理的教学气氛、引入多样的教学方法、展开必要的教学拓展,不断进行尝试与创新[24].

2.2.3 教学设计的研究

章建跃提出数学教学既要符合数学知识发生发展过程的合理性,又要符合学生思考过程的合理性[25]. 在此理论基础下, 李倩[26]对"三角函数的图像与性质"一节进行教学实录, 并依据新课标作了HPM理论下的教学设计. 数学史中不但蕴含着几何直观基础和较好的数学推理, 而且这些演变过程对于现代中学数学教师和学生来说都比较容易理解. "个体对数学的认知发展遵循数学思想的历史发展, 个体对数学概念的认知发展与该概念的历史发展相似"[27]. 因此, 数学史作为"数学课程的一种有益补充"[2], 对于数学教育价值有着重要的体现. 张海强[28]基于HPM进行了三角函数的教学设计, 详细阐述了HPM视角下的教学设计, 实践研究发现数学史的引入对"正弦函数的图像与性质"的教与学都有促进作用, 而且学生对"数学史+数学教学"模式的接受程度较高.

"问题是数学的心脏", 数学是由问题构成的, 问题是教学设计的逻辑起点, 它贯穿于"目标设计、过程设计与评价监控设计之中"[29]. 弗莱登塔尔提出"将现实问题数学化"的观点, 即"将数学知识与习题嵌入到现实情境, 使学生脱离纯粹的解题和无尽的推理, 使数学知识'生活化'(还原数学知识的现实背景)"[4]. 将学科知识与实际问题联系起来, 是教学设计中应当遵守的基本原则. 李大永[30]建议以匀速圆周运动中的变量关系作问题源, 他认为"匀速圆周运动给人的第一感觉是点的转动, 而以角的概念数学化描述'转动', 有助于数学沟通知识间的联系", 这是很自然的想法. 在具体教学中, 他提倡以"摩天轮""自行车轮""水车"等为背景体现数学与现实的自然联系, 借助直观模型——单位圆来研究正弦函数的图像与性质, 以助力教学重难点的突破. 由于已经通过几何作图法知道了正弦函数的图像的形状特征, 为了节约研究时间, 接下来就可以用五点作图法, 在解决相关问题中快捷迅速地得到图像. 除了借助上述方法来辅助理解, 还可以从正弦函数的周期性和正弦函数图像的形状特征两个方面来完成图像变换的问题. "通过描点法来感知一个新函数的图像形状, 从而获得函数中的两个变量的变化规律的认识, 然后根据学生的认知水平适度地从函数解析式的角度进行理性分析来考证其严格性, 在此基础上对函数图像的形状特征形成清晰认识, 之后便会找出一种便捷方法." 因此, 研究正弦函数在初始获得正弦函数图像的认知时, 既能够借助特殊角的正弦函数值, 用以往的描点来感知认识图像, 也可以从正弦函数的定义出发来分析函数图像的形状及性质[31]. 教师应该向学生分析展现出其知识点所蕴含的内在知识逻辑线索.

2.3 正弦函数图像与性质教学设计的建议

数学教学设计的逻辑起点是问题, 问题的表达与创设是目标设计的关键, 在教学设计中, 设置合理恰当的问题能激发学生的兴趣、调动学生的积极性. 因此, 可以由实际问题引入, 如"摩天轮"; 对于乡村学生, 可以因地制宜地改成水车、自行车等, 密切学科与实际生活的联系, 同时学生也能明白本节课的重要性. 教师在学生的最近发展区循序渐进地精心设计一系列问题链, 通过问题链之间的前后衔接、相互呼应, 引导学生积极思维, 逐步扩展学生的现有知识体系, 并且学生在此过程中训练了解决问题与逻辑思维的能力. 除此之外, 以数学发展史为线头, 牵引展开具体内容的教学设计也是可行的方法, 把握数学历史发展过程, 同时结合学生的认知规律, 制定出符合两者的教学设计.

数学活动经验来源于数学活动, 要通过心智操作和心力操作来获取经验, 获得经验的标志是"认识数学信息所具有的意义和价值, 数学活动经验的产品是数学信息(含多种成分), 经验的落脚点是长时记忆系统"[32]. 在教学设计中, 应该给予学生足够多的留白空间，在此过程中训练学生解决问题与逻辑思维的能力．特别是在正弦函数图像的教学设计中，需要学生更加积极主动地参与，自己动手实践，学会画出正弦函数的图像，以获得完整充实的活动经验．更要针对学生不同的错误思维，给出具体的解决应对策略，在不断"试误—纠错"的过程中，训练学生的数学能力与数学思维．随着时代的进步，现代多媒体技术与数学课堂的联系愈加紧密，那些难以用语言描述的图像，可以借助几何画板等多媒体工具直观地向学生展示，加深学生对于数学认识的精确程度，为学生开展探究式学习创设情境．

"数学课堂教学既要遵循教学活动的一般规律，又要遵循数学活动的特殊规律，是'教与学对应'和'教与数学对应'的双逻辑建构"[33]．当前数学课堂中正是缺失正确的数学知识和经验、"教与数学对应"的整体理解以及"教与学对应"因素的恰当配合．尤其是在正弦函数的图像与性质这一块的数学探究，缺失数学的大观点、大方法[33]．如何解决数学课堂中所面临的缺失，正弦函数的教育形态是能够将形式化的学术形态转变为学生的三角函数的数学思想和科学价值，从而进行再创造．重构正弦函数教育形态要挖掘正弦函数学术形态的思想性与科学价值，根据数学思想和科学价值建构问题情境，提炼恰当的启发性问题，引导学生再创造正弦函数的内容，揭示正弦函数的数学思想与科学价值[34]．

"正弦函数的图像与性质"属于程序性知识，在教学过程中应该注重展示知识传输的线性流程，紧密联系本节课知识，使前后内容的知识形成系统性的结构．在教学设计中需要通过师生问答、生生交流、例题讲解等形式多次强化，集中体现一般与特殊、转化与化归、数形结合、归纳与总结的思想，最终促进师生的双向学习，以达到教学相长．

3 基于两种理论的数学教学设计——以"正弦函数的图像与性质"为例

"正弦函数的图像与性质"中正弦函数的图像内容对学生而言主要是技能习得，正弦函数的性质这部分主要是知识习得，学生对于本节课主要的认知障碍是正弦线的理解．本节课以几何画图法减轻学生的认知困难，接着再利用特殊点引出五点作图法，符合学生的认知规律．教材的不足之处在于，并未给出有向线段的定义，直接介绍这种方法显得过于生疏晦涩，因此在教学过程中教师应向学生讲清楚有向线段的概念，接着再引入几何作图法，避免因学生知识断层而造成认知障碍．几何作图法的关键点是将单位圆等分，结合学习过的正弦线，最终得到正弦函数在区间 $[0, 2\pi]$ 上的图像．根据诱导公式 $\sin(x \pm 2\pi) = \sin x$，学生能从字符的角度认识正弦函数的周期性，利用几何作图法又能从图形的角度完善对周期性的认识，同时也能很直观地观察到奇偶性、单调性、最大值和最小值等性质．学生掌握正弦函数的图像，是掌握正弦函数的性质的重要基石，在教学过程中教师应该帮助学生熟练掌握正弦函数的图像．图像的掌握最关键的节点是几何作图法到五点作图法的动作技能习得，其逻辑起点在于如何借助单位圆、正弦线画出正弦函数的图像．

【教材的地位与作用】

函数的概念与正弦函数的概念是一般与特殊的关系，而数形结合与化归的数学思想在这部分内容的学习过程中有着非常重要的作用．这节内容是新人教A版教材必修一的第五章内容，是对前面已经学习过的指数、对数函数等定义的补充，同样也是后面将要学习的空间几何不可或缺的部分，是整个数学学科的基础内容.

【教学内容分析】

本节内容是新人教 A 版（2019 年）必修一第五章第四节的内容，在学习过函数概念、指数和对数概念后，此节课的学习更能拓展学生对函数的已有知识体系．本节是在回顾正弦函数定义的基础上，画出正弦函数的图像来完善其定义，然后利用正弦线以几何作图法画出正弦曲线．为了方便研究，利用五点作图法画出图像，以此考察正弦函数的性质，并将图像变换的观点穿插其中，借此画出函数图像；用变量代换的观点讨论复合函数的性质等．本节教学的关键是让学生熟练把握正弦函数图像的形状特征，能在直观的图像下探究其性质，并借此发散思维、提出问题，让学生根据已有的知识（如正弦函数的定义、诱导公式、正弦线等）和经验去研究正弦函数的性质，最后通过典型的例题进行训练．在这节课中，数形结合的方法贯穿始终，利用图像研究性质，反过来再利用性质去进一步认识图像，以充分体现数形结合的数学思想方法.

观察正弦函数图像的形状特征，并在直观的图像下研究函数图像，用变量代换的观点讨论复合函数的性质．本节建议安排四个课时．第一个课时，主要学习几何作图法与五点作图法；第二个课时，根据图像理解其周期性；第三个课时，主要研究其奇偶性、单调性、最大值和最小值；第四个课时，对前几节知识进行综合练习.

"要给学生一杯水，教师首先要有一桶水"，教师自身的知识储备对于教学过程极为重要．与教师自身知识相同，学生以何种方式完整拥有"一杯水"，也是教学过程中需要不断探索的领域.

3.1 教学过程

【教学目标与要求】

课标中提出，借助单位圆中的三角函数线，能画出 $y=\sin x$ 的图像，借助图像理解其在区间 $[0, 2\pi]$ 上的性质（如周期性、单调性、最大值和最小值，图像与 x 轴、y 轴的交点等）．除此之外，在实际教学过程中还应注意：第一，让学生学会用五点作图法画出正弦函数的图像，会用五点作图法画出正弦函数在闭区间 $[0, 2\pi]$ 上的简图；第二，培养学生用图像分析性质的能力，体会数形结合思想.

根据学生学习的情况，我们分为基本要求和发展要求．基本要求是能画出 $y=\sin x$ 的图像，了解正弦函数的周期性，借助图像理解正弦函数在区间上的性质．发展要求是掌握用一种计算机软件来绘制函数图像的方法，用五点作图法画出正弦函数的图像，了解 $y=\sin x$ 与 $y=\cos x$ 的图像之间的联系．在教学中，可以根据学生的情况，选择画出函数图像的方法，比如用计算机软件.

这节课的重点是正弦函数的图像及其主要性质，用数形结合的思想研究正弦函数的性质．难点是正弦函数与余弦函数的图像之间的关系，图像间的变换，周期性质中对于"周期"的理解.

【教学过程】

用几何描点法，函数值的大小直接以有向线段来表示，不需要进行计算，这样将三角线与正弦函数图像联系起来，利用单位圆也可以更好地理解周期性，同时可以避免近似计算造成的误差．在教学中，应讲清这种画法与代数描点法本质相同的地方及做法步骤．

（1）创设情境

问题1　在上节课中已经学习了三角函数线（如图1所示），通过预习同学们知道三角函数线有什么作用吗？

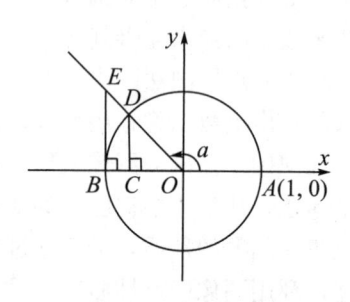

图1　三角函数线

问题2　以前的学习中大家是用什么方法作出函数图像的？这个方法能作出正弦函数的图像吗？

问题3　遇到一个函数，非常自然地就想到要画出它的图像，通过观察图像发现是否有特殊点，并借此研究它的性质．特别地，正弦函数具有周而复始的特性，到底应该如何描述？

设计意图：通过问题来激发学生的积极性，思考怎样画出图像的方法，引导学生联系之前学习的内容与将要学习的内容，增强课堂学习的有效性，训练学生将新学内容与已有认知体系进行联系的能力，提高学生的学习积极性和主动性．提示学生在学习正弦函数的性质时思考到底研究的是哪些问题，应当如何去研究，如何将其与自己之前学习函数的已有经验联系起来．显然，这对学生把握正弦函数的性质的讨论方向是非常有用的．

教师进行实物演示：用声音传感器的数据收集敲击音叉的声音，得到声振图像，展示一部分图像，猜测接下来声音的图像是什么．

设计意图：让学生观察了解日常生活中的实际问题，再转化为数学问题，以此激发学生思考数学的动机．

（2）复习回顾

画函数图像的基本方法有描点法、变换法，但是正弦函数的精确性在达成上是一个困难，思考能不能利用正弦函数的几何定义画出正弦函数的图像．复习三角函数的单位圆的定义、正弦线的定义，提示学生利用单位圆中的三角线得到正弦函数图像．

设计意图：将需要学习的知识与学生已有的知识体系联系起来，从旧知中发展出新知，加强新旧知识之间的联系，在学生现有认知的基础上扩大知识层面，不断拓宽学生的最近发展区．

（3）探究新知

首先将一个单位圆用圆规分成六等份，然后将相邻两点分别与坐标原点相连，最后用尺规作图找出这个角的角平分线，在六等份的基础上就将单位圆等分成12份，如图2所示．

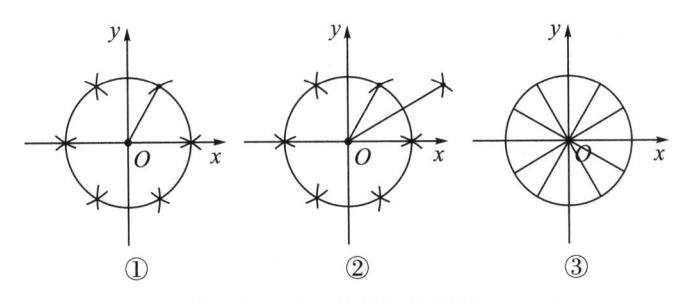

图 2　十二等分圆的步骤

这样分出来的每一份所对应的角度是 30°，此时根据三角函数线分别找出 $x=\dfrac{\pi}{6}$，$\dfrac{\pi}{3}$，$\dfrac{\pi}{2}$，$\cdots$，$\dfrac{11\pi}{6}$，2π 时在 y 轴上对应的正弦值，找到对应的 12 个点，如图 3 所示.

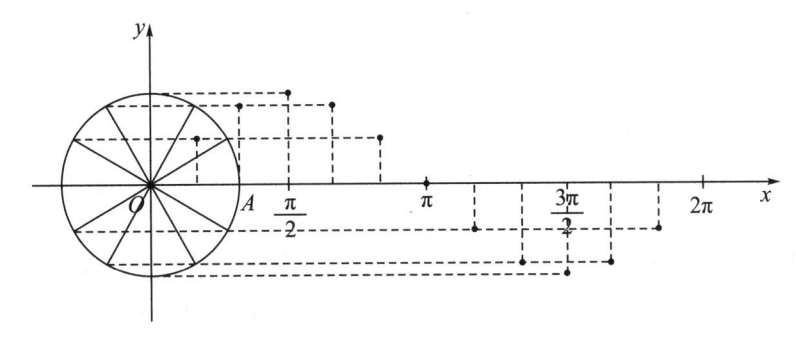

图 3　十二等分单位圆

接下来在十二分圆的基础上，将相邻两点与原点连线的角，用尺规作图找出角平分线，这样得到二十四等分的圆，以此类推，得到 48 等分的圆，96 等分的圆，$\cdots$，用归纳法让学生自行归纳总结，猜想正弦函数在区间 $[0,2\pi]$ 上的图像.

设计意图：在单位圆上可以直接预测正弦函数的图像，这样学生可以更加直观地认识到正弦函数的周期性. 与一般的代数描点法相比，使用这种方法，自变量不仅可以取任意值，而且不需要精确的计算，避免近似计算带来的误差，同时减少学生计算的负担. 通过有向线段来表示函数值的大小，其余与代数描点法相同，学生既学习了新的方法，也与已经学习的方法产生了联系，丰富了学生的知识系统，拓宽了学生的知识领域.

用多媒体演示单位圆中的正弦线，画出正弦函数的图像，让学生解说具体过程，得到正弦函数在区间 $[0,2\pi]$ 上的图像. 在得到正弦函数在区间 $[0,2\pi]$ 上的图像后，根据"终边相同的角有相同的函数值"，通过平移就可以得到在整个定义域上的图像，即正弦曲线.

设计意图：利用现代多媒体技术突破"画出正弦函数的图像"这一难点. 通过平移只改变图形的位置，这样学生就很容易直观地认识到正弦函数的周期性. 这个环节中渗透了数学核心素养，对学生的数学思维进行了良好的培养与训练，可以引导学生掌握解决问题与分析问题的方法.

接着提出问题：为节约时间，该如何画出图像？这个时候就应当引导学生去观察正弦函数的图像，了解在函数的图像中起关键作用的点是哪些. 教师可以通过课件演示图像中的关键点，从而得出五点作图法．

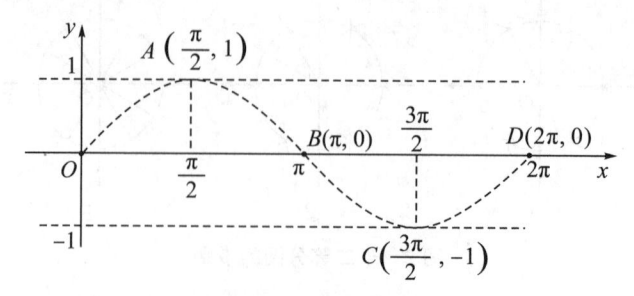

图4　五个特殊点

设计意图：让学生感知正弦函数的图像，在短时间内对图像的形状进行记忆，学习五点作图法的步骤，对图像中起关键作用的点的横、纵坐标进行记忆，为接下来的研究打下基础．

（4）例题解析

画出下列函数的简图：①$y=1+\sin x$，$x\in[0,2\pi]$；②$y=-\cos x$，$x\in[0,2\pi]$．并提出问题，能否利用函数$y=\sin x$，$x\in[0,2\pi]$通过变换得到$y=1+\sin x$，$x\in[0,2\pi]$的图像；同样地，利用$y=\cos x$，$x\in[0,2\pi]$的图像，通过怎样的变换就能得到函数$y=-\cos x$，$x\in[0,2\pi]$的图像？

设计意图：分别找到函数的五个关键点，用"五点作图法"做出相应的函数图像即可．要注意坐标系中单位一般用弧度制度量，这样才能使自变量与函数值的单位统一．这道题可以训练学生熟练地掌握"五点作图法"作函数图像的方法，同时，还可以引导学生用变换的观点来分析图像之间的联系．

（5）练习反馈

学生自主练习：在同一直角坐标系中画出函数图像．通过观察两条曲线，说出它们的异同．

①$y=\sin x$，$x\in[0,2\pi]$；②$y=\cos x$，$x\in\left[-\dfrac{\pi}{2},\dfrac{3\pi}{2}\right]$．

设计意图：学生自主练习，可以进一步训练对本节内容的熟悉程度，通过重复画出正弦函数的图像加强学生对其的记忆．在例题的基础上，练习改变函数区间，并将两个函数放在同一直角坐标系进行比较，培养学生的观察能力和分析能力．

（6）归纳小结

学生自主归纳：正弦函数图像的几何作图法、五点作图法；由正弦函数平移得到余弦函数的图像．

设计意图：训练学生的总结能力，考查学生是否吸收了本节知识，同时可以将新学内容纳入学生已有的认知系统，完善学生已有知识体系中函数的概念，体会本节内容与之前学习的函数的区别与联系，以不同维度加深学生对本节内容的理解与记忆．

（7）布置作业

书面作业：第200页练习2题、4题；预习．

设计意图：复习正弦函数的图像，并且根据这节课内容预习正弦函数的性质，将前后内容联系起来，学生建构系统化的知识体系，使得已有知识体系更加牢固．

3.2 关于教学设计的思考

本节课的设计由学生认知体系的已有内容引入，减缓学生对于新内容的恐惧与陌生感，激发学生的学习兴趣，让学生主动参与、乐于参与. 从已有的三角函数的定义与正弦线出发，结合初中学习的二次函数获得启示，借此搭建学生向高处攀爬的脚手架，完善学生已有认知系统中对于函数的定义，并且通过正弦函数与函数定义，体会特殊与一般的联系与差别，不断拓宽学生的最近发展区. 因此，合理、有效、适宜的引导性问题是关键节点. 在正弦函数的文字定义的基础上，不用实际的数字而是用有向线段表示自变量画出正弦函数的图像，完善学生认知系统中对于正弦函数的定义，数形结合的方法贯穿始终，利用图像研究性质，反过来再利用性质去进一步认识图像，充分体现数形结合的思想方法.

教学设计是教师对教学内容的思考与谋划，既要源于教材，又不要拘泥于教材. 要符合教育规律，同时也要符合学情，全面把握教学过程. 教学设计是一个不断探索、学习、实践的过程，布鲁纳认为："只要方法合适，可以将任何知识传授给任何年龄的学生". 因此，教师应扎根于课堂，优化教学设计，从实际内容出发，找到适合学生的形式，才能达到最佳效果.

4 结束语

"数学课堂教学既要遵循教学活动的一般规律，又要遵循数学活动的特殊规律，是'教与学对应'和'教与数学对应'的双逻辑结构."重构三角函数教育形态要挖掘三角学术形态的思想性与科学价值，根据数学思想和科学价值选择学生易于接受的方式方法，提炼适宜的基础内容，引导学生再创造三角函数的内容，揭示三角函数的数学思想. 在教学过程中，除了向学生传递文化知识，还需要将科学、理性、思考的种子悄悄埋在知识的土壤中，让学生在提高自身知识水平的同时，也磨砺思维.

我国目前大力发展全面教育与素质教育，在此背景下的数学教学也势必会随着大潮流向前涌去. 在这个过程中，除了关注知识的传递，更应聚焦的问题是如何传递知识，实现真正的学习，这将是学生一生受用的. 优质教育资源的缺失也是我国教育事业面临的问题之一，除了培养出更多的优秀人才，利用互联网进行教育传播也将是大势所趋. 针对不同的学生，如何调整教学过程是值得思考的问题. 数学学科应教学生用数学的眼光看待事物，用数学的思维思考世界，让学生推开进入数学世界的大门，在数学天地里肆意奔跑.

参考文献

[1] 汪晓勤，韩祥临. 中学数学中的数学史 [M]. 北京：科学出版社，2002：181-186.
[2] 姚芳，刘晓婷. 历史上最早构造的三角函数表——弦表 [J]. 数学通报，2008，47（11）：23-26.
[3] Katz V J. A history of mathematics [J]. Science, 1998, 165 (3888): 54-55.
[4] 克莱因. 西方文化中的数学 [M]. 台北：九章出版社，1995：59-69，287-301.
[5] 董杰，陈建平. 中国第一部三角学译著《大测》的底本与版本研究 [J]. 中国科技史杂志，2017（2）：51-63.
[6] 中华人民共和国教育部. 普通高中最新课程标准（2017年版）[M]. 北京：人民教育出版社，2018：16-18.

[7] 中华人民共和国教育部. 高中考试大纲（2019年版）[M]. 北京：人民教育出版社，2019：1-6.
[8] 吴骏，汪晓勤. 数学史融入数学教学的实践：他山之石[J]. 数学通报，2014（2）：13-20.
[9] 许晓天. 高中数学核心素养的培养——从一节公开课谈培养学生"直观想象"素养的教学[J]. 中学数学（高中版），2018（3）：40-43.
[10] 岳建良. 当好主角向导和引路人——"三角函数的图像和性质"的教学领悟点滴[J]. 中学数学教学参考，2006（3）：16-17.
[11] Asha K J, Andria D B, Edward S. A Comparative Analysis of Third-Grade Mathematics Textbooks before and after the 2000 NCTM Standards [J]. Assessment for Effective Intervention，2005，30（2）：47-62.
[12] 熊丙章，刘丽颖. 美国整体数学教材的几个特点与启示[J]. 数学通报，2005，44（55）：31-33.
[13] Park K, Leung K S. A comparison of the mathematics textbooks of China, England, Japan, Korea, and United States [J]. New ICMI Study Series，2006（9）：227-238.
[14] 徐斌艳. 德国普通高中课程纲要的特点与发展[J]. 全球教育展望，2006（10）：11-15.
[15] 蒲淑萍. 法国中学数学教材的特色与启示[J]. 外国中小学教育，2012（8）：53-59.
[16] Karp A, Vogeli B. Russian Mathematics Education: History and World Significance [M]. Singapore: World Scientific Publishing Co. Pte. Ltd.，2010.
[17] 李海东. 突出函数本质，重视研究过程，发展数学核心素养——《普通高中教科书·数学（人教A版）》函数主题教材设计与教学建议[J]. 中学数学教学参考，2019（28）：12-16.
[18] 王建磐，章建跃. 高中数学教材核心数学内容的国际比较：高中[J]. 课程·教材·教法，2014，34（10）：112-119.
[19] 付钰，张景斌. 中美数学教材三角函数习题的比较研究[J]. 数学教育学报，2018，27（3）：14-18.
[20] 胡支云. 浅谈高中数学三角函数有效教学策略[J]. 数学教学与研究，2018（15）：69-71.
[21] 高利民. 新课程背景下提高课堂教学效益的思考[J]. 教学与管理，2004（1）：60-61.
[22] 章建跃，李柏青，金克勤，等. 体现函数建模思想，加强信息技术应用——函数"$y=A\sin(\omega x+\varphi)$"的修订研究报告[J]. 数学通报，2015，54（8）：1-8.
[23] 马文杰. 高中数学三角函数教学策略之我见[J]. 课程教学研究，2019（21）：117.
[24] 毛锡荣. 例谈难点突破的教学策略[J]. 数学通报，2018，56（6）：37-40.
[25] 章建跃. 数学核心素养统领下的数学教学变革[M]. 北京：人民教育出版社，2018：2-30.
[26] 李倩. 基于"两个过程"思考下的教材内容的整合——以"三角函数图像与性质1"为例[J]. 中学数学月刊，2019（2）：35-37.
[27] 徐章韬，汪晓勤，梅全雄. 认知的历史发生原理及其教学工程化——以数学学科为例[J]. 数学教育学报，2012（1）：26-29.
[28] 张海强. 基于HPM的《三角学序言课》教学设计[J]. 数学通报，2018，57（8）：23-26.
[29] 胡小松，朱德全. 论数学教学设计的逻辑起点[J]. 数学教育学报，2000（3）：33-36.
[30] 李大永. 基于数学思想方法的理解整体设计三角函数的教学[J]. 数学通报，2015，54（5）：17-23.
[31] 董荣森. "启发性提示语"的追溯、发展及其应用[J]. 数学通报，2012，51（3）：13-15.
[32] 赵思林. 数学活动经验的含义新探[J]. 数学教育学报，2019，28（2）：75-80.
[33] 徐伯华，涂荣豹. 谈谈数学课堂的学科缺失[J]. 教学与管理，2011（10）：46-49.
[34] 沈威，曹广福. 高中三角函数教育形态的重构[J]. 数学教育学报，2017，26（6）：14-21，71.

第四节　正弦型函数图像变换的教学设计[①]

1　引言

函数是数学的一个重要分支，三角函数又是高中基本初等函数的主要内容之一，为每年高考的必考内容，其中函数 $y = A\sin(\omega x + \varphi)$ 的图像变换是高考的热点．函数 $y = A\sin(\omega x + \varphi)$ 叫作正弦型函数，被安排在人教版必修 4 第 1 章第 5 节．正弦型函数既有初等函数的一般共性，又有着独特的优势，它在生活、物理、自然界中有其广泛的应用，是刻画摩天轮、水车、音乐、气候、医学、弹簧振子、电流、潮汐现象等的重要数学模型．

同时，函数图像的伸缩、平移、变换也是高中数学的一个教学难点，学生对于正弦型函数图像变换的掌握情况并不乐观．学生认为本节内容难学的原因有许多，例如，学生总是盲目地去套用教师给出的一些"方法""规律""法则"，造成不会做题；学生形成了一定的惯性思维，导致操作失误；学生对数学知识存在着畏难情绪；教师的讲授平淡无奇，导致学生兴趣不高；等等．正弦型函数是什么？正弦型函数图像变换的本质是什么？学习正弦型函数图像变换与学生的经验活动有怎样的关系？这三个问题看似偏向理论化，但对于教学工作而言，提出它们是非常实际也是非常必要的，对教师和学生均有很大的影响，在"教"与"学"的过程中会产生奇妙的效果，相信教师在备课前若认真思考并找寻这三个问题的答案，必将收获颇多．

正弦型函数图像变换不仅仅是高中教学的重点，它对于培养学生自身各项素质也有重大贡献．首先，数学思想是理解数学规律的表现，数学方法是解决数学问题的策略，两者是数学教学中教师对学生进行素质教育的关键，在此过程中学生可领悟数形结合、局部到整体、转化、分类、类比、特殊到一般、控制变量等．其次是创新．"创新"一词是我国最近几年出现频率非常高的词，许多伟大的发明也源于创新，而创新需要严密的逻辑推理和思维．本节课从生活实例出发，教师多角度、多形式地引导学生在思考、探究中得到正弦型函数，并感受其变换过程，培养学生的逻辑思维能力．最后是美的教育．爱美之心，人皆有之．美可以让人心情愉悦，教师要培养学生学会欣赏数学之美，如正弦型函数解析式的形式美、推理过程的逻辑美、数学模型的科学美、图像变换的艺术美等．

因此，对正弦型函数图像变换进行教学设计研究，并选取适当的、合理的、科学的教学理论来设计出更符合学生认知的教学，是很有必要的．

2　文献综述

一般把函数 $y = A\sin(\omega x + \varphi)$ 叫作正弦型函数．函数 $y = A\sin(\omega x + \varphi)$ 的图像变换既是教学的重点，又是教学的难点，也是研究的热点．例如，陶华[1]基于数学核心素养，俞

[①] 作者：李寿珍、王佩（指导教师）．

晓[2]基于创造性地使用教材,王康帅[3]基于问题驱动,对函数 $y=A\sin(\omega x+\varphi)$ 的图像进行了教学设计. 为了在进行正弦型函数的教学时能高效突出重点、突破难点,下面拟从教材的地位及作用、教学目标、教学重难点、学情分析、教学方法、教学手段、教学过程设计等角度对已有文献进行梳理和综述,以期科学、合理地设计函数 $y=A\sin(\omega x+\varphi)$ 的图像的教学.

2.1 教学分析

2.1.1 教材的地位及作用

函数 $y=A\sin(\omega x+\varphi)$ 的图像被安排在人教(A版)必修4第1章第5节. 在此之前学习了三角函数的图像及性质,初步了解了三角函数是周期现象的最基本函数模型,为本节课学习函数 $y=A\sin(\omega x+\varphi)$ 的图像变换作了铺垫. 函数 $y=A\sin(\omega x+\varphi)$ 的学习不仅升华了学生对三角函数的图像伸缩变化的理解,也为后面三角函数模型的简单应用及选修教材中利用变换坐标来研究函数的平移变换、伸缩变换打下了夯实的基础,因此本节课有着承上启下的作用.

2.1.2 教学目标

(1) 知识与技能目标:利用"五点(画图)法"画出函数 $y=\sin(x+\varphi)$,$y=\sin\omega x$,$y=A\sin x$,$y=A\sin(\omega x+\varphi)$ 的简图,借助几何画板作出这些函数在同一坐标系中的图像,观察 A,ω,φ 三个参数对函数 $y=A\sin(\omega x+\varphi)$ 图像的影响[4-7].

(2) 过程与方法目标:合作探究 $y=\sin x\to y=A\sin(\omega x+\varphi)$ 图像变换的过程,能够说出 A,ω,φ 这三个参数对函数 $y=A\sin(\omega x+\varphi)$ 的影响,从而培养学生的观察能力、探索能力和归纳概括能力.

(3) 情感、态度、价值观目标:领悟多参数问题的一般研究策略,在由数释形的过程中培养学生领悟"数形结合""特殊到一般""参数讨论"的数学思想、方法,培养学生的理性思维.

2.1.3 教学重难点

(1) 教学重点:探讨 A,ω,φ 这三个参数对函数 $y=A\sin(\omega x+\varphi)$ 影响的规律[5-7].

(2) 教学难点:理解并掌握图像变换与函数解析式变换的内在联系,如函数 $y=\sin x$ 与 $y=\sin\omega x$ 及函数 $y=\sin\omega x$ 与 $y=\sin(\omega x+\varphi)$ 的关系[5-7].

2.1.4 学情分析

陶华等[1,3]从数学知识、数学方法、数学思维方面对学生在学习"函数 $y=A\sin(\omega x+\varphi)$ 的图像"之前的学情进行分析. 在数学知识上,学生已学习了正弦、余弦函数等三角函数的图像与性质,便于学生尝试利用"五点(画图)法"作出函数 $y=A\sin(\omega x+\varphi)$ 的图像,必修1中通过学习二次函数等函数图像的平移,对"左加右减""上加下减"也有一定的认识和理解;在数学方法上,学生已掌握了利用数形结合思想、分类讨论和控制变量等方法来探讨数学问题;在数学思维上,学生已初步具有独立思考、自主探究、逻辑推理的意识和能力.

2.1.5 教学方法

武文艺等[4]采用问题串的形式开展自主、合作、探究、交流、点拨等教学活动,运用了启发诱导式教学法. 王康帅[3]基于整体把握,从精巧设问的角度让学生自主探究,运用了问题探究教学法. 孙红娟[5]采用"留白"的方式激发学生探索、思考、动手、阅读,运用了实验驱动探究法. 丁菁[6]采用学生自主设计研究方案,从中形成多参数问题的一般研究策略,让学生成为学习的主体. 以上研究者所采用的教学方法各有千秋,但都体现了"教学为主导、学生为主体"的教学原则,均有利于一线教师开展教育教学活动.

2.1.6 教学手段

王康帅等[3-4]选择运用几何画板、多媒体辅助教学作为教学手段. 许丽丽等[7]利用的是超级画板,刘正章[8]利用的是网络画板. 其中"几何画板"是美国的教育软件,1996年发行中文版,是著名的优秀教学软件;"超级画板"全名为"z+z 智能教育平台——超级画板",是 2002 年推出的国产软件;"网络画板"是中科院张景中院士团队多年积累的成果,在"超级画板"的基础上开发的移动互联网环境下的专业数学教学平台和工具,于 2015 年诞生. 这几款教学软件都有利于动态几何图形的制作和变换,便于直观、形象、动态地展示数和形的变化,既适合课堂使用,也适合教师和学生课前、课后辅助探索学习.

2.2 教学过程

2.2.1 引入新知

(1) 情境引入

第一种是实验情境引入. 陶华等[1,9]创设物理实验情境设疑引入,利用"单摆沙漏"和"弹簧振子"作简谐运动的物理实验,引导学生观察实验所得到的图像. "数学实验"是信息技术应用于数学教学的一个主要手段,它有可能让学生学会像数学家那样去思考问题,从中体验探索和创新的过程,为学生的数学探究构建平台[10]. 因此,创设实验情境可以使学生在动手操作过程中产生学习欲望,让学生在快乐中学习、在实验中探索新知,进而提高学生的动手操作能力和合作探究能力. 这样可有效避免老师过多讲解导致的学生学习兴趣不高、主动探究性弱的情况.

第二种是生活实例引入. 丁菁[6]和张伟文[11]以现实生活中匀速圆周运动的摩天轮举例,创设问题情境,建立函数模型 $y=A\sin(\omega x+\varphi)(A>0,\omega>0)$,让学生感受到这个函数模型是客观存在的,并且该函数是一个刻画自然界周期现象的数学模型. 孙秉正[12]将摩天轮这一模型作为教学出发点,提出三个问题:第一个是借助三角函数给出单位圆上任意一点 P 的坐标;第二个是将单位圆的半径由 1 变为 A,使角的起始边在 OP_0 (P_0 位于 x 轴的正半轴上),求点 P 的坐标;第三个是把圆看作动点的运动轨迹,从某点处开始计时,逆时针做匀速转动,角速度为 ω rad/min,求 x min 时点 P 的纵坐标 y. 这三个问题的答案分别是 $P(\cos\alpha,\sin\alpha)$,$P(A\cos\alpha,A\sin\alpha)$,$y=A\sin(\omega x+\varphi)$. 通过这三个层层递进的问题引入新课,逐步培养学生学会用数学的眼光观察世界、用数学语言描述世界、用数学的思维理解世界. 张润[13]以古代发明的一种利用水力的灌溉工具——水车为例引入,引导学生利用已有的三角函数知识经验来认识水车做匀速圆周运动,让学生在建模过程中体会函数 $y=A\sin(\omega x+\varphi)(A>0,\omega>0)$ 是刻画周期的重要数学模型,并且在合作探究中感受三个参数 A,ω,φ 的实际意义. 这两种物体均做匀速圆周运动,都是带有周期现象的生活实例,由生活例子到数学模型再提出函数 $y=A\sin(\omega x+\varphi)(A>0,\omega>0)$,循序渐进,让新知的引入变得既必要又自然,也提高学生对问题的探究意识,培养学生数学建模的核心素养. 数学模型[14]搭建了数学与外部世界联系的桥梁,是数学应用的重要形式. 数学建模是应用数学解决实际问题的基本手段,也是推动数学发展的动力. 情境数学将"数"与"形"、"数"与"生活"结合[15],情境引入可以引发学生对数学问题的好奇心、求知欲,激发学生的学习兴趣.

(2) 复习引入

复习旧知,继而引入新知,上下连贯,符合学生的认知规律. 首先,于黎[16]依照苏教版的教材设计由必修1已经解决的函数 $y=f(x+a)$ 与 $y=f(x)$ 的图像之间的关系出发,由于三角函数也属于函数,进而逐步引导学生探索 $y=\sin(x-1)$ 与 $y=\sin x$ 的图像之间的关系,得到参数 φ 对函数 $y=\sin x$ 的影响,然后依次探索另外两个参数 A,ω 对函数 $y=\sin x$ 的图像的影响. 其次,孙秉正[12]由初中学习过的图像平移变换出发,让学生回顾函数 $y=(x+1)^2$ 和 $y=(x-1)^2$ 的图像是如何由 $y=x^2$ 的图像得到的,引导学生探索函数 $y=\sin\left(x+\dfrac{\pi}{6}\right)$ 与 $y=\sin\left(x-\dfrac{\pi}{6}\right)$ 的图像可以怎样由 $y=\sin x$ 的图像得到,最终过渡到让学生思考并探索函数 $y=A\sin(\omega x+\varphi)$ 的图像与函数 $y=\sin x$ 的图像之间的关系. 最后,俞晓[2]和武文艺等[4]根据学生已经学习的五点(画图)法,结合控制变量法将函数 $y=\sin x$ 到函数 $y=A\sin(\omega x+\varphi)$ 的变化过程拆分为 A,ω,φ 分别对函数 $y=\sin x$ 的图像的独立影响,整合为对函数 $y=A\sin(\omega x+\varphi)$ 的整体考察. 上述三组研究者虽然利用的旧知不一样,但是他们的相同点都是由函数图像出发,分步研究三个参数对函数 $y=\sin x$ 的图像的独立影响,再整合分析探究函数 $y=\sin x$ 的图像与函数 $y=A\sin(\omega x+\varphi)$ 的图像之间的关系. 复习引入的方式利于数学知识间的承前启后、融会贯通,利用旧知的切入点相对较低,学生更容易接受,也更乐意去参与合作、讨论、研究.

笔者认为物理实验引入、生活实例引入、旧知复习引入有各自的优点,相应也存在一定的弊端. 例如,对于物理实验感兴趣的学生,物理实验引入会激发他们对问题的主动探究意识,提高学习的积极性,但对于物理偏科或者对物理实验不感兴趣以及文科学生来说,可能会事倍功半. 生活实例引入虽然是现实世界中真实存在的,但并非所有学生都熟悉,如果他们从未知晓,可能最初心理上就会产生一定的排斥感. 而旧知复习引入会让学生有熟悉感,但对于喜欢新鲜感、爱挑战的学生来说,可能最初兴趣不会那么浓烈. 因此,教学具体采用何种方式来引入此课,建议根据具体的课堂、学生的情况以及教师的教学风格来慎重选择.

2.2.2 参数 A,ω,φ 对函数 $y=A\sin(\omega x+\varphi)$ 的图像的影响

陶华等[1,8]借助几何画板,让学生先观察几组函数的简图,在此基础上从点的坐标对

由特殊情形获得的猜想进行验证，探究函数 $y=A\sin x(A>0)$，$y=\sin \omega x(\omega>0)$，$y=\sin(x+\varphi)(\varphi\neq 0)$ 的图像与 $y=\sin x$ 的图像的关系. 教师启发学生借助几何画板先从"形"这一直接的角度观察，再从"数"这一间接的角度进行推断，加深对几何变换的代数理解，最后让学生解释函数 $y=\sin\left(x+\dfrac{\pi}{3}\right)\to y=\sin\left(2x+\dfrac{\pi}{3}\right)$ 是如何变换的，函数 $y=\sin 2x\to y=\sin\left(2x+\dfrac{\pi}{3}\right)$ 是如何变换的，函数 $y=\sin x\to y=3\sin\left(2x+\dfrac{\pi}{4}\right)$ 是如何变换的. 由教师提出问题、学生解决问题这一过程可以加深学生对该知识点的理解，并让学生逐步理解 φ，A，ω 这几个参数对函数 $y=\sin x$ 的图像影响的本质区别是什么.

武文艺等[4,17]由特殊出发，通过两个变换顺序：① $y=\sin x \to y=\sin 2x \to y=\sin\left(2x+\dfrac{\pi}{3}\right)\to y=2\sin\left(2x+\dfrac{\pi}{3}\right)$；② $y=\sin x\to y=\sin\left(x+\dfrac{\pi}{3}\right)\to y=\sin\left(2x+\dfrac{\pi}{3}\right)\to y=2\sin\left(2x+\dfrac{\pi}{3}\right)$. 让学生观察函数 $y=\sin x$ 的图像变化到 $y=2\sin\left(2x+\dfrac{\pi}{3}\right)$ 的图像的过程，比较它们的异同点，并推出一般性的结论. 然后从点变换角度，真正意义上理解图像变换的本质，从"特例"到"理论"，从"特殊"到"一般"，既符合学生的认知理念，也让学生体会探究的乐趣，让学生在猜想的基础上探究三个参数 φ，ω，A 对函数 $y=\sin x$ 的图像的影响，最后教师帮助学生归纳总结.

以上研究者研究三个参数对函数 $y=\sin x$ 的影响都符合周志杰[18]提出的支架式教学，事先把复杂的学习任务加以分解，以便把学习者逐步引向深入的自主性学习策略的设计中，为下一步问题的真正解决做好铺垫，让学生体会特殊到一般的思想. 虽然这三个参数的研究顺序有多种，但大多数是选择先研究 φ，因为 φ 对于学生而言更易接受，学生在初中学习二次函数时对"左加右减"已有一定的知识基础. 但每个学生都有自己的选择，三个参数就意味着可能会出现三种情况，若让学生自己选择，可能会选择先研究 ω 或 A，而笔者更支持让学生自主选择，顺应学生的选择，并由此展开讨论，更有利于学生学习积极性的持续，让学生做课堂探究的主人，而不是让学生按照老师的"安排"上课. 因为本节课的教学目标是让学生理解这三个参数分别对函数 $y=\sin x$ 的图像的影响，具体先研究哪一个参数对本节课的教学并没有什么影响，若教师认可大部分学生的选择，则会让学生感受到教师在尊重他们的选择权.

对于学生而言，单独探究每一个参数对函数 $y=\sin x$ 的影响，都觉得简单、易理解，因为这不是学生头疼、弄不清楚的地方，最让学生混淆的是正弦型图像变换时这个"左加右减"究竟是在哪个基础上进行的. 在前面研究参数 φ 时，学生能够理解函数 $y=\sin(x+\varphi)$ 的图像是由正弦函数向左（或右）平移 $|\varphi|$ 个单位长度得到的，但对于函数 $y=\sin(\omega x+\varphi)$ 的图像，学生是最容易错的，往往不知道为什么是由函数 $y=\sin \omega x$ 向左（或右）平移 $\dfrac{|\varphi|}{\omega}$ 个单位而得到的. 其实所谓的"左加右减"，从函数图像来看，是函数图像沿着 x 轴左、右平移变换；从函数的解析式来看，是在 x 的基础上进行加（或减），即如果函数图像向左平移变换了，则在 x 的基础上进行加；反之，向右则减. 例如函数 $y=\sin x\to y=\sin\left(x+\dfrac{\pi}{2}\right)$，从图像变换来看是函数 $y=\sin x$ 的图像向左平移 $\dfrac{\pi}{2}$ 个单位，得到

函数 $y=\sin\left(x+\dfrac{\pi}{2}\right)$ 的图像；从解析式来看，是在函数 $y=\sin x$ 中 x 的基础上加 $\dfrac{\pi}{2}$ 得到函数 $y=\sin\left(x+\dfrac{\pi}{2}\right)$. 因此，笔者建议教师在讲"左加右减"时，可以从图像和解析式这两个方面出发向学生阐述清楚. 对于学生易犯错的函数 $y=\sin\omega x \to y=\sin(\omega x+\varphi)$ 中的"左加右减"也是一样的原理，例如 $y=\sin 2x \to y=\sin\left(2x+\dfrac{\pi}{2}\right)$，其中 $y=\sin\left(2x+\dfrac{\pi}{2}\right)$ 可以写成 $y=\sin\left[2\left(x+\dfrac{\pi}{4}\right)\right]$，观察解析式发现这里是在函数 $y=\sin 2x$ 中 x 的基础上加了 $\dfrac{\pi}{4}$，从而得到 $y=\sin\left(2x+\dfrac{\pi}{2}\right)$，那么从函数图像变换上来看，则是函数 $y=\sin 2x$ 的图像向左平移了 $\dfrac{\pi}{4}$ 个单位得到函数 $y=\sin\left(2x+\dfrac{\pi}{2}\right)$ 的图像，但学生的答案却往往是函数 $y=\sin 2x$ 的图像向左平移了 $\dfrac{\pi}{2}$ 个单位.

因此，不管先研究哪个参数，最重要的是要向学生阐述清楚"左加右减"的真正含义，将本节课的教学难点讲懂、讲透，避免学生出现"自以为懂"但"做题则错"的情况，故教师还应给出有针对性的例题让学生加以巩固消化.

2.2.3 例题讲解

教材中的例 1 是画出函数 $y=2\sin\left(\dfrac{1}{3}x-\dfrac{\pi}{6}\right)$ 的简图[19]，王康帅[3]教学设计中的例题来源于教材，但比教材多了一个要求，让学生不仅画出简图，还要说明其函数图像可由函数 $y=\sin x$ 如何变换得到. 于黎[16]给出的例题是"你能设计出几种画出 $y=3\sin\left(2x-\dfrac{\pi}{3}\right)$ 的简图的方法？并画出该函数图像". 周文国[20]先让学生作出函数 $y=3\sin\left(2x-\dfrac{\pi}{3}\right)$ 在一个周期内的图像，然后让学生依次回答函数 $y=\sin x \to y=4\sin x$，$y=\sin x \to y=\sin\left(x+\dfrac{\pi}{6}\right)$，$y=\sin x \to y=\sin 3x$，$y=\sin x \to y=4\sin\left(2x+\dfrac{\pi}{3}\right)$ 分别经历了怎样的变换过程.

王康帅[3]选择的是教材中的原题，既复习了上节课，又巩固了本节课，强化了由旧到新、由数到形、由特殊到一般、由一般到特殊的思想方法. 于黎[16]的例题与教材例题类似，均是要求学生画出一个函数的简图，有效复习了上节课所学习的五点（画图）法，并为后面的练习作铺垫，但未对本节课的新知识点进行巩固. 周文国[20]所给的例题中不仅加强了对五点（画图）法的复习巩固，还对本节课的新知识点进行了巩固练习，对学生的追问层层递进，让学生逐步攻破难点，若后续的追问向例题靠近则更好.

笔者认为，例题的选取可综合上述例题，让例题同时发挥复习和练习的作用，其中周文国[20]的例题就相对较好. 利用例题对学生展开追问，追问是引导学生更深入地理解学习内容的一种手段[21]，可以强化本节课的内容. 例题在教学过程中有着举足轻重的作用，它具有典型性、示范性，让学生通过例题学习如何解题[22].

2.2.4 课堂练习

周文国[20]给了三个练习题：第一个练习题问 $y=2\sin x \rightarrow y=2\sin\left(\dfrac{x}{3}+\dfrac{\pi}{6}\right)$ 是经过怎样的变换得到的；第二个练习题问 $y=\sin x \rightarrow y=\sin\dfrac{x}{3}$ 中横、纵坐标是怎样变换的；第三个练习题求作函数 $y=2\sin\left(\dfrac{x}{2}+\dfrac{\pi}{4}\right)$ 一个周期内的图像，说出 $y=\sin x \rightarrow y=2\sin\left(\dfrac{x}{2}+\dfrac{\pi}{4}\right)$ 的图像变换过程. 武瑞雪等[23]给出了两个习题，第一个习题要求学生分别求出函数 $y=\sin\left(2x+\dfrac{\pi}{3}\right)$ 向右平移 $\dfrac{\pi}{6}$ 个单位和纵坐标不变、横坐标变为原来的 $\dfrac{1}{2}$ 倍的解析式；第二个习题问 $y=3\sin 2x \rightarrow y=3\sin\left(2x+\dfrac{\pi}{4}\right)$ 的图像是如何变换的. 武文艺等[4]给出的习题有三个小问：第一问 $y=2\sin\left(2x+\dfrac{\pi}{5}\right) \xrightarrow{\text{向右平移}\dfrac{\pi}{10}} ?$，求其解析式；第二问求函数 $y=\sin x$ 的横坐标变为原来的 3 倍后再向左平移 $\dfrac{\pi}{6}$ 个单位的解析式；第三问 $y=\sin 2x \rightarrow y=\cos\left(2x+\dfrac{\pi}{3}\right)$ 的函数图像经过了怎样的平移变换.

本节课的习题是对三个方面进行考查：五点（画图）法，已知两个函数的解析式说出其横、纵坐标相应的伸缩平移变换过程，由函数图像变换的一般规律求函数解析式. 周文国[20]的三个习题中缺乏由函数图像变换的一般规律求函数解析式的训练，并且习题的分布是由难到易，对于基础较差的学生可能会有些棘手，建议按照由易到难进行设计，让习题由简单到复杂，层层递进，螺旋上升. 武瑞雪等[23]和武文艺等[4]的习题中虽然难易程度的层次比较分明，但都弱化了对五点（画图）法的复习巩固. 笔者建议综合上述三个研究者给出的习题，在考查所有知识点的同时满足由易到难的顺序，设计出更符合学生认知的习题，训练学生的思维能力和运用知识解决问题的能力，努力提高学生的数学素养. 习题的目的是让学生在做题过程中发现问题并及时改正，这里习题的作用不容小觑，若教师选取得当，会使学生收获颇多.

2.2.5 布置作业

王康帅[3]给学生布置了必做作业和选做作业，作业的布置分梯度，避免了大部分教师一刀切的现象，也使得学有余力的学生可以进一步训练思维，使其知识的掌握更加牢靠. 胡万民[24]提出作业的设计要满足学生主体、全面发展、科学化等原则. 数学作业是数学教学的重要组成部分，是数学教学的延伸[25]. 数学作业切忌多、难，这会使学生产生畏难情绪，不愿做，只会空或抄，这不利于教师管理学生，也不利于提升教学质量. 但笔者发现陶华等[1,5]的教学设计中却缺少这一环节，建议要保证教学环节的完整性.

2.2.6 课堂小结

孙红娟[5]在小结中采用"留白"的方式，先向学生提出问题，再留给学生时间去回味、反思、总结本节课学习了哪些知识点、体现了哪些思想方法以及探究策略,逐步引导学生从这三个方面去总结,让学生主动谈谈自己本节课的收获. 于黎[16]从知识结构、探究途径、拓展反思三个方面进行总结,并在课堂结尾向学生抛出疑问,激发好奇心,让学生课后尝试独立思考探索. 陶华[1]让学生在自我反思、小结后盘点本节课在知识、数学思想、数学研究的策略等方面的收获. 不难发现,研究者都是从知识、方法、思想等方面来进行归纳总结,让学生谈谈自己的收获,教师帮助概括、总结、提炼. 布局合理、结构完美的课堂教学不仅要有扣人心弦的"序曲",引人入胜的主旋律,还要有回味无穷的"尾声",以达到前后浑然一体的美妙境界[26]. 数学课堂小结是数学课堂教学的有机组成部分,它既是本堂课的总结和延伸,又是后续学习的基础和准备[27]. 由此可以看出小结对于"前"和"后"的影响,好的小结可以让学生对本节课的内容有一个清晰、系统的认识,便于学生课后复习,也使学生做题有更好的流畅性.

2.3 结论

2.3.1 函数 $y=A\sin(\omega x+\varphi)$ 的图像的教学建议

陆道春等[28]提出要利用情境教学,就必须把情境中的现象揭示出来,情境不是单纯用来激发学生学习兴趣的. 董凯等[29]提出实例应考虑学生已有的知识结构体系,提出的问题要表达明确,连环问题要简洁明了、直奔主题. 王巍巍[30]提出本节课应采用信息化教学,让数学课堂变得简单、直观,便于师生互动. 于洋等[31]提出在教学过程中要不断驱动学生思考,让学生自己设计和选择探究方案,使学生最大限度地参与课堂. 史宁中教授[32]提出要实施"尊重的教育",即站在学生的立场思考教育教学. 教师教学过程中要坚持"以人为本"的学生观,不能只关注自身"如何教",更重要的是关注到学生"如何学"以及"学生学到了什么",始终坚持站在学生的角度思考问题,考虑学生的学习兴趣,培养学生的学习习惯. 教师不能实施"灌输式"教学,即告诉学生"是什么",要引导学生去思考"为什么".

为了画函数 $y=A\sin(\omega x+\varphi)$ 的简图,探讨参数 φ,ω,A 对 $y=A\sin(\omega x+\varphi)$ 的图像的影响,可以根据从具体到抽象的原则,从具体的函数出发,通过分别对参数 φ,ω,A 进行先后多组赋值,或者利用五点作图法,或者借助计算机相应作图软件,作出相应函数的图像,并比较其异同,然后整合为对 $y=A\sin(\omega x+\varphi)$ 的图像的整体考察。实际上,五点作图法和借助计算机作图各有千秋。只是在学生初步接触和学习函数 $y=A\sin(\omega x+\varphi)$ 的图像变换时,笔者建议使用计算机作图,不仅是因为当下大多数学校已初步具备相应的设施条件,而且有利于直观、动态地演示参数 φ,ω,A 对 $y=A\sin(\omega x+\varphi)$ 的图像变换的影响. 也就是说,先让学生通过直观观察图像,继而发现并总结出各参数对正弦型函数图像的影响的变换规律,让学生获得学习的成功体验感,尽量避免由于陌生感给学生带来的畏难情绪,这对学生认识用参数思想来讨论正弦型函数图像的变换过程是非常有好处的.

虽然对三个参数 φ,ω,A 讨论的先后顺序可多样,但前面笔者已提出:一是尽量尊重学生自主选择的探讨顺序,充分体现学生是学习的主人;二是如果学生选择 $\omega\to A\to\varphi$ 或 $\omega\to\varphi\to A$ 的顺序,那么教师务必顺势对易错点进行启发和引导,如函数 $y=\sin(\omega x+$

φ)的图像是由函数 $y=\sin\omega x$ 的图像向左(或右)平移 $\frac{|\varphi|}{\omega}$ 个单位得到的,如果学生选择的是 $\varphi\to\omega\to A$,教师需要为学生提供犯错的机会,继而引导出对易错点的总结.

2.3.2 引发的思考

研究已有的众多文章发现,本节课的引入方式中情境引入更具多样性、新奇性,让学生在情境中感知数学模型,然后用数学知识去解释情境现象. 例如,丁菁[6]和张伟文[11]利用生活实例摩天轮引入,陶华等[1,9]利用物理情境中的简谐运动引入. 教学过程中,孙秉正等[12,20]采用连环追问的形式,问题层层递进,突破难点,提高教学效率. 孙红娟[5]在小结中采用"留白"的方式,给学生充足的时间及空间去思考、回顾,使教学结果更富有成效.

今后可以借鉴、学习正弦型函数图像教学设计相关文献中的闪光点,但同时也需反思已有研究中存在的不足之处,如王康帅[3]和于黎[16]的例题涉及的知识点不够多,未能起到例题示范作用. 大多数研究者的教学设计中,如陶华等[1,5]没有"布置作业"这一教学环节,导致整个教学环节不完整,不利于读者研究、学习. 引入是入门,新知是成形,例题是模仿,习题是巩固,小结是升华,每一个环节都至关重要.

3 正弦型函数图像变换的教学设计

3.1 案例1:5E 教学模式下正弦型函数图像变换的教学设计

3.1.1 教学分析

3.1.1.1 教材的地位及作用

一般将函数 $y=A\sin(\omega x+\varphi)$ 称为正弦型函数,它被安排在人教(A版)必修 4 第 1 章第 5 节,在此之前学生学习了任意角三角函数的定义、三角函数的图像及性质等,初步认识了三角函数是描述周期现象最基本的函数模型,这为本节课的学习作好了铺垫. 正弦型函数图像的变换升华了学生对三角函数图像伸缩变化的理解,也为三角函数模型的简单应用及选修教材中利用变换坐标来研究函数的平移变换、伸缩变换打下了基础,故本节课起着承上启下的作用. 同时也为理科学生学习物理中的单摆运动、简谐运动以及机械波等提供了数学模型.

3.1.1.2 教学目标

(1)知识目标:清楚认识参数 A,ω,φ 对正弦型函数图像影响的一般性规律.

(2)思想与方法目标:通过对参数 A,ω,φ 的赋值,观察、讨论具体正弦型函数图像的变换规律,借助几何画板直观动态展示,进而引导出一般性的变换规律,从中领会由简单到复杂、由特殊到一般、由具体到抽象的化归、类比、数形结合、数学抽象等思想方法.

(3)核心素养目标:通过物理实验情境引入,利用控制变量法、五点(画图)法探索参数 A,ω,φ 对函数 $y=A\sin(\omega x+\varphi)$ 的图像的影响过程,培养学生的数学建模、数学抽象、直观想象、逻辑推理、数学运算等数学核心素养.

（4）情感目标：通过设置兴趣的激发点、作图技能的着力点、思维的发散点、知识的引申点、德育的渗透点，逐渐形成严谨细致、诚实正直、思维缜密的优良品质，最终达到学会求知、学会做人、学会做事、学会共处的目的.

3.1.1.3 教学重难点

（1）教学重点：探讨参数 A，ω，φ 对函数 $y = A\sin(\omega x + \varphi)$ 的图像影响的一般性规律.

（2）教学难点：理解并掌握函数 $y = \sin(\omega x + \varphi)$ 与 $y = \sin \omega x$ 的关系.

3.1.1.4 学情分析和教学方法

（1）学情分析

数学知识上，已经学习了正、余弦函数等三角函数的图像与性质，便于学生利用五点（画图）法作出正弦型函数的图像；数学方法上，已经具备利用分类讨论和控制变量等方法来探讨数学问题；数学思维上，已经初步具有独立思考、自主探究、逻辑推理的意识和能力. 但本节课的引入环节涉及物理实验，可能更适用于理科生.

（2）教学方法

问题教学法，启发式教学法.

3.1.1.5 教学手段

借助几何画板、多媒体辅助教学，利用信息技术让学生直观观察图像变换过程，激发学生参与和探究的欲望.

3.1.2 教学过程

3.1.2.1 引入（engagement）：创设情境，引出主题

问题 1 观看视频中的弹簧振子和单摆沙漏这两个物理实验（鉴于文档只能静态展示，故截取视频中的画面，如图 1、图 2 所示），观察它们随时间变化的图像，与正弦曲线有何关系？

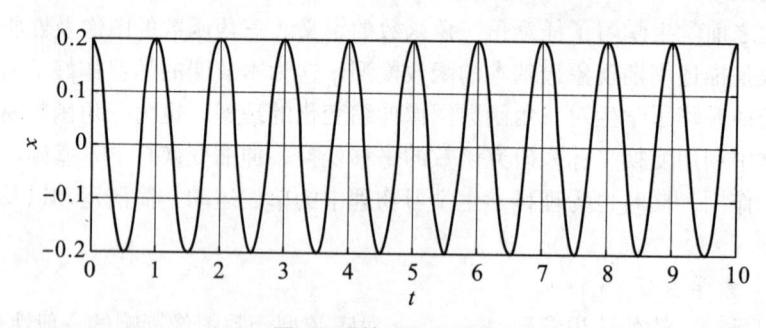

图 1 弹簧振子的位移

沙漏单摆实验

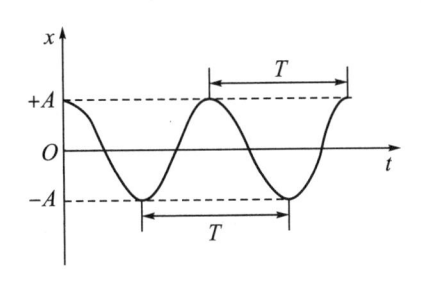

图 2　沙漏单摆运动图像

揭示课题：这两个图像与正弦函数的图像很相似，称为正弦型函数图像，其表达式为 $y = A\sin(\omega x + \varphi)$.

设计意图：通过创设物理实验情境，引导学生建立函数 $y = A\sin(\omega x + \varphi)$ 的图像与正弦函数的图像很相似这一联系，从而引出课题. 作为5E教学的起始环节，旨在激发学生的求知欲，调动学生的学习积极性和参与性.

3.1.2.2　探究(exploration)：亲历过程，究其本质

问题2　正弦型函数 $y = A\sin(\omega x + \varphi)$ 与正弦函数 $y = \sin x$ 的解析式有何异同？

设计意图：通过引导学生对比发现，$y = \sin x$ 就是 $y = A\sin(\omega x + \varphi)$ 在 $A = 1$，$\omega = 1$，$\varphi = 0$ 时的情形，继而引出下一步欲探索 A，ω，φ 对 $y = A\sin(\omega x + \varphi)$ 的图像的影响. 这里有三个参数，应该如何开始研究呢？一个自然的想法是先分别讨论再整合，因而顺势继续追问学生，如问题3，并在此处对学生的迁移能力进行评价.

问题3　利用控制变量法分别探索三个参数对 $y = A\sin(\omega x + \varphi)$ 的图像的影响，同学们想先研究哪一个参数呢？

设计意图：引导学生主动探究，在操作过程中观察、发现、思考、分析，在合作探究活动的过程中，学生是主体，教师是协助者. 即便这三个参数讨论的顺序可多样，但教师应尽量尊重学生自主选择的探讨顺序. 若学生提出想按照 $A \to \varphi \to \omega$ 的顺序进行，具体探究过程如下.

探究1　参数 A 对函数 $y = A\sin x$ 的图像的影响.

问题4　(1) 利用五点（画图）法画出函数 $y = \sin x$，$y = 3\sin x$，$y = \dfrac{1}{3}\sin x$ 的简图. 后面两个函数的图像与第一个函数的图像有怎样的关系？

(2) 函数 $y = A\sin x$ 和函数 $y = \sin x$ 有怎样的关系？

分析：(1) 利用五点（画图）法画出图像，如图3所示，分别在函数 $y = 3\sin x$，$y = \sin x$，$y = \dfrac{1}{3}\sin x$ 曲线上各任取一个横坐标相同的点（如取横坐标同为 $\dfrac{\pi}{2}$ 的"最大值点" A，B，C），观察它们纵坐标的关系，有 $y_A = 3y_B$，$y_C = \dfrac{1}{3}y_B$，即另外两个函数的图像上最大值点的纵坐标分别是 $y = \sin x$ 的图像上最大值点纵坐标的 3、$\dfrac{1}{3}$ 倍，且函数的图像整体变换也同此. 又观察它们解析式中的 A 分别为 1、3、$\dfrac{1}{3}$，据此提出参数 A 影响

纵坐标伸缩变换的猜想.

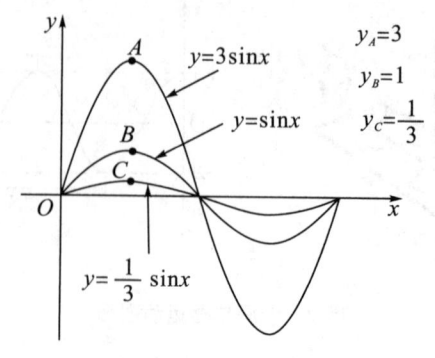

图 3 参数 A 取特值

（2）借助几何画板的动态展示，如图 4 所示，直观观察 $y=A\sin x$ 最小正周期中"最大值点 B"纵坐标 y_B 与参数 A 及动态变化的函数图像与母函数 $y=\sin x$ 图像的关系. 由"一点看全图"，拖动图 4 中的动点 A，可得当 $A \geqslant 1$（或 $0<A<1$）时，$y=A\sin x$ 是 $y=\sin x$ 沿 y 轴伸长（或缩短）到原来的 A 倍得到的.

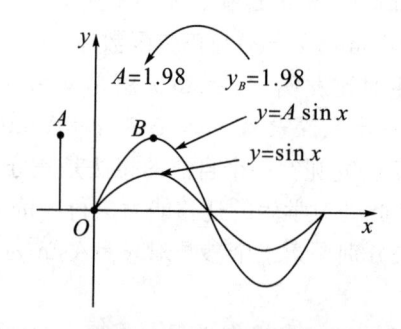

图 4 参数 A 取任意值

设计意图："探究" = "探" + "究"，"探"主要解决"是什么"，"究"主要解决"为什么". 分析特殊图像，提出猜想——"是什么"，直观展示动态图像，发现变中不变的一般性规律——"为什么". 探究活动中伴随着学生的自评、互评，再辅以教师的引导、点评、完善.

探究 2 参数 φ 对函数 $y=\sin(x+\varphi)$ 的图像的影响.

问题 5 （1）利用五点（画图）法画出函数 $y=\sin x$，$y=\sin\left(x+\dfrac{\pi}{3}\right)$，$y=\sin\left(x-\dfrac{\pi}{3}\right)$ 的简图. 后面两个函数的图像与第一个函数的图像有怎样的关系？

（2）函数 $y=\sin(x+\varphi)$ 和函数 $y=\sin x$ 有怎样的关系？

分析：（1）同理画出图像，如图 5 所示，分别在三个函数的曲线上各任取一个纵坐标相同的点（如取纵坐标同为零的"初始点" O，A，B），观察它们的横坐标，有 $x_A = x_O - \dfrac{\pi}{3}$，$x_B = x_O + \dfrac{\pi}{3}$，即另外两个函数的图像上的"初始点"可分别看作是 $y=\sin x$ 图像上的"初始点"向左、右平移 $\dfrac{\pi}{3}$，且函数的图像整体变换也同此. 又观察它们解析式中

的 φ 分别为 0、$\dfrac{\pi}{3}$、$-\dfrac{\pi}{3}$，据此提出参数 φ 影响图像左右平移变换，改变图像上所有点的横坐标的猜想.

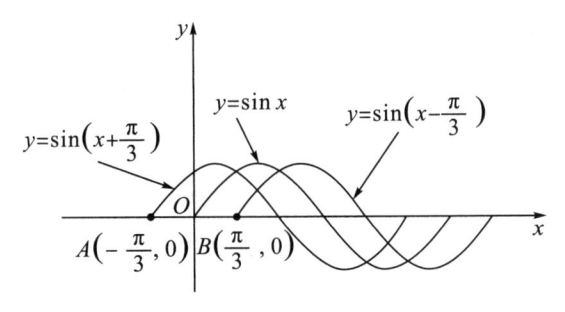

图 5　参数 φ 取特值

(2) 借助几何画板动态展示，如图 6 所示，直观观察 $y=\sin(x+\varphi)$ 最小正周期中的"初始点 G"的横坐标 x_G 与参数 φ 的关系. 由"一点看全图"，拖动图 6 中的动点 D 改变 $\angle DEF=\varphi$ 的大小，可以发现，若 $x_G>0$（或 $x_G<0$），则 $x_G=|\varphi|$（或 $x_G=-|\varphi|$），"初始点 G"相比母函数"初始点 O"向右（或向左）平移 $|\varphi|$ 个单位长度，即图像向右（或向左）平移 $|\varphi|$ 个单位长度.

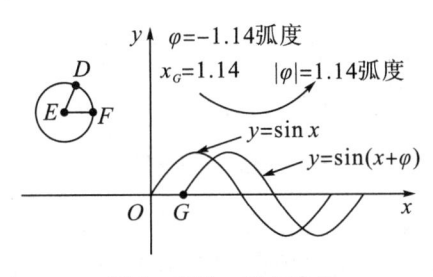

图 6　参数 φ 取任意值

设计意图：探究活动中教师给学生提供思考与探索的时间和空间，并适当地给予提示或引导，在这一过程中感悟类比、转化与划归、数形结合等数学思想，渗透直观想象、逻辑推理、数学运算等核心素养.

探究 3　参数 ω 对函数 $y=\sin\omega x$ 的图像的影响.

问题 6　(1) 利用五点（画图）法画出函数 $y=\sin x$，$y=\sin 2x$，$y=\sin\dfrac{1}{2}x$ 的简图. 后面两个函数的图像与第一个函数的图像有怎样的关系？

(2) 函数 $y=\sin\omega x$ 和函数 $y=\sin x$ 有怎样的关系？

分析：(1) 作出图像，如图 7 所示，分别在三个函数的曲线上各任取一个纵坐标相同的点（如取纵坐标同为零的"中间点"A，B，C），再观察它们横坐标的关系，有 $x_B=\dfrac{1}{2}x_A$，$x_C=2x_A$，即另外两个函数图像上的"中间点"可以分别看作是函数 $y=\sin x$ 的图像上"中间点"的横坐标缩短、伸长到原来的 $\dfrac{1}{2}$、2 倍（纵坐标不变），且函数图像整体变换也同此. 又观察它们解析式中的 ω 分别为 1、2、$\dfrac{1}{2}$，据此提出参数 ω 影响横坐标伸缩变换的猜想.

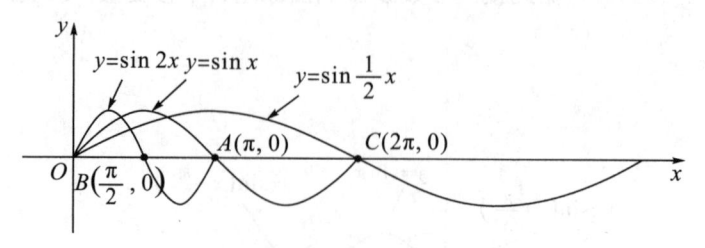

图 7 参数 ω 取特值

（2）借助几何画板动态展示，如图 8 所示，直观观察 $y=\sin \omega x$ 最小正周期中的"第三个特殊点 D"的横坐标 x_D 与参数 ω 的关系. 由"一点看全图"，改变图 8 中参数 ω 的取值可以发现，当 $\omega>0$ 时，"第三个特殊点 D"的横坐标是母函数"第三个特殊点 C"的横坐标的 $\dfrac{1}{\omega}$ 倍，图像沿 x 轴伸缩到原来的 $\dfrac{1}{\omega}$ 倍.

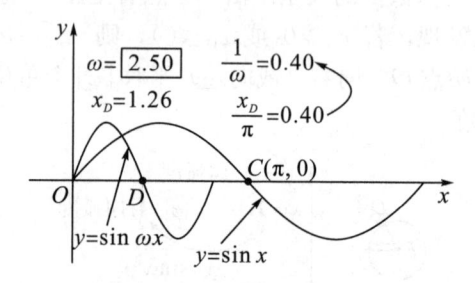

图 8 参数 ω 取任意值

设计意图：借助几何画板直观、动态地演示参数 A，ω，φ 对函数 $y=A\sin(\omega x+\varphi)$ 的图像的影响，对学生观察、认识、归纳、总结参数 A，ω，φ 对函数 $y=A\sin(\omega x+\varphi)$ 的图像变换的一般性规律非常有益.

探究 4 讨论函数 $y=\sin \omega x \rightarrow y=\sin(\omega x+\varphi)$ 的变换过程.

问题 7 函数 $y=\sin(\omega x+\varphi)$ 和函数 $y=\sin x$ 有怎样的关系？

分析：确定 ω，拖动图 9 中的动点 A，改变 $\angle ABC=\varphi$ 的大小，观察 $y=\sin(\omega x+\varphi)$ 的图像在最小正周期中"初始点 E"的横坐标 x_E 与 $\dfrac{|\varphi|}{\omega}$ 的关系. 操作后可以发现，若 $x_E<0$（或 $x_E>0$），则 $x_E=-\dfrac{|\varphi|}{\omega}$（或 $x_E=\dfrac{|\varphi|}{\omega}$），"初始点 E"相比母函数"初始点 O"向左（或向右）平移 $\dfrac{|\varphi|}{\omega}$ 个单位长度，即图像向左（或向右）平移了 $\dfrac{|\varphi|}{\omega}$ 个单位长度.

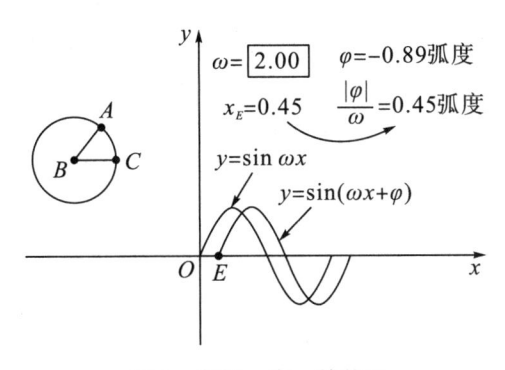

图 9　参数 ω 和 φ 的关系

设计意图：针对学生易混淆、犯错的"左加右减"，从图像和解析式两方面进行探究．从函数图像来看，是函数图像沿着 x 轴左、右平移变换；从函数的解析式来看，是在 x 的基础上进行加（或减）．

3.1.2.3　解释(explanation)：化零为整，揭示概念

问题 8　你能说出函数 $y=\sin x \rightarrow y=A\sin(\omega x+\varphi)$ 的变换过程吗？有多少种？

共有如图 10 所示的几种变换过程．

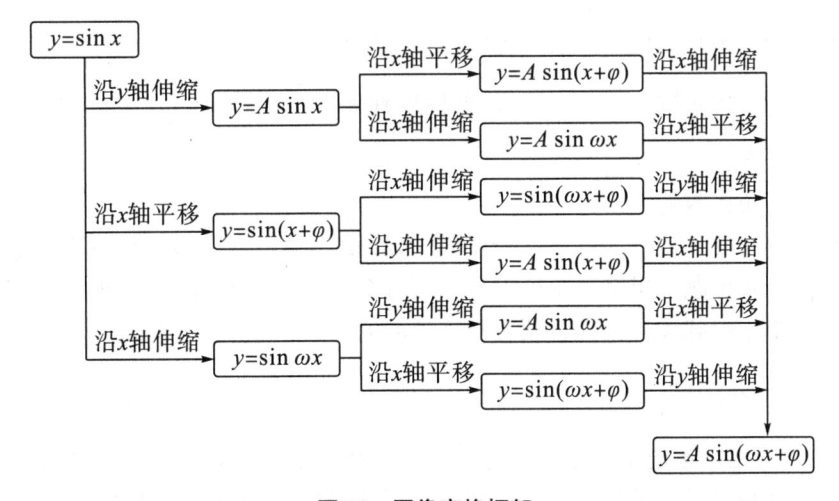

图 10　图像变换框架

设计意图："解释"是 5E 教学中的核心环节，经过上面几个探究过程后，让学生尝试主动阐述正弦函数是如何变换得到正弦型函数的，教师对于学生的回答再进行相应的补充和矫正．教师要重视学生犯错的地方，使学生在不断完善的过程中真正掌握本节课的知识．整个过程中学生自评、互评，教师点评．

3.1.2.4　迁移(elaboration)：学以致用，突破难点

例题：你能仿照上述框图说出函数 $y=\sin x \rightarrow y=3\sin\left(\dfrac{1}{2}x-\dfrac{\pi}{6}\right)$ 的变换过程吗[23]？

练习：将函数 $y=2\sin\left(3x-\dfrac{\pi}{6}\right)$ 的图像先向左平移 $\dfrac{\pi}{3}$ 个单位长度，再将所有点的纵坐标变为原来的一半（横坐标不变），求最后所得图像的函数解析式．

设计意图："迁移"是 5E 教学中的精致环节，在这个环节中，教师给予点拨、指导，

规范解题格式，梳理解题思路，便于学生进行模仿、思考．在已知两个函数的解析式说出其横、纵坐标相应的伸缩平移变换过程及由函数图像变换的一般规律求函数解析式的过程中，对学生进行终结性评价，使学生充分理解 A，ω，φ 三个参数对函数 $y=A\sin(\omega x+\varphi)$ 的影响．既帮助学生评价自我的学习效果，也帮助教师评价本节课的教学效果．

3.1.2.5 小结

问题 9 本节课学习了哪些知识点？在数学思想、数学研究策略中有怎样的收获？先自行梳理，再向同学交流自己本节课的成果[1]．

（1）知识：函数 $y=\sin x \to y=A\sin(\omega x+\varphi)$ 的变换过程主要是沿 x 轴、y 轴进行伸缩平移变换，可从图像和解析式两个方面进行理解．

（2）思想：数形结合，局部到整体，转化，分类，类比．

（3）策略：特殊到一般，控制变量．

设计意图：在小结中，评价学生本节课的收获，既加强学生主动复习的意识，又培养学生的概括能力．借助提问的方式，引导学生主动回顾本节课所学内容，并在教师的帮助下进行完善、补充、精炼．

3.1.2.6 布置作业

（1）复习本节课所学知识点．

（2）必做题：教材习题 A 组第 1 题、第 2 题．

（3）思考题：由函数 $y=\cos\dfrac{1}{3}x$ 的图像得到函数 $y=\dfrac{1}{3}\sin\left(\dfrac{1}{3}x+\dfrac{\pi}{6}\right)$ 的图像，你能写出多少种变换过程？

（4）预习三角函数的应用．

设计意图：及时复习有助于巩固新形成的知识结构，也能揭露知识漏洞，进而寻得查漏补缺的方向；必做题和思考题既可以考查所有学生对本节课知识点的掌握情况，也可以让学有余力的学生得到综合训练；预习即将学习的内容，可预热大脑来接受新知的学习．

3.1.3 教学反思

5E 教学模式是以递进式引导学生完成对新课概念的理解，每一个环节都有利于教师连续地教，也有利于学生系统地学，对学生学习积极性的提高有很大的帮助．5E 教学模式相比普通教学模式而言，"评价"显得尤为出彩，它贯穿于各个教学环节，在吸引、探究、解释、迁移中起辅助作用，可大大提高教学效率．本教学设计以学生为主、教师为辅，使 5E 教学模式跳出生物学圈，迈进数学教学领域，让学生在探究、解释、例题、习题、小结中进行自评、互评，使学生最大限度地参与数学课堂．但对于成绩中偏下的班级，也许会因学生过多的参与而导致教师未能实施完整的教学环节，笔者建议根据学生的情况，选择性淡化探究中的部分画图环节，而采取计算机软件直观呈现图像，以观察动态图像中"变中不变"的规律．

3.2 案例 2：ARCS 动机模型下正弦型函数图像变换的教学设计

ARCS 代表了四类主要的动机策略，围绕这四个方面来设计正弦型函数图像变换的教学，需要设计者通过对一些相关问题的思考，审慎地设计教学事件，如图 11 所示．

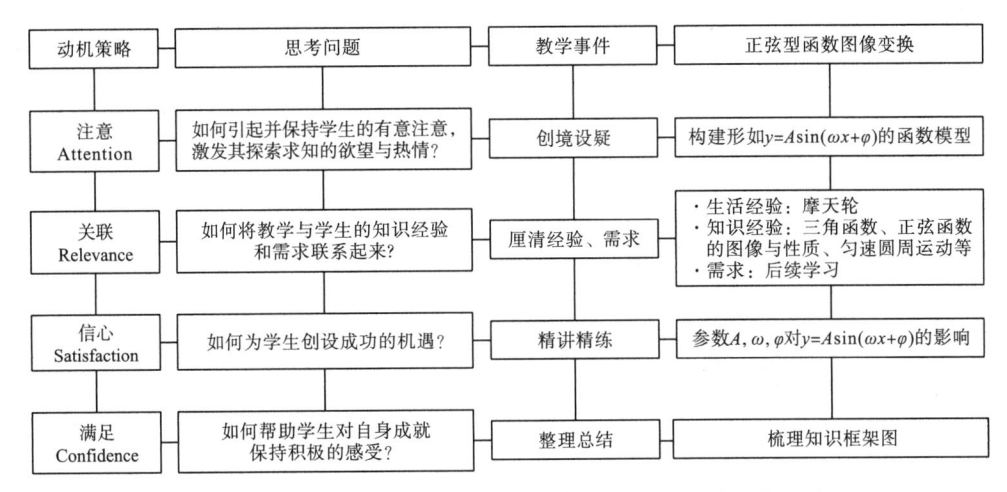

动机策略	思考问题	教学事件	正弦型函数图像变换
注意 Attention	如何引起并保持学生的有意注意，激发其探索求知的欲望与热情？	创境设疑	构建形如 $y=A\sin(\omega x+\varphi)$ 的函数模型
关联 Relevance	如何将教学与学生的知识经验和需求联系起来？	厘清经验、需求	·生活经验：摩天轮 ·知识经验：三角函数、正弦函数的图像与性质、匀速圆周运动等 ·需求：后续学习
信心 Satisfaction	如何为学生创设成功的机遇？	精讲精练	参数 A，ω，φ 对 $y=A\sin(\omega x+\varphi)$ 的影响
满足 Confidence	如何帮助学生对自身成就保持积极的感受？	整理总结	梳理知识框架图

图 11　ARCS 动机策略下正弦型函数图像变换教学事件的设计

3.2.1　教学分析

3.2.1.1　知识经验、需求分析

数学、物理已有的知识经验：学习了三角函数的图像及性质，初步了解三角函数是最典型的周期函数；匀速圆周运动.

数学、物理今后的需求：为三角函数模型的简单应用及利用变换坐标来研究函数的平移变换、伸缩变换打下基础；为研究物理中的单摆运动、简谐运动以及机械波提供了数学模型.

3.2.1.2　教学目标

知识目标：结合摩天轮的匀速圆周运动了解正弦型函数的实际意义，利用控制变量法，借助几何画板理解三个参数的意义，知道参数的变化对正弦型函数图像的影响.

数学素养目标：在探究三个参数对正弦型函数图像的影响的过程中体会特殊到一般、数形结合、化归、类比等思想方法，培养数学建模、数学抽象、直观想象、逻辑推理等核心素养.

3.2.1.3　教学重难点

（1）教学重点：探讨 A，ω，φ 三个参数对函数 $y=A\sin(\omega x+\varphi)$ 的图像的影响的一般性规律.

（2）教学难点：理解并掌握函数 $y=A\sin\omega x$ 与 $y=A\sin(\omega x+\varphi)$ 的关系.

3.2.1.4　教学方法及手段

问题驱动式、启发诱导式教学方法；借助几何画板、多媒体辅助教学.

3.2.2　教学过程

3.2.2.1　创境设疑，激发学习动机

思考：图 12 中的摩天轮做什么运动？可用什么样的函数模型刻画它的运动规律？（匀速圆周运动、三角函数）

追问：将摩天轮和座舱抽象为一个圆以及圆上的点，如图 13 所示，假设摩天轮的半

径为 A，逆时针匀速圆周运动的角速度为 ω，若从点 P_1 处开始计时（$\angle P_0OP_1=\varphi$），求经过 x s 后圆上任意点 Q 的纵坐标？[$y=A\sin(\omega x+\varphi)$].

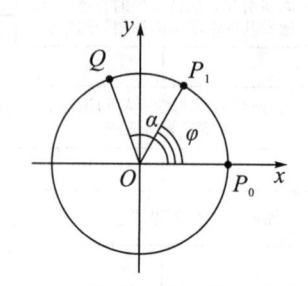

图 12　摩天轮　　　　　图 13　摩天轮的数学模型

设计意图：利用三角函数的知识构建了一个形如 $y=A\sin(\omega x+\varphi)$ 的函数. 显然，欲把握该函数的图像与性质，需知道参数 A，ω，φ 对其的影响，继而引出对新知的探究. 利用学生感兴趣的游乐场项目（摩天轮）唤起学生的有意注意，思索如何刻画摩天轮的运动变化规律，激发其求知的欲望和需要，在此过程中培养数学抽象、数学建模、直观想象等素养.

3.2.2.2　建立关联，形成内驱动力

函数 $y=A\sin(\omega x+\varphi)$ 是刻画生活、物理、自然界中物体或现象的重要数学模型，如摩天轮、水车、弹簧振子、电流、潮汐现象等. 从解析式看，正弦函数 $y=\sin x$ 是函数 $y=A\sin(\omega x+\varphi)$ 在 $A=1$，$\omega=1$，$\varphi=0$ 时的特殊情况，据此联想到能否借助已有的知识经验（$y=\sin x$ 的图像与性质）研究参数 A，ω，φ 对正弦型函数 $y=A\sin(\omega x+\varphi)$ 的影响.

设计意图：建立关联是保持学习动机的关键，让学生感受到学习的内容与自己的生活、旧知密切相关，借助实际意义来凸显学习本节课的必要性. 对于多参数问题，以往采用的研究策略是"控制变量"，这里需要分别对 A，ω，φ 三个参数进行研究，探究它们对 $y=A\sin(\omega x+\varphi)$ 的图像的影响. 下面选择从左到右的顺序，先对参数 A 进行探究.

探究 1　探索 A 对 $y=A\sin x$ 的图像的影响.

为直观、动态地观察参数 A 对 $y=A\sin x$ 的图像的影响，下面将单位圆向左平移，并借助几何画板演示.

如图 14 所示，半径为 1 和任意 A（如取 $A=3$）的同心圆 O_1 上的两个动点同时从点 P_2，P_0 处以角速度 1 逆时针方向运动，经过 x s 后到点 Q，G，则点 Q，G 的纵坐标分别为 $\sin x$，$3\sin x$，再以 $Q(x,\sin x)$，$G(x,3\sin x)$ 为坐标描点，可得函数 $y=\sin x$ 与 $y=3\sin x$ 的图像.

设计意图：复习学生已有知识经验——正弦曲线，为后续的探究作知识、经验的铺垫.

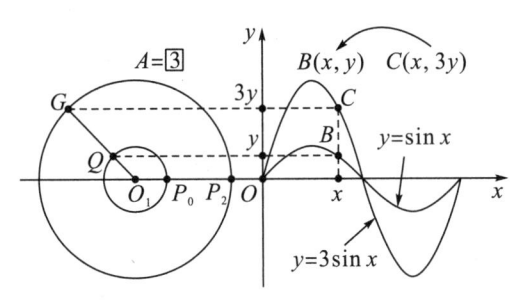

图 14　参数 A 的探究

问题 1　（1）点 Q，G 的纵坐标之间存在什么关系？（3 倍关系）

（2）将这个规律反映到图像上，如图 14 所示，如果点 $B(x，y)$ 为 $y=\sin x$ 的图像上一点，则 $C(x，3y)$ 为 $y=3\sin x$ 的图像上的对应点，观察两个函数的图像之间存在怎样的关系.

（3）当 $0<A<1$ 时，小组合作探究由 $y=\sin x \to y=A\sin x$ 存在怎样的变换规律.

分析：（2）由图 14 观察到：把正弦曲线上的所有点的纵坐标伸长到原来的 3 倍（横坐标不变），就可得到 $y=3\sin x$ 的图像.

（3）学生仿照上述讨论进行探究，教师借助几何画板动态展示"变中不变"的规律，发现：把 $y=\sin x$ 的图像上所有点的纵坐标缩短（$0<A<1$）或伸长（$A>1$）到原来的 A 倍（横坐标不变），可得到 $y=A\sin x$ 的图像.

设计意图：借助几何画板生动形象地展示图像的整体及对应点之间的关系，利用三角函数的知识给学生提供实现自我价值的探究机会，有利于维持其学习动机. 教师要注意在此过程中以问题驱动教学，发展学生的自主学习能力，使学生逐步学会独立学习.

练习 1　函数 $y=3\sin x \to y=4\sin x$ 的图像经过了怎样的变换过程？

设计意图：对得到的结论及时进行查漏补缺，使探究结果有一个初步运用，异于传统"满堂灌"的课堂形式，通过"讲"和"练"有机结合，把课堂交给学生. 简单操练之后，教师的适当表扬有利于学生对下一个探究抱有期待感，帮助学生建立期望成功的积极态度.

探究 2　探索 ω 对 $y=A\sin \omega x$ 的图像的影响.

如图 15 所示，两个动点在半径为 3 的圆 O_1 上以角速度为 1 和任意 ω（如取 $\omega=2$）从点 P_2 处同时出发，逆时针方向运动到点 G. 此时两个动点到点 G 分别经过 x s，$\dfrac{x}{2}$ s，以 $(x，3\sin x)$，$\left(\dfrac{x}{2}，3\sin x\right)$ 为坐标描点，可得函数 $y=3\sin x$，$y=3\sin 2x$ 的图像.

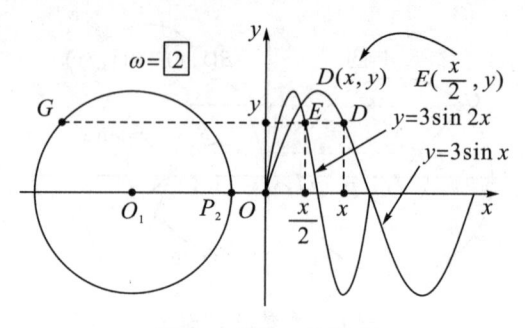

图 15 参数 ω 的探究

问题 2 (1) 两个动点到达点 G 的时间有怎样的关系？$\left(\dfrac{1}{2}\text{倍关系}\right)$

(2) 将这个规律反映到图像上，如图 15 所示，如果点 $D(x,y)$ 为 $y=3\sin x$ 的图像上一点，则 $E\left(\dfrac{x}{2},y\right)$ 为 $y=3\sin 2x$ 的图像上的对应点，观察两个函数的图像之间存在怎样的关系．

(3) 当 $0<\omega<1$ 时，小组合作探究 $y=A\sin x\to y=A\sin\omega x$ 存在怎样的变换规律．

分析：(2) 由图 15 观察到：把 $y=3\sin x$ 的图像上的所有点的横坐标缩短到原来的一半（纵坐标不变），就可得到 $y=3\sin 2x$ 的图像．

(3) 同理参数 A 的探究，可发现：把 $y=A\sin x$ 的图像上所有点的横坐标缩短（$\omega>1$）或伸长（$0<\omega<1$）到原来的 $\dfrac{1}{\omega}$ 倍（纵坐标不变），可得到 $y=A\sin\omega x$ 的图像．

设计意图：让数学探究活动灵活且具有多元化，利用数学的三角函数及物理学知识，引导学生在旧知的熟悉感中探索新知的一般性结论，维持学生的学习动机．培养学生合作探究的能力，体会数形结合、局部到整体思想，让学生在探究中获得自信，强化其学习动机．

练习 2 函数 $y=\sin x\to y=4\sin 3x$ 的图像经过了怎样的变换过程？有多少种？

设计意图：对前面两个探究有一个总体认识，感悟 $y=\sin x\to y=A\sin\omega x$ 的不同变换过程，即正弦函数的图像先沿 $x(y)$ 轴伸缩变换，再沿 $y(x)$ 轴伸缩变换后，可得到 $y=A\sin\omega x$ 的图像．在此过程中增强学生的参与感，并激发学生努力完成探究的积极情绪，让他们相信自己具有成功的可能性，确保学生具有自信，加强学习动机的持久性．

探究 3 探索 φ 对 $y=A\sin(\omega x+\varphi)$ 的图像的影响．

如图 16 所示，两个动点在半径为 3 的圆 O_1 上以角速度 2 分别从点 P_2 和任意点 P_3 处同时出发，逆时针方向运动到点 G．若取 $\angle P_3OP_2=\varphi=\dfrac{\pi}{3}$，则两个动点到达点 G 分别经过 x s，$x-\dfrac{\pi}{6}$ s，以 $(x,3\sin x)$，$\left(x-\dfrac{\pi}{6},3\sin x\right)$ 为坐标描点，可得函数 $y=3\sin 2x$，$y=3\sin\left(2x+\dfrac{\pi}{3}\right)$ 的图像．

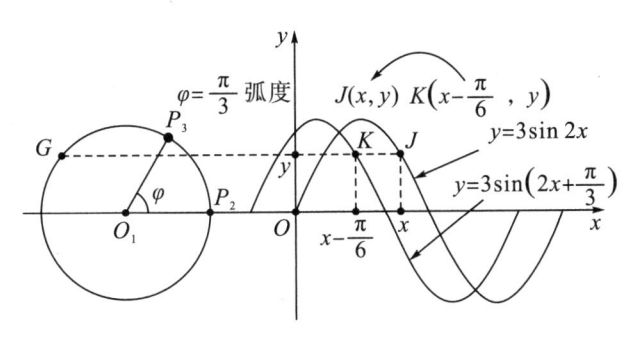

图 16 参数 φ 的探究

问题 3 （1）两个动点到达点 G 的时间有怎样的关系？$\left(\text{相差}\dfrac{\pi}{6}\text{ s}\right)$

（2）将这个规律反映到图像上，如图 16 所示，如果点 $J(x,y)$ 为 $y=3\sin 2x$ 的图像上一点，则 $K\left(x-\dfrac{\pi}{6},y\right)$ 为 $y=3\sin\left(2x+\dfrac{\pi}{3}\right)$ 的图像上的对应点，观察两个函数的图像之间存在怎样的关系．

（3）当 $\varphi<0$ 时，小组合作探究 $y=A\sin\omega x\to y=A\sin(\omega x+\varphi)$ 有何变换规律．

分析：（2）由图 16 观察到：把 $y=3\sin 2x$ 的图像上的所有点向左平移 $\dfrac{\pi}{6}$ 个单位长度，就可得到 $y=3\sin\left(2x+\dfrac{\pi}{3}\right)$ 的图像．

（3）同理参数 A，ω 的探究，可发现：把 $y=A\sin\omega x$ 的图像上的所有点向左($\varphi>0$)或向右($\varphi<0$)平移 $\dfrac{|\varphi|}{\omega}$ 个单位长度，就可得到 $y=A\sin(\omega x+\varphi)$ 的图像．

设计意图：初中二次函数也涉及"左加右减"，让学生在旧知的基础上感悟其在正弦型函数中的具体表现．作为本节课的教学难点，教师要让学生真正理解其本质特征，充分发挥学生的主动性、积极性和首创精神，在共享集体思维成果的基础上对当前所学知识有较全面、准确的理解，引导学生丰富和完善结论，并在探究过程中让学生感受转化、分类、类比等数学思想．

练习 3 函数 $y=4\sin 3x\to y=4\sin\left(3x-\dfrac{\pi}{4}\right)$ 的图像经过了怎样的变换过程？

设计意图：考查学生对知识点的理解及迁移能力，并在实践过程中培养学生的自信．通过三个层层递进的练习，也为学生的成功提供积极强化．

3.2.2.3　回顾总结，梳理整体框架

问题 4 请尝试给出 $y=\sin x\to y=A\sin(\omega x+\varphi)$ 的所有变换过程，并谈谈你在数学思想、策略中的收获[1]．

（1）知识：如图 17 所示．

（2）思想：数形结合，局部到整体，转化，分类，类比．

（3）策略：特殊到一般，控制变量．

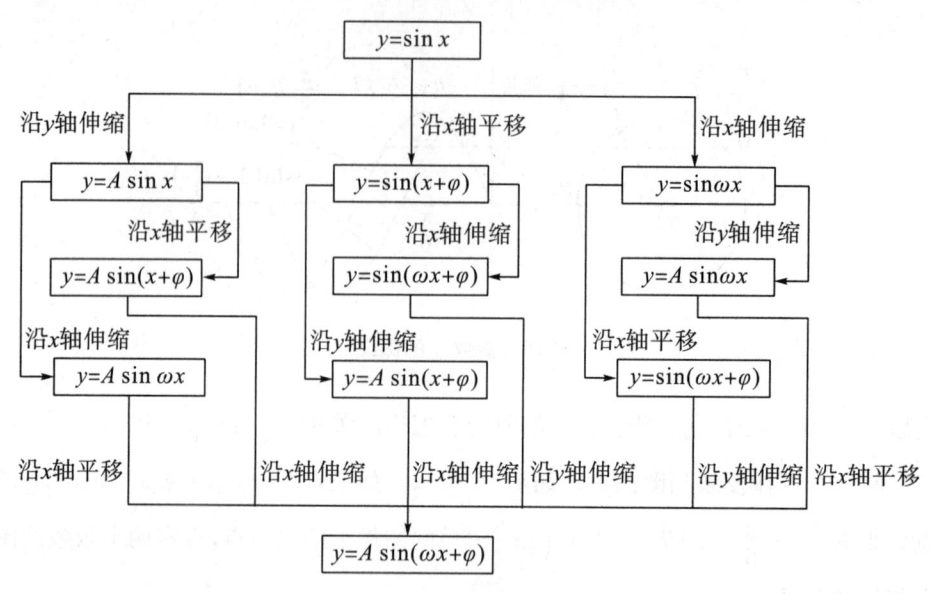

```
                            y=sin x
    沿y轴伸缩          沿x轴平移          沿x轴伸缩
    y=A sin x         y=sin(x+φ)        y=sinωx
    沿x轴平移          沿x轴伸缩          沿y轴伸缩
    y=A sin(x+φ)      y=sin(ωx+φ)       y=A sinωx
    沿x轴伸缩          沿y轴伸缩          沿x轴平移
    y=A sin ωx        y=A sin(x+φ)      y=sin(ωx+φ)
  沿x轴平移  沿x轴伸缩  沿x轴伸缩  沿y轴伸缩  沿y轴伸缩  沿x轴平移
                       y=A sin(ωx+φ)
```

图 17　知识框架

设计意图：在梳理过程中，要以学生为主体，使其在不感到任何压力的情况下主动、乐意地去叙述正弦曲线变换到正弦型曲线的过程，更能反映学生是否对所学知识有全面而深刻的掌握．教师在引导学生梳理本节课的知识框架的过程中，既训练了学生的概括能力，又使其获得满足感和成就感，帮助学生对自己的成果保持积极的感受，并强化其学习动机．

3.2.2.4　精心设计，优化作业质量

(1) 复习本节课所学知识点．

(2) 必做题：教材习题 A 组第 1 题、第 2 题．

(3) 思考题：写出函数 $y=\cos\frac{1}{3}x \rightarrow y=5\sin\left(\frac{1}{3}x+\frac{\pi}{6}\right)$ 的所有变换过程．

(4) 预习三角函数的应用．

设计意图：及时复习有助于巩固新形成的知识结构，也能揭露知识漏洞，进而寻得查漏补缺的方向；必做题和思考题既可以考查全体学生对本节内容的掌握情况，也可以让学有余力的学生得到综合训练；预习即将学习的内容，可预热大脑来接受新知的学习．

3.2.3　教学反思

借助"ARCS"动机设计模型在各个环节逐步激发、维持、强化学生的学习动机，使其获得信心，产生学习动力，拥有学习数学的满足感，进而提高教学效率．首先，利用摩天轮创境设疑，引起学生的注意，使其产生学习动机；其次，让学生感知所学知识与自己密切相关，维持学习动机，并借助及时有效的练习形成对成功的期望；最后，在梳理总结中获得满足感和成就感，强化学习动机．探究过程中利用几何画板进行协作学习和问答交流，在实践中获得结论．相较于教材中参数 φ,ω,A 的研究顺序，这里采用 A,ω,φ 的顺序，既符合学生"从左到右"的认知顺序，又恰当地处理了本节课的教学难点，并在此过程中将"讲"和"练"有机结合．若学校具备相应的设施条件，能让每个学生都自行操作几何画板，更能让学生获得学习数学的自信心和满足感．但对于操作能力弱、基础差的班级，可能会耗费大量时间，笔者建议读者综合考虑后灵活运用，可在学生的选择下进行操作、演示．

3.3 教学建议

笔者从两个教学理论对正弦型函数图像变换的教学价值出发，经与几位老师的讨论交流后，开发了前面所撰写的三个不同的正弦型函数图像变换教学设计．这三个教学设计对教学重、难点及教学目标的实施均到位，充分考虑了学情，从学生的角度思考问题，可更好地提高教学效率．

5E 教学模式下正弦型函数图像变换的教学设计．5E 教学模式相比普通教学模式而言，"评价"显得尤为出彩，它贯穿于各个教学环节，在吸引、探究、解释、迁移中起辅助作用，可大大提高教学效率．本教学设计以学生为主、教师为辅，使 5E 教学模式跳出生物学圈，迈进数学教学领域，让学生在探究、解释、例题、习题、小结中进行自评、互评，使学生最大限度地参与数学课堂．此理论可广泛应用到其他课题的教学中，也可最大限度地促进教师教学、学生学习，调动学生的学习积极性和参与性．5E 教学模式下正弦型函数图像变换的教学设计能使学生积极参与数学课堂，但由于课堂时间的有限性，笔者建议中等生和后进生可选择性淡化探究中的部分画图环节，而采取计算机软件直观呈现图像；对于情况较好的班级，可将探究中的操作都交给学生．

ARCS 动机模型下正弦型函数图像变换的教学设计．ARCS 动机设计模型在各个环节逐步激发、维持、强化学生的学习动机，由具体的情境出发，形成有趣的问题，使其获得信心，产生学习动力，拥有学习数学的满足感，进而提高教学效率．首先利用学生感兴趣的游乐场项目（摩天轮）唤起学生的有意注意，激发其求知的欲望和需要；然后由学生的数学和物理旧知逐步引出新课，在探究过程中进行"精讲精练"，及时巩固新知，帮助学生建立期望成功的积极态度；最后在小结过程中引导学生主动、乐意地去梳理本节课的知识框架，强化其学习动机．与第一个教学设计一样，ARCS 动机模型下正弦型函数图像变换的教学设计中对几何画板的操作较多，对于操作能力弱、基础差的班级，教师可以在学生的选择下进行操作、演示；对于操作能力较强的班级，可充分发挥学生的动手操作能力．

总的来说，两个教学设计各有千秋，教师在教学中可从学生的学情及教师的教学风格出发，选择适合学生、教师、教学环境的教学设计．

参考文献

[1] 陶华. 基于数学实验的"函数 $y=A\sin(\omega x+\varphi)$ 的图像"教学设计 [J]. 中学数学月刊，2017（6）：12-14.

[2] 俞晓. 创造性使用教材 还原问题的本质——撷析"函数 $y=A\sin(\omega x+\varphi)$ 的图像"的教学片段设计 [J]. 数学教学研究，2010（7）：24-25.

[3] 王康帅. 整体把握 精巧设问 教授方法 培养能力——"函数 $y=A\sin(\omega x+\varphi)$ 的图像"的教学设计与反思 [J]. 中学数学教学，2016（6）：11-15.

[4] 武文艺，孟凡勋. 函数 $y=A\sin(\omega x+\varphi)$ 图像的教学设计 [J]. 高中数学教与学，2017（1）：30-33.

[5] 孙红娟. 寻觅"留白"契机, 静待思维花开——以"函数 $y=A\sin(\omega x+\varphi)$ 的图像"为例 [J]. 数学教学通讯, 2016 (21): 7−10.

[6] 丁菁. 培养学生探究习惯 促进学生主动发展——以"函数 $y=A\sin(\omega x+\varphi)$ 的图像"为例 [J]. 中学数学教学参考, 2017 (11): 6−9.

[7] 许丽丽, 江泽. 浅谈超级画板与数学课堂的有效整合——以《探究函数 $y=A\sin(\omega x+\varphi)$ 的图像》为例 [J]. 福建中学数学, 2018 (11): 46−49.

[8] 刘正章. 网络画板辅助教学的实践与认识——以"函数 $y=A\sin(\omega x+\varphi)$ 图像"的教学为例 [J]. 高中数学教与学, 2018 (12): 17−19.

[9] 陈兴勇. 函数 $y=A\sin(\omega x+\varphi)$ 的图像(一)教学设计 [J]. 数学学习与研究, 2013 (1): 64.

[10] "中学数学课程教材与信息技术整合研究"课题组. 高中数学课程教材与信息技术整合研究与实验 [J]. 课程·教材·教法, 2004 (3): 47−52.

[11] 张伟文. 数学模型搭舞台, 数形共奏"核心素养"曲——三角函数 $y=A\sin(\omega x+\varphi)$ 的图像变换的教学尝试 [J]. 中学数学(高中版), 2019 (3): 8−9.

[12] 孙秉正. 例谈数学建模核心素养观下的教学设计——以"函数 $y=A\sin(\omega x+\varphi)$ 的图像"的教学设计为例 [J]. 中学数学杂志, 2019 (5): 21−22.

[13] 张润. 立足功能地位, 突破教学难点——再谈"函数 $y=A\sin(\omega x+\varphi)$ 的图像"教学 [J]. 中学数学(高中版), 2016 (6): 10−11.

[14] 中华人民共和国教育部. 普通高中数学课程标准(2017年版) [M]. 北京: 人民教育出版社, 2018: 5−6.

[15] 刘坚. 关于数学情境教育的思考 [J]. 人民教育, 2013 (8): 13−15.

[16] 于黎. "函数 $y=A\sin(\omega x+\varphi)$ 的图像"的教学设计评析 [J]. 上海中学数学, 2013 (12): 39−41.

[17] 戈峰. 现代教育技术下高中数学实验案例的开发与研究——以"函数 $y=A\sin(\omega x+\varphi)$ 的图像"为例 [J]. 中学数学教学参考, 2018 (6): 18−21.

[18] 周志杰. 科学搭建, 提升效果——谈支架式教学在高中数学课堂中的应用 [J]. 数学教学通讯, 2017 (12): 33−34.

[19] 刘绍学. 普通高中课程标准实验教科书(必修)数学4(A版) [M]. 北京: 人民教育出版社, 2007: 53.

[20] 周文国. 也谈核心素养统领下数学教学中教与学的关系——以"探究正弦型函数的图像"为例 [J]. 数学教学研究, 2018 (11): 23−25.

[21] 李步良. 课堂追问的价值分析和实施策略 [J]. 中国教育学刊, 2014 (12): 98.

[22] 吴立宝, 王富英, 秦华. 数学教科书例题功能的分析 [J]. 数学通报, 2013 (3): 18−20, 23.

[23] 武瑞雪, 陈莹. 函数 $y=A\sin(\omega x+\varphi)$ 的图像教学实录与点评 [J]. 数学月刊·中学版(教学参考), 2017 (8): 65−68.

[24] 胡万民. 谈加强高中数学个性化作业设计的有效途径 [J]. 中国校外教育, 2019 (9): 37.

[25] 曹满宏. 高中数学作业设计的三个要点 [J]. 中学数学教学参考, 2016 (6): 3.

[26] 吕小宝. 刍谈初中数学教学结尾艺术 [J]. 中学教研(数学), 2008 (9): 8−9.

[27] 朱建明. 新课程数学课堂"问题化小结"的设计与思考 [J]. 中学数学教学参考, 2007 (11): 3−5.

[28] 陆道春, 孙四周. 从四节课看情境教学和课堂生成——来自"$y=A\sin(\omega x+\varphi)$ 的图像与性质"的课堂实例 [J]. 中学数学教学参考, 2017 (9): 18−20.

[29] 董凯, 丰庆林. 关于"函数 $y=A\sin(\omega x+\varphi)$ 的图像"的教学探索 [J]. 中学教研(数学), 2016 (5): 3−6.

[30] 王巍巍. 刍议正弦型函数图像变换的信息化教学 [J]. 数学教学通讯, 2016 (9): 33−34.

[31] 于洋, 刘明. 以问题引领课堂 以探索发展思维——"函数 $y=A\sin(\omega x+\varphi)$ 的图像"的教学剖析[J]. 数学之友, 2017 (20): 19-24.

[32] 史宁中. 推进基于学科核心素养的教学改革[J]. 中小学管理, 2016 (2): 19-21.

第五节 两角差的余弦公式的教学设计[①]

1 引言

1.1 研究背景

(1) 课堂教学情况

两角差的余弦公式是三角变换的重要内容, 是教学的重点内容, 也是教学的难点之一. 首先, 学生不是很了解公式的产生背景, 不清楚学习两角差的余弦公式的必要性, 因此, 学生往往会忽略公式的学习过程, 而产生只需记住公式内容的认知. 任何数学公式的产生都有其独特的历史背景或实际需要, 只有使学生经历公式的发现、猜想和严密的逻辑证明过程, 才更有利于学生理解和掌握公式, 实现自然的数学学习[1]. 其次, 两角差的余弦公式课堂教学的主要难点是公式的引入和公式的证明部分. 比较人教A版、人教B版、北师大版、苏教版等版本教材的内容, 引入的方式各有差异, 但还是会感到问题引入不自然. 而对于公式的证明方法主要有几何法和向量法这两种证明方法. 学生易于想到几何法, 但是证明的思维步骤相对较烦琐, 向量法的证明过程比较简单、快捷, 但是学生不容易想到采用这种方法, 还没有将向量作为工具的意识. 因此, 两角差的余弦公式的教学还需要结合学生的实际情况逐步优化.

(2) 教学研究情况

两角差的余弦公式是高考重点考查的内容之一. 《普通高中数学课程标准 (2017年版)》[2]关于两角差的余弦公式教学作了明确规定: "经历推导两角差余弦公式的过程, 知道两角差余弦公式的意义." 在知网、维普网、人大复印网查阅两角差的余弦公式教学设计, 发现魏韧等[1,3]发表在《数学通报》上的关于两角差的余弦公式的教学设计, 关注公式的产生背景, 注重自然朴实的教学过程, 遵循学生的认知发展规律, 自然科学地进行课堂教学. 杨育池等[4-5]发表在《数学通报》上的文章, 将课堂教学纪实生动地呈现出来, 通过师生间的对话, 活跃课堂气氛. 黄慧军[6]观摩了两个不同的数学教师关于两角差的余弦公式的课堂教学后, 对其进行评析与反思, 强调在数学课堂中融入数学文化, 使学生更深刻地理解两角差的余弦公式等相关知识.

两角差的余弦公式的教学研究存在一些共性: 对于大多数一线教师来说, 他们倾向于关注 "怎样教"的问题, 关心学生对知识内容的吸收程度, 注重课堂教学的生成. 因此, 结合两角差的余弦公式的教学设计研究, 提出科学、系统、有效的数学公式教学方法策

---

① 作者: 王淑丹、王佩 (指导教师).

略，使其能够为广大高中数学教师和学生运用.

1.2 问题提出

本研究主要探讨数学公式的教学设计研究——以两角差的余弦公式为例. 该问题的提出主要基于研究者自身在中学学习数学公式存在的问题和疑惑以及对这些问题的长期思考. 由于竞争激烈的中、高考，许多教师讲授一个数学公式只用几分钟，对于公式的生成过程几乎忽略不讲，注重公式的问题应用，仅重在培养学生的解题能力. 因此，不善于自学的学生往往缺乏对公式产生背景和形成过程的了解，对公式的掌握仅限于表面内容，不能够抓住其蕴含的本质.

就三角变换这个知识体系而言，中学数学老师的要求仅仅是熟记公式并能够解决基础数学问题，而对于差角公式、和角公式、倍角公式、积化和差等三角函数公式的逻辑联系，教师没能适时地引导、分析、归纳. 因此，研究者的思维是混乱的，记忆这个以两角差的余弦公式为逻辑起点的、庞杂的三角变换系统也存在一定的困难.

综上，基于教育实践是教育研究的源头和动力所在，确定"两角差的余弦公式的教学设计"为研究课题.

2 文献综述

2.1 教材分析

2.1.1 教材的地位及作用

两角差的余弦公式是教材第三章"三角恒等变换"的起始内容，本课的教学建立在"三角函数"和"平面向量"的基础上，借助向量的数量积推导公式能建立代数和几何的联系[7]. 本课是三角函数线的延续、诱导公式的推广，同时，由于角的和、差、倍之间有内在联系并可以相互转化，也为后续学习两角和与差的正余弦、正切公式及倍角公式等三角恒等变换奠定了基础[8-9]. 两角差的余弦公式是三角函数运算结果之一，这为后续研究数列、概率等特殊函数提供了方向. 因此，两角差的余弦公式在本教材和整个高中知识的学习中起着承上启下的作用.

2.1.2 学情分析

廉万朝等[9]认为学习两角差的余弦公式之前，学生已初步认识了任意角的三角函数、诱导公式、解析几何初步及平面向量，但由于教材模块化设置，在"三角函数"与"三角恒等变换"之间插入了"平面向量"这一章节，往往会使得学生忽略知识间的联系，因此，在教学中要让学生深刻认识到知识之间及方法之间的联系. 韩静[8]提出学生虽然已经理解了平面向量及其运算，但是将向量作为解决问题的工具是不能够广泛应用的，更不会将三角问题与向量联系起来. 笔者认为在教学中应立足于学生的最近发展区，引导学生同化学习，将两角差的余弦公式纳入已有的知识结构中. 结合中学生逻辑思维不够严谨的特点，教学时还需适当引导学生关注两向量夹角与两角的区别和联系.

2.1.3 教学目标

掌握用向量的数量积推导两角差的余弦公式，理解公式的证明，借助公式会进行简单的化简、求值、恒等式证明，是大部分研究者提出的共同的知识目标. 此外，廉万朝等[9]通过回顾诱导公式得出不同的角的终边之间的关系，类比探究任意角 α，β 与 $\alpha+\beta$ 终边的关系，从而给出不同的教学目标：学生能说出角的终边与单位圆交点的坐标与三角函数定义之间的关系、图形几何性质与相应的坐标之间的关系等，感受类比、迁移和数形结合等思想方法. 朱秀红[10]更加注重学生对公式结构的把握，结合具体情形合理进行公式的顺、逆和其他变形使用，而不只是局限于教材上的结构. 杨华文等[11]通过创设问题情境揭示知识背景，通过分析法探求多样解题思路，感受特殊到一般的数学思想. 基于认知发展阶段理论，朱胜强[5]通过若干具体事例让学生体会研究两角差的余弦公式的必要性，对于学生在探究中遇到的新问题，教师要引导学生回到具体直观的问题上，使学生主动参与，自主探索，逐渐提高学生解决问题的能力和数学思维水平. 为了培养学生的核心素养，徐艳丽[7]提出在数学学科方面，要求学生用数学的眼光观察世界，用数学的思维分析世界，用数学的语言表达世界.

2.1.4 教学重难点

臧立本[12]将本节课的教学重点确定为两角差的余弦公式的推导. 王永凯[13]明确将向量法推导公式作为教学重点，以此强调向量作为解决问题工具的重要性. 廉万朝等[9]将图形语言与数学语言之间的转化作为教学重点. 在公式的探究过程中，要借助单位圆等几何图形来找到等量关系，因此要求学生具有一定的转化图形语言与数学语言的能力. 不同的是，徐艳丽[7]认为学习了新公式还需熟练地应用，所以教学重点是用公式能进行简单三角函数式的化简、求值.

杨华文等[11,14]认为本节课的教学难点是公式的探索过程. 学生虽然有了一定的知识储备，但在公式探究中对于几何法添加的辅助线较陌生，也不能熟练运用向量工具解决问题，所以教师的引导探究有一定难度. 魏韧[1]将探究过程的难点具体到引入部分，主要表现为问题引入不自然. 这导致教师只是按照预设中的方案进行教学，学生缺乏主体的亲身经历，束缚了教学的灵活性. 教学是师生间的双向活动，需要双方不断交流、合作. 基于学生的个体差异性，教师要根据学生反馈的信息适当调整教学进度，做到因材施教.

2.1.5 教学方法

杨育池等[4-5,7]主要采用问题探究教学法和启发诱导式教学法. 许兴震[15]基于问题驱动理论，利用问题串引领学生展开深度思考，感受发现问题、探究问题、解决问题. 在这个过程中既体现了学生的主体性，也激发了学习的动机和欲望. 杨华文等[11]在发现公式的过程中主要采用发现、归纳的方式，向学生展示充分的感性材料，发现特例的共性，猜想其一般规律，在使学生获得知识的同时，培养他们归纳、概括的能力及感受由特殊到一般的思想方法.

2.2 教学过程

2.2.1 引入新知

(1) 情境引入

张健等[16-17]借助实际生活情境，发现特殊角$60°$、未知角β的三角函数值与$\cos(60°-\beta)$存在等量关系，由此引导学生探究一般情况：对任意的α，β的三角函数值与$\cos(\alpha-\beta)$是否存在等量关系，激发学生探究这个特殊关系的欲望．魏韧[1]发现一些教学方式虽然创造了情境，但往往是不自然的，主要是由于该公式的产生还需要烦琐的探究，所以该研究者结合生活中加固暖气管道来改造三脚架的实际需要，在问题情境中引出公式，明确了公式的结构．章建跃指出："有些课堂引入刻意联系实际，不够自然，或者引入后高于学生的认知水平，学生不能建立有效的数学模型."

(2) 复习引入

许兴震[15]认为不必创设问题情境，以复习的方式回顾平面向量的数量积的定义和坐标运算，以此建立与三角函数的联系，结合特例得出结论：代数式$\sin x+\cos x$可以变形为$\sqrt{2}\cos\left(x-\dfrac{\pi}{4}\right)$，再将等式变形为$\cos\left(x-\dfrac{\pi}{4}\right)=\dfrac{\sqrt{2}}{2}\sin x+\dfrac{\sqrt{2}}{2}\cos x$．这表明$x-\dfrac{\pi}{4}$的余弦值可由$x$的三角函数值与$\dfrac{\pi}{4}$的三角函数值表示，进一步提出$\cos(\alpha-\beta)$能否由$\alpha$，$\beta$的三角函数值表示．黄丹颖等[18]通过回顾诱导公式的推导过程，提炼其推导的实质是对称变换，再将诱导公式中的特殊角一般化，引入课题展开探究．

(3) 开门见山，开宗明义

人教B版教材由"如何计算$\alpha+\beta$，$\alpha-\beta$的三角函数"，马上给出两角差的余弦公式．此外，吴瑞英[19]的引入方式是直接抛出问题"求$\cos 15°$的值"，引起学生困惑，从而激发学生的求知欲．但李凯[17]认为吴瑞英的引入看似直截了当、开门见山，却缺乏实际需求．我们学习新知识是为了解决已有知识不能处理的日常生活问题，如若不然，就不必耗费心力掌握新知识．

2.2.2 探究公式

魏韧[1]通过解决问题情境中的问题，给出求解目标的两种表示方式，快速地展示两角差的余弦公式的形式，后续再探究α，β为任意角时公式是否成立．联想到三角函数的单位圆定义提供了一动点在单位圆上的几何模型，同时发现公式的结构与向量数量积的坐标公式类似，因而想到用向量的知识来继续探究证明公式．以问题驱动理论为指导，高长玉[3]以问题串的形式逐步引导学生探究，其探究过程主要有两个方面：一是公式"型"的探究．从诱导公式出发，初步判断$\cos(\alpha-\beta)$与α，β的三角函数值都有关系，在学生思维的最近发展区内提出问题，引导学生从特殊情况α，β都是锐角且$\alpha>\beta$思考问题．其后续探究思路与人教A版教材大同小异，但高长玉设置的问题更加连贯，层层递进，交代了添加辅助线的缘由，使得公式的发现是有迹可循的，而不是一蹴而就．二是角的推广．从公式的形式，学生易于联想到平面的向量数量积．基于此，许兴震[15]认为当α，β为任意角时,向量夹角 θ 的确定是一个难点,学生往往会忽略 $0°\leqslant\theta\leqslant180°$,而错以为 $\theta=\alpha-\beta$. 他提出现阶段学生已具有诱导公式的基础,结合余弦函数是偶函数,可将 $\alpha-\beta$ 与 $\theta\in[0,\pi]$ 建立联系,使得问题转化到学生已有的知识结构中得到解决. 因此,教师在教学中遵循学生的认知规律,采用由特殊到一般的数学思想,得出探究角度的一般规律:α,β 从 $(0,\pi)\to(0,2\pi)\to$任意角,公式均成立. 通常情况下,在面临一个比较复杂的问题时,通过解决特殊问题,再进一步观察、分析,最后通过严格的推理证明得到一般结论,是一种科学严谨的研究方法[20]. 黄丹颖等[18]回顾诱导公式是由对称变换得到的,以此深入探究,角 α 的终边关于任意角 θ 的终边对称之后可得到哪些结论. 角 α 的终边上一点 P 对称变化之后记为 P',数形结合建立关于 P' 点坐标的方程组,得出一般公式,再取特殊角,就可得到诱导公式、二倍角公式、两角差的余弦公式等.

徐华[21]对于人教 A 版教材的编排有不同的见解. 教材充分体现了向量作为工具的优越性,使得探究过程快速、简捷,但没有交代先探究两角差的公式而不是两角和的公式的缘由,并且也未交代利用向量法来推证的缘由. 由此,徐华给出改进方案,即让学生带着以下问题来阅读教材的这部分内容:你来探究公式,会与课本有什么不同? 基于学习数学加减的规律和经验,学生可能会优先考虑两角和的公式,数形结合,由线段相等及两点间距离公式得到公式. 因此,解决问题的关键是找到一个等量关系,而找到等量关系的方法不是唯一的.

2.2.3 证明公式

数学是一门思维严谨的学科,探究出两角差的余弦公式后,需要通过严密的逻辑证明来验证其真假性. 在公式探究过程中,研究者基本采用几何法与向量法来证明公式. 蔡欣[14]、杨华文等[11]使用的几何法证明思路相差无几,联系三角函数线,均在单位圆中添加辅助线以构造直角三角形,从而将问题转化为解直角三角形. 廉万朝等[9]采用的几何法是依据图形特点,找到角度相等的等量关系,由此得出线段相等或者等角的余弦值相等,从而证明公式.

数学在历史长河中也传承、积累着文化,在教学中教师要适当地融入数学史,让学生了解数学发展的历史轨迹,提升学生的数学文化素养. 对于两角差的余弦公式的产生与发展,数学家托勒密(Ptolemy)、帕普斯(Pappus)、麦克肖恩(Mcshane)等都做出了伟大贡献[6,22]. 托勒密基于托勒密定理得到近似于两角和与差的正余弦公式,绘制了现存最早的三角函数弦图,弦图的制作原理与人教 A 版的几何法异曲同工. 古希腊数学家帕普斯在《数学汇编》中提出几何命题,从中发现了两锐角差的余弦公式,该命题蕴含丰富的三角学知识,为三角公式证明提供了模型[23]. 此后,意大利数学家卡洛里(Cagnoil)、瑞士数学家哈斯勒(Hassler)、法国数学家萨吕斯(Sarrus)也相继给出了自己的证明,但都与托勒密的证明方法一样,要求学生有较高的平面几何变化技巧. 麦克肖恩给出了一种简捷的证明方法:在单位圆中构造角 $\angle AON=\alpha$,$\angle AOC=\beta$,顺时针旋转 $\triangle BOC$,使 OC 与 x 轴正向重合,由旋转前后线段长不变,结合两点间距离公式即得两角差的余弦公式. 中国科学院院士张景中采取面积法证明公式,通过三角形的等面积就可快速地得到两锐角差的余弦公式. 朱华伟在其编写的《无字证明集锦》中给出了另一证明方法,构造了一个由学生熟知的矩形和直角三角形组成的图形,并已知图中部分的角、边,借此直观地展示了两角差的余弦公式[24]. 笔者认为教师在课堂教学中,根据学生的实际发展情况可适当地选择或调整几何模型,从而降低三角公式证明的难度,使学生直观感受几何模型具有一定的简约性,也认识到几何模型是对初中平面几何知识的延伸和发展. 基于学生现有的思维发展水平,学生学习教材时会认为教材的内容是权威的、不容置疑的. 因此,教师在日常教学中要渗透批判性思维的训练,鼓励学生探索多种解题途径.

2.2.4 应用公式

有效的数学学习活动不应局限于模仿,还需要动手实践、自主探索、独立思考与合作交流[25]. 数学课堂教学的关键环节是知识的应用,借助相应的例题练习,教师可直接了解学生对知识掌握的情况,发现不同学生的学习落差. 关于两角差的余弦公式的应用,苏教版教材和人教版教材在证明公式后,紧接着给出配套的例题练习. 人教版教材[26]给出的例题是计算 $\cos 15°$;由已知的 α,β 的部分正余弦值及角度的限定范围,求 $\cos(\alpha-\beta)$ 的值. 北师大版教材的公式应用设置在两角和与差的正余弦公式教学之后. 刘正章[24]认为北师大版教材的编写方式是欠妥的. 因为学生解决问题时,需要在不甚了解的工具堆中耗费大量时间选择工具,相比先学习一个公式再类比学习其他公式更符合学生的认知规律.

廉万朝等[9]先让学生思考该公式可以解决哪些问题,了解学生对公式的初步认知,对于不足之处在讲解时再有意识地强化. 许兴震[15]在北师大版教材例题的基础上增添一类公式应用:利用两角差的余弦公式证明诱导公式,再次强调两者的同源性,加强知识生成点的教学. 杨华文等[11]设计了公式逆向运用,先求 $\cos 80°\cos 20°+\sin 80°\sin 20°$ 的值,再将具体角度变式为任意角,即求 $\cos(\alpha-\beta)\cos\beta+\sin(\alpha+\beta)\sin\beta$ 的值. 由具体到抽象的过程,使学生全面地理解公式,提高知识运用能力.

杨育池[4]基于教材设计例题,由 $\cos(\alpha-\beta)=\dfrac{1}{3}$ 求 $(\sin\alpha-\sin\beta)^2+(\cos\alpha-\cos\beta)^2$ 的值. 这个问题较难于教材的例题,要求学生有一定的解题基础能力,即展开待求式,再结合整体思维将已知整体代入. 解决例题和习题是学生知识积累的生长点,利于激发学生积极的学习态度,发展学生的主体意识和创造性,使学生的思维活力得到充分发挥.

2.3 思考与建议

2.3.1 思考

研读两角差的余弦公式的教学设计文献,发现教师要具备质疑精神和创新精神,在课堂教学中不必照搬教材提供的教学方式. 由于学生思维水平发展的差异及不同地区的教学顺序各异,教师可根据学生的实际情况展开教学. 在探究过程中,教师也需适当将教材省略的部分逐渐细化. 例如,几何法推导公式时,教材没有交代构造辅助线段的思路来源,而这正是学生学习中感到困惑的地方. 教师引导学生厘清添加辅助线段的思绪,既为学生答疑解惑,也提升了学生的数学思维水平.

2.3.2 教学建议

数学公式的形成一般是通过观察、分析及合情推理提出猜想,再加以逻辑证明. 教材虽有定理的结论和推导过程,但缺乏公式的发现过程,所以教师在探究发现过程中应发挥重要作用,化"学术形态的数学"为"教育形态的数学",变"冰冷的美丽"为"火热的思考"[25]. 公式的证明是本节课的重点,除了选取教材提供的证明方法,还可从几何解释证明公式. 教师可补充公式的发展历程,提升学生的数学文化素养,比较不同方法的优劣,使学生体会到选取合适的解题工具的重要性.

3 自然学习设计下两角差的余弦公式的教学设计

自然学习设计下两角差的余弦公式的教学设计的基本流程和教学活动如图 1 所示.

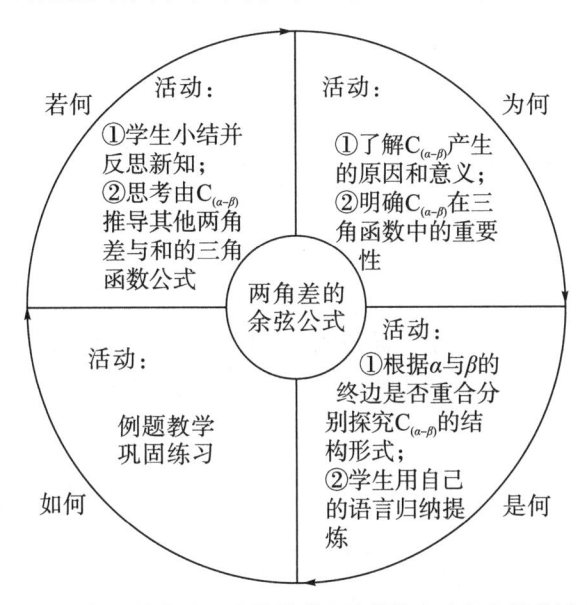

图 1 两角差的余弦公式的教学设计的基本流程和教学活动

3.1 教学分析

【教材的地位与作用】

两角差的余弦公式被安排在人教(A 版)必修第一册第 5 章第 5 节. 在此之前学生已经学习了三角函数的概念、诱导公式及同角三角函数式的变换,具有了初步的三角函数知识,为本节课的学习奠定了基础. 以两角差的余弦公式为基础,能够推导出两角和与差的正弦、余弦、正切公式,也为后续学习倍角公式、半角公式、积化和差、和差化积等简单的三角恒等变换做了铺垫. 因此,本节课在课程教学中起到承上启下的作用. 通过本节课的学习,揭示了某些外形不同但实质相同的三角函数式之间的内在联系,有助于简化三角函数式.

【教学目标】

(1) 知识目标:结合图形的几何性质,建立等量关系,推导出两角差的余弦公式,了解两角差的余弦公式的意义[2].

(2) 数学核心素养:在探究两角差的余弦公式的过程中,体会分类讨论、数形结合、化归等思想，培养数学抽象、逻辑推理、直观想象等数学核心素养.

【教学重难点】

(1) 教学重点：两角差的余弦公式的探究及应用.

(2) 教学难点：两角差的余弦公式的证明.

3.2 教学过程

3.2.1 为何（Why）：引入

(1) 历史发展

公元 2 世纪，古希腊天文学家、数学家托勒密（Ptolemy，约 100—168 年）为解决预测行星位置等天文测量问题，需要求得任意角的三角函数值. 基于托勒密定理（圆内接四边形两条对角线的乘积等于两组对边的乘积之和），托勒密推导出与两角和与差的正、余弦公式等同的结果，称为托勒密公式，并由此制作了比较完整的弦表，解决了 0°到180°每隔半度较精确的正余弦值的计算问题[27−29]. 弦表制作采用的方法是用已知角的正、余弦求未知角的正、余弦.

(2) 知识结构

一方面，两角差的余弦公式是诱导公式的推广；另一方面，从两角差的余弦公式可以推导出两角和与差的正弦、余弦和正切公式，倍角公式，半角公式. 这些公式间的逻辑关系如图 2 所示.

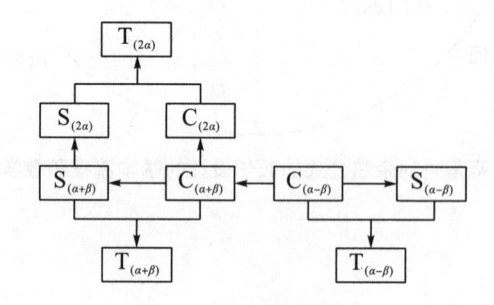

图 2　公式间的逻辑关系

本节课研究的内容是用角 α，β 的正弦、余弦表示 $\cos(\alpha-\beta)$.

3.2.2 是何（What）：探究

探究：如果已知任意角 α，β 的正弦、余弦，能由此推出 $\cos(\alpha-\beta)$ 吗？

问题 1　为使探究更有意义，角 α 与角 β 需满足什么关系？它们的终边又有什么关系？

设计意图：若 $\alpha=2k\pi+\beta$，$k\in\mathbf{Z}$，根据学生已有的知识基础，可得出 $\cos(\alpha-\beta)=\cos(2k\pi)=1$，此时角 α，β 的终边是重合的. 因此，研究的重点是角 α，β 的终边不重合的情形，即 $\alpha\neq 2k\pi+\beta$，$k\in\mathbf{Z}$.

问题 2　当 $\alpha\neq 2k\pi+\beta$，$k\in\mathbf{Z}$ 时，已知 α，β 的正弦、余弦，能推出 $\cos(\alpha-\beta)$ 吗？

分析：如图 3 所示，设单位圆与 x 轴的正半轴相交于点 $A(1, 0)$，以 x 轴的非负半

轴为始边作角 α，β，$\alpha-\beta$，其中角 $\alpha-\beta$ 可看成 $\alpha+(-\beta)$，即将角 α 的终边逆时针旋转角 β. 它们的终边分别与单位圆相交于点 $P_1(\cos\alpha,\sin\alpha)$，$A_1(\cos\beta,\sin\beta)$，$P(\cos(\alpha-\beta),\sin(\alpha-\beta))$，连接 AP，A_1P_1. 将扇形 OAP 绕点 O 逆时针旋转 β 角，则点 A，P 分别与 A_1，P_1 重合. 由圆的旋转对称性可知，$\overset{\frown}{AP}$ 与 $\overset{\frown}{A_1P_1}$ 重合，从而 $\overset{\frown}{AP}=\overset{\frown}{A_1P_1}$，又因为同圆中等弧所对的弦相等，所以 $AP=A_1P_1$. 根据两点间距离公式，得 $[\cos(\alpha-\beta)-1]^2+\sin^2(\alpha-\beta)=(\cos\alpha-\cos\beta)^2+(\sin\alpha-\sin\beta)^2$，化简得 $\cos(\alpha-\beta)=\cos\alpha\cos\beta+\sin\alpha\sin\beta$.

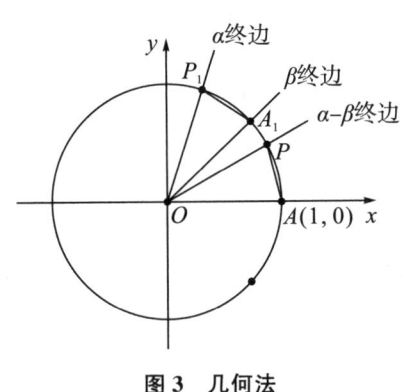

图3 几何法

设计意图：探究过程中采取学生自主合作探究的活动方式. 课堂是教与学的综合体，教师在尊重学生的主体地位的同时，自身的主导作用也不能忽视，辅以元认知提示语来完善探究过程.

问题3 当 $\alpha=2k\pi+\beta$，$k\in\mathbf{Z}$ 时，上式是否仍然成立？

设计意图：将关系式 $\alpha=2k\pi+\beta$ 分别代入上式的两端进行验算，发现 $\cos(\alpha-\beta)=1=\cos\alpha\cos\beta+\sin\alpha\sin\beta$，即 $\cos(\alpha-\beta)=\cos\alpha\cos\beta+\sin\alpha\sin\beta$，从而上式仍然成立.

问题4 从以上探究过程能得出什么结论？

对于任意角 α，β，有 $\cos(\alpha-\beta)=\cos\alpha\cos\beta+\sin\alpha\sin\beta$.

此公式给出了任意角 α，β 的正弦、余弦与其差角 $\alpha-\beta$ 的余弦之间的关系，称为差角的余弦公式，简记为 $C_{(\alpha-\beta)}$[30].

设计意图：整理、归纳探究活动中的内容和结论，引导学生总结公式的内容、特点. 学生接受新知后，形成核心知识及新的数学认知结构雏形.

3.2.3 如何（How）：应用

例1 利用两角差的余弦公式证明：

(1) $\cos\left(\dfrac{\pi}{2}-\alpha\right)=\sin\alpha$； (2) $\cos(\pi-\alpha)=-\cos\alpha$.

设计意图：问题（1）、（2）学生能直接利用两角差的余弦公式解答，培养学生将知识应用于具体情境的能力. 通过相关问题的练习、操作，培养学生的思维能力，巩固初步形成的新的数学认知结构.

例2 已知 $\sin\alpha=\dfrac{4}{5}$，$\alpha\in\left(\dfrac{\pi}{2},\pi\right)$，$\cos\beta=-\dfrac{5}{13}$，$\beta$ 是第三象限角，求 $\cos(\alpha-\beta)$

的值.

设计意图：结合公式，并联系同角三角函数之间的关系求值，再由角的取值范围确定符合条件的值. 借助综合性问题的解决，使学生协调知识、技能、学习材料和思想方法，同时也考查了学生思维的有序性和表述的条理性.

3.2.4 若何(If)：小结

思考以下问题：

(1) 通过本节课的学习，你是怎么发现两角差的余弦公式的？
(2) 在本节课中，你掌握了哪些思想方法？
(3) 学习了两角差的余弦公式后，你认为它能解决什么问题？

设计意图：问题（1）是让学生通过回顾进一步理解和熟悉探究公式的过程；问题（2）是让学生体会化归与转化、数形结合等数学思想是学习的关键；问题（3）是让学生认识到学习公式、定理就是为了解决问题，以及能解决哪些类型的问题.

3.2.5 布置作业

(1) 复习本节课的内容.
(2) 教材习题 5.5 中 1、2、3 题.
(3) 思考题：由两角差的余弦公式出发，你能推导出两角和与差的三角函数的其他公式吗？

设计意图：强化学生所学新知，并能及时将学生的掌握情况反馈给老师. 作业的布置既要考虑基础较好的学生，也要兼顾基础较薄弱的学生，充分考虑学生的整体情况，因此应布置与本节课内容贴切、难度适宜的作业题目.

3.3 教学反思

自然学习设计理论是具有普适性的学习设计理论，充分关注不同学习者的学习风格，为教师培养不同学习风格的学生提供了可参考的设计方向和框架结构. 首先，通过了解两角差的余弦公式的历史由来及其在三角函数知识中的重要性的活动，将其与学生的现实需求相联系，回答为何（Why）问题；其次，通过合理组织教学内容的探究活动，以促进学生概念的形成，完成是何（What）问题；再次，借助例题练习强化知识，加深理解；最后，总结交流前三个环节的内容、体会，促进知识的内化，在此基础上有所创新. 本节课教学设计在"为何（Why）—是何（What）—如何（How）—若何（If）"的学习循环圈中，让学习者经历发现、探究、例题、小结等教学环节，在不同环节有侧重地采用不同的教学方法，最大限度地满足学生不同学习风格的需求.

参考文献

[1] 魏韧. 追求自然朴实的数学教学——以两角和与差的余弦公式教学为例 [J]. 数学通报，2014，53 (11)：16—18.
[2] 中华人民共和国教育部. 普通高中数学课程标准（2017 年版）[M]. 北京：人民教育出版社，2018：22.

[3] 高长玉. 指向核心素养的两角差的余弦公式教学再设计 [J]. 数学通报, 2018, 57 (12): 30−32, 62.
[4] 杨育池. 多一点精心预设 融一份动态生成——《两角差的余弦公式》的教学设计 [J]. 数学通报, 2009, 48 (11): 34−38, 41.
[5] 朱胜强. 两角和差余弦公式的探究性教学 [J]. 数学通报, 2013, 52 (9): 49−50, 55.
[6] 黄慧军. 挖掘数学文化 提升数学素养——基于两堂"两角差的余弦公式"课的评析与反思 [J]. 中学教研 (数学), 2019 (7): 4−6.
[7] 徐艳丽. "两角和与差的余弦"的教学设计及反思 [J]. 中学数学月刊, 2017 (6): 24−27.
[8] 韩静. 探索式教学设计的尝试——以《两角差的余弦》为例 [J]. 中学数学, 2018 (5): 17−19.
[9] 廉万朝, 吴清军. 问题导学, 探究生成, 自然构建——两角和与差的正余弦公式教学设计 [J]. 中学数学, 2017 (7): 9−11.
[10] 朱秀红. 苏教版《两角和与差的余弦》之教学设计 [J]. 中学数学月刊, 2011 (1): 16−17.
[11] 杨华文, 杨希. 看山还是山, 看水还是水——六维教学法案例设计一则《两角和与差的余弦》 [J]. 中学数学, 2012 (11): 53−55, 57.
[12] 臧立本. 两角和与差的余弦公式教学实录与反思 [J]. 中学数学月刊, 2010 (4): 5−7.
[13] 王永凯. 新课改理念下的补偿矫正课堂教学模式——"两角和与差的余弦"教学设计 [J]. 中学数学月刊, 2011 (11): 18−19.
[14] 蔡欣. "两角和与差的余弦"的教学设计 [J]. 中学数学月刊, 2012 (9): 34−36.
[15] 许兴震. 设计有价值的问题 促进学生自主建构——以"两角和与差的余弦"为例 [J]. 数学通报, 2019, 58 (1): 36−40.
[16] 张健, 朱哲. 两角和与差的正弦、余弦和正切公式——体现数形结合思想的一则教学案例 [J]. 中学数学月刊, 2016 (10): 31−33.
[17] 李凯. 数学公式课的"四化"教学策略——以"两角差的余弦公式"为例 [J]. 中学数学, 2016 (7): 10−12.
[18] 黄丹颖, 熊惠民. 追溯本源, 自然生成——《两角差的余弦公式》的教学设计 [J]. 中学数学, 2019 (1): 16−17, 28.
[19] 吴瑞英. 两角和差余弦公式的推导及其教学 [J]. 中学数学月刊, 2000 (12): 10−12.
[20] 何华兴. 数学中的一般化与特殊化例谈 [J]. 数学通报, 2009, 48 (2): 8−10.
[21] 徐华. 数学课可以走多远——教材的简约性与学生思维的批判性的培养 [J]. 数学通报, 2009, 48 (7): 41−43, 45.
[22] 俞昕. 从变换的角度赏析"两角差的余弦公式"之推导 [J]. 中学数学杂志, 2015 (3): 10−12.
[23] 张益明, 丁倩文. "两角和与差的余弦公式": 从历史中找价值、看证明 [J]. 教育研究与评论 (中学教育教学), 2018 (6): 33−38.
[24] 刘正章. 追溯数学文化气息 提升学生数学素养——基于"两角差的余弦公式"的教材分析与教学思考 [J]. 中学数学杂志, 2018 (9): 1−5.
[25] 中华人民共和国教育部. 普通高中数学课程标准 (实验) [M]. 北京: 人民教育出版社, 2003: 85−86.
[26] 刘绍学. 普通高中课程标准实验教科书数学 4 (必修) A 版 [M]. 北京: 人民教育出版社, 2007: 124−127.
[27] 姚芳, 刘晓婷. 历史上最早构造的三角函数表——弦表 [J]. 数学通报, 2008 (11): 23−26.
[28] 陈清华, 徐章韬. 既基于历史, 又与时俱进——高观点下的"两角和与差的正、余弦公式"教学设计 [J]. 中小学数学 (高中版), 2013 (9): 28−31.
[29] 汪晓勤. 20世纪中叶以前西方三角学文献中的和角公式 [J]. 数学通报, 2016, 55 (6): 4−8.

[30] 章建跃，李增沪. 普通高中教科书必修（第一册）[M]. 北京：人民教育出版社，2019：215.

第六节　正弦定理的教学设计[①]

1　引言

正弦定理有漫长的发展史，从13世纪纳绥尔丁的"同经法"和16世纪韦达的"外接圆法"[1]，慢慢演变到今天普遍使用的"作高法""外接圆法"以及其他的证明方法．正弦定理是高中重要的定理，是解三角形和解决几何问题的重要工具，是连接代数与几何的桥梁，每年高考都会对其进行考查．正弦定理一课蕴含丰富的数学思想，合理的教学设计能帮助学生吸收新知识，对学生的数学思维有一定的训练价值．正弦定理有着广泛的应用，能将数学竞赛题、物理难题等迎刃而解，同时还可以推导一些平面几何的定理，所以正弦定理有一定的研究价值．因此，对正弦定理进行教学设计研究，并选取合理恰当、科学有效的教学理论来设计出更加符合学生认知规律、易让学生接收新知的教学案例，是不可缺少的．

2　文献综述

2.1　正弦定理的发展史

陈晏蓉、汪晓勤[2]提出有效实施教学就要充分挖掘知识的教育教学价值，数学史具有六类教育价值，即"方法之美""知识之谐""探究之乐""文化之魅""能力之助""德育之效"．正弦定理有其漫长的发展史，不同的证明方法、证明方法的演进过程和数学家的创新精神都为我们提供了丰富的教学素材．

2.1.1　正弦定理的提出

张小明[3]指出，一般认为球面三角形的正弦定理是阿拉伯学者阿布·瓦法（Abul Wefa，940—998年）最早提出并给出证明的．最早清楚地阐述和证明平面三角形的正弦定理的是阿拉伯天文学家、数学家纳绥尔丁·图西（Nasir Din Tusi，1201—1274年）．犹太数学家热尔松（Levi ben Gerson，1288—1344年）在《正弦、余弦与弧》中阐述了正弦定理："在一切三角形中，一条边与另一条边之比等于其对角的正弦之比．"[1]

2.1.2　正弦定理证明的发展历程

13世纪，纳绥尔丁采用的证明方法是同经法，他同时延长三角形两个内角的对边，构造"半弦"来表示三角形内角的正弦，然后利用三角形相似的性质得证，不过他未给出

---

① 作者：白雄英、王佩（指导教师）．

钝角三角形的情况[1]. 需要注意的是, 16 世纪以前, 三角函数都是线段而不是比值, 线段的大小是相对于圆的半径而言的[4].

15 世纪, 德国的数学家雷格蒙塔努斯 (Regiomontanus, 1436—1476 年) 在《论各种三角形》中给出了球面三角形正弦定理的证明, 他的证法与纳绥尔丁的证明方法相同, 采取同经法, 不过对纳绥尔丁的证明方法进行了简化, 只延长两边中较短的边[1].

1571 年, 法国的数学家韦达 (F. Viète, 1540—1603 年) 在《数学法则》中用外接圆法证明了正弦定理[1]. 17—18 世纪, 纳绥尔丁和韦达的证明方法成为数学家证明正弦定理的两种基本方法[4]. 卡瓦利里 (B. Cavalieri, 1598—1647 年)[5]补充了纳绥尔丁的证明中三角形底角为钝角的情形, 英国数学家海尼斯 (S. Heynes, 18 世纪)[6]补充了雷格蒙塔努斯的证明中钝角三角形的情形, 英国数学家凯尔 (J. Keil, 1671—1721 年) 补充了韦达的证明中钝角三角形的情形[4]. 中国清代数学家、天文学家梅文鼎[7]在《平三角举要》中对雷格蒙塔努斯的证明方法进行了简化, 给出了正弦定理的完整形式. 英国数学家辛普森 (T. Simpson, 1710—1761 年) 和苏格兰数学家麦克格雷戈 (J. Macgregor) 也对雷格蒙塔努斯的证明方法分别作了简化[4].

18 世纪初, 同经法慢慢演化为直角三角形法; 19 世纪, 三角学的著作中大部分都采用了直角三角形法, 最早采用直角三角形法的是英国的数学家哈里斯 (J. Harris, 1667—1719 年), 他首先建立了以 C 为直角顶点的 Rt$\triangle ABC$ 的边角关系: $R : \sin A = AB : BC$, $R : \sin B = AB : AC$ (R 为圆的半径), 然后作出三角形的高线, 最后利用直角三角形的边角关系得出正弦定理, 此时正弦仍然是线段而不是比值. 1819 年, 英国数学家伍德豪斯 (R. Woodhouse, 1773—1827 年) 开始取 $R = 1$, 相当于三角函数用比值来表示, 简化了直角三角形法, 伍德豪斯还利用余弦定理的变形来进行正弦定理的推导[4].

20 世纪初, 外接圆法转化为辅助直径法[8], 利用圆周角定理和直角三角形中的边角关系. 随着数学的不断发展, 平面中的正弦定理还被推广到 n 维空间中, 得到 n 维的正弦定理[9].

2.2 学习正弦定理的必要性

2.2.1 课程标准对正弦定理的教学要求

《普通高中数学课程标准 (2017 年版)》[10]对正弦定理教学的要求: ①借助向量的运算, 探索三角形的边长与角度的关系, 掌握正弦定理; ②能用正弦定理解决简单的实际问题. 普通高中数学教科书中正弦定理的内容安排在必修第二册第六章第四节 "平面向量的应用"中, 教材先从学生已知的直角三角形的边角关系入手, 得出正弦定理, 再利用"向量法"证明, 这个过程让学生经历了利用向量解决三角形的度量问题, 从而为使用向量解决几何问题奠定了基础.

2.2.2 正弦定理的应用价值

(1) 正弦定理是关于三角形边角关系的定理, 利用正弦定理可直接解决两类解三角形的题型: ①已知三角形一边与任意两角, 解三角形; ②已知三角形两边及其一边的对角, 解三角形. 正弦定理的产生与发展是由于测量、航海等的需要, 因此在这些方面有广泛的应用,将实际生活中的例子转化为解斜三角形的问题,然后利用正弦定理来解决,比如测量建筑物的高度和航海中的追击问题等[11].

(2) 正弦定理能推导证明平面几何中的一些重要定理. 通过正弦定理的证明过程,可以得到射影定理[12];王申怀[13]利用正弦定理证明三角形的内角和等于 π;王申怀等[14-15]利用正弦定理推出余弦定理;可以利用正弦定理证明三角形内角平分线定理和圆的切线定理[16];还能应用正弦定理证明两个著名几何定理——梅涅劳斯定理和塞瓦定理[17].

(3) 正弦定理在解题方面的应用. 正弦定理能在数学联赛中为我们提供一题多解(三解)的思路[18]. 在平面几何的问题中,正弦定理能够解决求值、证明线段相等、证明角互补或相等、证明直线垂直或平行、证明定值以及判断三角形的形状等问题[19]. 在比较复杂的几何题目中,当边角关系不明显时,可以利用互补、对顶角等易忽视的关系,为应用正弦定理解题搭建桥梁. 通过数形结合,正弦定理能将代数问题转化为几何问题、将几何问题转化为代数问题[20]. 正弦定理在其他学科也有应用价值,能够解决物理力学问题中用物理方法无法解决的问题和解物理竞赛题[21-22].

2.2.3 正弦定理对学生的思维训练价值

在正弦定理一课中蕴含丰富的数学思想,是进行数学思想方法教学训练难得的好题材. 大多数研究者的教学设计都体现了特殊到一般、化归与转化、分类讨论、数学建模、归纳等数学思想[23-26],还有构造的数学思想[24-25],这有助于学生分析问题和解决问题能力的提高以及学生数学抽象和数学直观能力的培养. 不同的是,虞金龙等[27-28]的教学设计体现了一般到特殊的数学思想;杨丽华[29]提到"算两次思想",分析了正弦定理之美,即外在形式的简捷、和谐、对称、统一和奇异让人美不胜收,而内在的理性美更是令人赏心悦目,正弦定理将几何、代数、三角和向量进行了有机的结合. 通过正弦定理的探索与证明,可以让学生体会正弦定理的应用价值、正弦定理所体现的数学思想方法,培养学生的数学思维能力. 正弦定理是训练学生抽象思维、逻辑思维、模型思维、创新思维的优良素材.

2.3 正弦定理教学设计的研究

2.3.1 教材分析的研究述评

【教材的地位及作用的研究】

正弦定理的内容安排在普通高中数学教科书必修第二册第 6 章第 4 节"平面向量的应用"中,具有承上启下的作用. 承上:是对初中解直角三角形的延伸,是三角函数知识和平面向量知识在三角形中的应用;启下:正弦定理的探究与证明为后面定理的学习做准备,学生在正弦定理的学习中培养的思维能力将使其终身有益. 正弦定理是连接代数与几何的桥梁,可以将代数问题几何化,几何问题代数化,因此在高中数学中具有较高的地位.

【学情分析】

何小亚等[24,30]提出,在学习正弦定理前学生已具有对三角形边角关系的定性理解

"大边对大角,小边对小角",初中已学过锐角三角函数和解直角三角形,并且学习了任意角的三角函数、三角函数的诱导公式以及平面向量的相关知识,这些认知为学生探究正弦定理以及正弦定理的应用打下了基础. 高中学生已具有一定的观察分析、解决问题、抽象和推理的能力,但是在猜想的证明和证明思路的切入点上存在认知障碍,对知识间的联系、理解有一定的困难,在教学过程中教师需充当好"引导者"的角色,从学生感兴趣的实际生活中的问题引入,使学生主动地分析问题、解决问题.

【教学目标的分析】

(1) 知识与技能目标:通过对任意三角形边角关系的探究,发现和证明正弦定理,并掌握正弦定理的内容;能用正弦定理解三角形和简单实际问题[30-32].

(2) 过程与方法目标:通过正弦定理的发现与证明过程,增强合作交流能力,体会正弦定理的应用价值和领悟所体现的数学思想方法.

(3) 情感与态度目标:通过联系几何、向量和三角函数等知识来体现事物之间的普遍联系与辩证统一;能感受正弦定理的对称、统一和简捷美,体会正弦定理的学习价值,培养崇尚数学的精神.

【教学重难点的确定】

大多数研究者都将正弦定理的发现与证明作为教学重点,有些研究者将教学重点确定为正弦定理的简单应用[23]以及正弦定理的理解[30]. 正弦定理的猜想提出与推导过程是教学难点[23,26].

【教学方法的选择】

大多数研究者采用多媒体辅助教学手段,部分研究者[25,31-32]用几何画板进行数学实验,完成正弦定理在任意三角形中成立的猜想. 虞金龙[28]采用探究式和启发诱导式方法进行教学,胡浩等[25,30]采用问题驱动法为主、其他教学法为辅进行教学. 很多研究者在正弦定理的探究过程中采用问题串的形式,引导学生以"观察—猜想—证明—应用"的思维方法学习,体现了探究性学习的方式. 采用问题驱动、多元导学教学法是指教师课前对问题进行预设和生成,在课堂上进行师生间、生生间的互动,驱使学生主动投入问题解决中,学生在获得知识的同时,探究意识与合作精神也得到了强化[33].

2.3.2 正弦定理的教学过程研究

正弦定理深受专家和学者的青睐,关于正弦定理教学设计的文章层出不穷,探索什么形式的教学设计更符合学生的认知发展就显得十分有意义. 大部分教学设计应用"观察—猜想—证明—应用"的数学研究方法,而利用几何画板的部分研究者则在观察后还经历了实验的过程. 下面将对正弦定理的教学设计从引入新知、证明方法、例题讲解、课堂小结和布置作业等方面进行分析综述.

【引入新知的研究综述】

正弦定理的引入主要分为三种,即创设情境引入、复习旧知引入和历史材料引入.

第一种以周春元等[23,25]为代表的创设问题情境引入的方法最受研究者欢迎. 根据新课标的要求,教学活动要与实际生活相联系,因此,在教学中结合实际生活中有关测量、航海等问题来抽象出数学问题，有助于培养数学抽象、数学建模等数学核心素养．张乃贵等[25,34-35]的引入问题为同一个测量问题，只是学生对问题处理的方式不同，胡浩[25]和张乃贵[34]利用直角三角形，而顾爱军[35]则通过构造相似三角形来解决，然后引导学生回忆解直角三角形的知识，解答问题，最后将题目条件一般化，联想由作高解答本题的过程，得出正弦定理．徐群英等[23,26]提出生活中其他测量问题，徐惠[32]利用实际工程提出问题，都利用特殊到一般的数学思想，从特殊的直角三角形出发得到正弦定理．

第二种以宗新中等[24,28]为代表，不创设问题情境，而是用复习引入的方式直接呈现问题，不同的是宗新中[24]用特殊到一般的数学思想，从已知的直角三角形的边角关系入手，再到任意的三角形，因此复习锐角三角函数：$\sin A = \frac{a}{c}$，$\sin B = \frac{b}{c}$，$\sin C = 1$，于是得$\frac{c}{\sin C} = \frac{a}{\sin A} = \frac{b}{\sin B}$，自然地引入问题：这种边角关系在任意三角形中成立吗？虞金龙[28]用一般到特殊的数学思想，先利用向量的数量积和数量积的几何意义，在锐角三角形中得到正弦定理，再到特殊三角形，因此引入时复习平面向量的概念、数量积和数量积的几何意义，然后引入问题：在锐角三角形 ABC 中，BD 是边 AC 上的高，$\vec{BA} \cdot \vec{BD} = \vec{BC} \cdot \vec{BD}$ 是否成立？通过数量积的几何意义知道是成立的，于是可以得到正弦定理．

第三种是以汪晓勤等[8,27,30]为代表的数学史引入．吴骏等[36]提出有附加式、复制式、顺应式和重构式四种方式将数学史融入数学教学．王海青[27]采用重构式，依据正弦定理的历史材料和学生的实际情况，对教学内容进行重组再创造．蔡晓纯等[8,30]采用顺应式，通过设置天体的测量问题进行引入，不仅向学生介绍了数学史，还建立起数学与天文学的联系．

三种引入方法各有特色，教师在教学过程中可选择适合学生的引入方式．

【正弦定理的证明方法综述】

此次所研究的教学设计文献中，证明正弦定理的基本方法有四种，即作高法、面积法、外接圆法和向量法．除了虞金龙[28]和张守江[37]只采取向量法，其他几位研究者都用了作高法来进行证明．作高法是正弦定理证明方法中最符合学生认知规律的一种，学生通过初中解直角三角形的知识，能够迁移到利用作三角形的高构造出直角三角形来进行证明，而利用作高来进行证明之后观察三角形，学生也容易想到三角形的面积是定值，建立起等量关系，从而得到面积法．宗新中等[24,34]采用了面积法，但都只证明了锐角三角形的情况，学生自己课下进行证明，可能存在不严谨的情况，因此还存在一定的弊端．

张筱瑜等[8,25,34]用外接圆的方法进行证明，胡浩等[25,34]利用特殊到一般的数学思想，从直角三角形 ABC 中，得关系式 $\frac{a}{\sin A} = \frac{b}{\sin B} = \frac{c}{\sin C} = c$，而直角三角形的斜边长就等于外接圆的直径，于是 $\frac{a}{\sin A} = \frac{b}{\sin B} = \frac{c}{\sin C} = 2R$（$R$ 是外接圆的半径），然后利用同弧所对圆周角相等的定理，证明在锐角三角形中成立．张乃贵[34]给出了钝角三角形的证明步骤．张筱瑜[8]利用在外接圆内构造直角三角形进行证明．宗新中[24]在教学中让学生合作探究外接圆的方法，最终学生得出在圆内构造直角三角形的方法，但未给出证明步骤．

宗新中等[24,28,32,34,37]利用向量法进行证明，用向量法证明正弦定理，利用的是向量的数量积，而数量积的式子只有余弦值，所以在证明的过程中关键是找互余的角．宗新中[24]通过让学生自主探索得出向量法,作垂直于一边的向量来进行证明. 同样的处理方法还有虞金龙等[28,32], 张乃贵等[34,37]还将垂直向量取成高线. 张守江[37]作垂直向量时取的单位向量, 实际上只要满足垂直三角形的边这个条件就可以了, 与向量大小无关, 因此可以用单位向量, 也可以不用. 张守江[37]布置了课外扩展作业, 要求思考正弦定理的几何证法和正弦定理中的常数比值与什么有关, 也就是要求学生会证明作高法、面积法和外接圆法.

此外, 正弦定理还可以用余弦定理和解析法来进行证明[14,38]. 用余弦定理来证明需要利用公式 $\sin^2 A + \cos^2 A = 1$ 的变形. 解析法的证明需要建立直角坐标系, 将三角形的一个顶点作为坐标原点、顶点所在的一条边作为横轴, 然后将各个点用坐标表示出来, 再找关系式. 张筱瑜等[8]将数学史融入定理的证明过程, 所以用了梅文鼎和辛普森简化的同经法进行证明, 还要求将麦克格雷格简化的同经法和辅助直径法作为课后作业.

证明方法的选择要有机地结合, 如果要讲解多种证明方法, 就要建立合适的顺序, 启发学生寻找知识间的关联, 展开丰富的联想, 从不同的角度来证明.

【例题讲解】

宗新中等[24,26,28]设置的例题是对正弦定理的简单应用, 即解决两类解三角形的问题. 将正弦定理与初中数学全等三角形的判别方式结合起来, 能判断三角形的解的个数以及能很好地解释为什么 SSA(边边角)不能判定三角形全等[26]. 虞金龙[28]设计了判断三角形是否存在的问题: 是否有 $\triangle ABC$ 满足 $A = 30°$, $a = 4$, $b = 10$? 还有一些研究者将引入的问题作为练习, 师生探讨之后再进行解答[30]. 例题的选择要起到复习巩固的作用, 设计例题时要结合学生的能力以及上课时学生的掌握程度, 其中解三角形是最简单的应用, 如果学生掌握得较好, 课堂上可适当减少此类题目, 设计更深层次的题目, 如判断三角形是否存在的问题, 能起到让学生深刻理解定理的作用.

【课堂小结】

张筱瑜[8]采用数字进行总结: 一个定理, 两种方法, 三类应用, 四则启示. 通过数字的总结方法新颖, 能够引起学生的注意, 而且按照一二三四的顺序有助于学生理解记忆. 宗新中[24]通过提问, 让学生谈本节课后的收获和感受, 最后教师再进行总结. 这样的方法能培养学生的归纳总结以及语言表达能力. 蔡晓纯等[30]借助流程图和学生一起完成梳理总结, 让学生参与到总结的过程, 在完成流程图的时候, 学生能主动回忆知识, 加深对正弦定理的理解. 课堂小结的形式多样, 在小结过程中以学生为主体, 让学生深入思考、深度思维, 避免形式化、贴标签、喊口号的现象[39].

【布置作业】

在所研究的文献中只有一篇给出了布置作业的环节[30], 分了必做作业和思考作业. 将正弦定理应用和其他证明方法设计为作业, 首先考查了学生对定理的掌握情况, 其次能让学生独立思考, 培养学生的创造性思维. 孟伟[40]提出作业的设计要有针对性、适度性、层次性和重演性. 作业的布置是数学教学不可或缺的一部分, 教师在进行教学设计时应保证教学环节的完整性, 数学作业的布置要结合学生的掌握情况, 设置分层作业、多样性作业, 帮助学生巩固所学知识、提升学生的能力, 而且也有助于教师有效检测学生的学习情况.

2.4 文献综述小结

2.4.1 研读文献引发的思考

在教学中要遵从因材施教原则、启发性原则和量力性原则等，要体现以学生为主体、教师为主导的教学观．课堂引入的设计要与学生的实际情况联系起来，要与实际生活的情境联系起来，考虑正弦定理的产生与发展，设计适合所教班级的引入，激发学生的求知欲．正弦定理的发现与证明是本节课的重点，而不同的研究者所确立的教学难点不同，这是由学生基础的差异性所导致的，在教学过程中教师要让学生参与到正弦定理的发现与证明的过程中，避免在课堂上唱独角戏，自己一人完成探究与证明．正弦定理的证明方法丰富多彩，但在选择证明方法的时候也要根据学生的接收能力量力而教，基础弱的班级应缓缓而行，引导学生用一种或两种方法来证明，基础较好的班级可在课堂上给学生留出更多的时间思考、讨论、探究．中学数学不应仅仅是为了应试，还要有更高层次的追求，让学生既要学会解题，也要形成数学素养．教师首先要树立让学生全面发展的理念，然后在教学过程中体现，不仅要关注学生最后获得知识的情况，也要关注学生获得知识的过程．在教学活动中要注意培养学生的数学学习兴趣，让学生体会正弦定理一课中所蕴含的数学思想，培养学生的思维能力，提高学生的数学素养，这将使学生受益终生．

2.4.2 教学建议

对于正弦定理课时的安排，是用两个课时来完成对正弦定理的证明和正弦定理的应用的教学，第一课时的重点是正弦定理的证明而非应用，所以对于应用正弦定理来解三角形的教学可视实际情况而定．胡浩[25]和张乃贵[34]对于正弦定理第一课时的教学设计就未给出正弦定理在解三角形中的两类问题．《普通高中数学课程标准（2017年版）》给高中数学课堂教学提出了新的要求，主张教师在教学中应引导学生学会发现问题、提出问题、分析问题与解决问题等学习方式，强调培养学生的核心素养能力[10]，这给教师的课堂教学提出了更高的要求，教师需要构建更加高效的课堂，致力于将学生培养成全面发展的人．课堂是否是高效率的，取决于能否引起学生的求知欲，而课堂的开头开不好就无法引起学生的学习兴趣，所以引入新知的过程是一节课最重要的部分，如果引入部分新颖、精巧，那么本节课也就是高效率的课堂；反之，如果引入部分枯燥无味、毫无新意，那么学生对所授知识就会失去兴趣，最后事倍功半．如果学生基础好，可以采取数学史的引入法，培养学生的研究性学习能力；如果有一定的合作探究、自主学习能力，则可选用情境引入法；如果学生基础一般，就用复习引入法，帮助学生构建知识结构．

汪晓勤等[4,34]提出在正弦定理的教学中融入数学史，张筱瑜等[8]在正弦定理的引入部分、证明方法、正弦定理历史的介绍和课后探究等过程中融入数学史，培养学生的思维能力与数学素养，值得一线教师学习．在教学中渗透正弦定理的历史，能够拓宽学生的数学思维、感受数学家的创新精神，能让学生记忆深刻、不容易遗忘，还会引起学生对数学的崇尚之情，激发学生学习数学的热情．在教学中要让学生明白"为什么要学"，那么与之对应教师就要知道自己"为什么要教"，正弦定理丰富的历史和广泛的应用价值为课堂提供了教学素材，它能为教师回答"为什么教"这个问题，所以教师要先将正弦定理的历史和应用了解透彻,再进行教学. 这就使得课堂对教师的要求更高,教师需要提升自身的数学文化素养,全面积累数学史知识;需要将历史材料转化为教学材料,深入了解学生,密切结合教材,选择合适的史料. 不可否认的是,将数学史料融入数学教学,对学生的意义更大,所以教师要迎难而上.

正弦定理是高中解三角形的手段之一,周宇剑[41]对已知两边和一角解三角形进行了分类讨论,分析了学生在应用正弦定理时的易错点,即忽视了三角形内角和等于180°、大边对大角等条件. 在应用正弦定理求三角形内角时,与利用余弦定理求角度相比,学生更容易出现错误. 利用余弦定理时,因为当 $\theta \in \left(0, \dfrac{\pi}{2}\right)$ 时,$\cos\theta > 0$,当 $\theta \in \left(\dfrac{\pi}{2}, \pi\right)$ 时,$\cos\theta < 0$,所以如果余弦值是正值,那么所求的角是锐角,如果余弦值是负值,那么所求的角是钝角. 而利用正弦定理,当 $\theta \in (0, \pi)$ 时,$\cos\theta > 0$,求出正弦值后,不能直接判断是钝角还是锐角. 在学习正弦定理之前学生已经学习了三角函数,因此建议在应用正弦定理时,结合三角函数的图像以及大边对大角进行题型的归纳总结,避免日后出错.

3 BOPPPS+PBL 教学模式下正弦定理证明的教学设计

3.1 教学设计

结合 BOPPPS 和 PBL 两种教学模式,构建混合教学课堂,让知识学习从课堂内转化为课堂内外结合,以小组讨论为核心形式,对正弦定理的证明一课进行教学设计,将课堂设置为课前预习、课内探究和课后应用三个阶段,如图 1 所示.

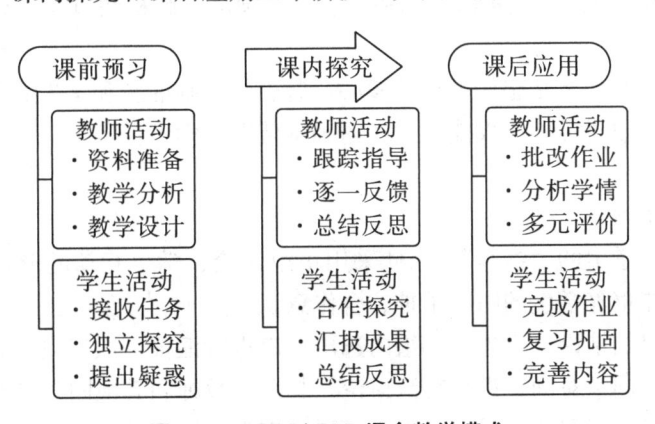

图 1 BOPPPS+PBL 混合教学模式

3.1.1 课前阶段

教师行为:提前准备好让学生预习的数学史料,在正弦定理第一课时的教学完成后,根据学生的实际情况明确教学目标,进而进行教学设计;划分小组,然后提出问题:正弦定理在历史上有几种证明方法?经历了怎样的演化?现在最常用的证明方法有哪些?有哪些数学家有突出贡献?

学生行为:复习巩固正弦定理第一课时的内容,接收老师发放的学习资料和布置的任务,先独立探究学习,查找补充学习资料,标注出疑惑的部分;在课前小组内进行讨论,分享自己预习的结果.

设计意图:这是一个知识传递的阶段,此阶段包含 PBL 教学模式中的小组划分、提出问题,提前告知学生需要知道什么,教师在学生前期基础分析的前提下,以学情分析为依据,结合实施环境,得到教学内容的设计方案. 将全班同学分成 5 个小组(每组人数根据班级人数具体确定),以学生为主体,让每位学生在课前就进行自我认知,这样可以提高学生的主观能动性,培养学生的探究式学习能力.

3.1.2 课内阶段

(1) 导言+前测

这个环节根据课前阶段为学生发放的学习资料和布置的作业,通过让学生回答课前所提的几个问题来检测学生预习的情况和学习能力,同时引出本节课的研究对象——正弦定理的证明. 虽然问题难度小,却可以引发全体学生积极参与,让学生能够进入学习的状态,激发其学习兴趣,教师在学生答完问题后要及时反馈评价,然后进行补充总结.

设计意图:在实际授课时,将导言和前测两个模块相结合,这样比较符合本节课的逻辑性,也更适应学生的学习风格. 该环节的主要目的是调动学生积极学习数学的精神,并且对于启迪学生心智、吸引学生注意力具有重要的作用. 通过对正弦定理历史的学习,让学生能够感受数学家的创新精神以及数学的文化意蕴.

(2) 目标

目标 1 知道对正弦定理做出主要贡献的数学家,能说出正弦定理证明的发展历程.

目标 2 会用作高法、向量法、面积法、外接圆法、解析法以及用余弦定理推导正弦定理.

设计意图:这个环节是整个教学的核心,起引领教师的教和学生的学的作用. 教师用简捷的语句说明学习目标,不仅能让学生明确本节课的学习任务,掌握学习方向,而且能提高课堂的效率.

(3) 参与式学习

这个环节强调学生的"参与",因此采用小组讨论、学生互动的形式,既能使学生发挥主体作用,又能培养学生的团队精神、合作意识.

对于每个小组的结论,首先,小组内选出代表进行汇报,汇报完成后提出自己小组还存在的疑惑,其他同学对问题进行交流讨论;其次,教师和其他同学可对汇报的小组提出疑问,汇报的小组进行回答;最后,教师对同学们需要解决的问题进行讲解以及进行评价总结. 在小组讨论时,教师发现问题,然后给出创造性的意见,让学生思考、讨论,从而使学生对本节课的知识体系有更深入的理解.

小组 1 作高法

①在 Rt$\triangle ABC$ 中,角 C 为直角,$\sin A = \dfrac{a}{c}$,$\sin B = \dfrac{b}{c}$,两个式子中有相同的量 c,由此建立起等量关系 $\dfrac{a}{\sin A} = c = \dfrac{b}{\sin B}$,而 $\sin C = 1$,于是得 $\dfrac{a}{\sin A} = \dfrac{b}{\sin B} = \dfrac{c}{\sin C}$.

②在锐角三角形 ABC 中,如图 2 所示,过 A 作 AD 垂直于 BC 边,垂足为 D.

在 Rt△ACD 中，$\sin C = \dfrac{AD}{b}$；在 Rt△ABD 中，$\sin B = \dfrac{AD}{c}$. 于是，两式之间有公共量 AD，由此建立起联系，得 $c\sin B = b\sin C$，即 $\dfrac{b}{\sin B} = \dfrac{c}{\sin C}$.

同理，过 C 作 CE 垂直于 AB 边，垂足为 E，可得 $\dfrac{a}{\sin A} = \dfrac{c}{\sin C}$.

于是，在锐角三角形 ABC 中，$\dfrac{a}{\sin A} = \dfrac{b}{\sin B} = \dfrac{c}{\sin C}$ 成立.

③在钝角三角形 ABC 中，如图3所示，过 A 作 AD 垂直于 BC 边，垂足为 D.

在 Rt△ACD 中，$\sin C = \dfrac{AD}{b}$；在 Rt△ABD 中，$\sin B = \dfrac{AD}{c}$. 于是，两式之间有公共量 AD，由此建立起联系，得 $c\sin B = b\sin C$，即 $\dfrac{b}{\sin B} = \dfrac{c}{\sin C}$.

同理，过 C 作 CF 垂直于 AB 边，垂足为 F，可得 $\dfrac{a}{\sin A} = \dfrac{b}{\sin B}$. 或者过 B 作 BE 垂直于 CA，垂足为 E，可得 $\dfrac{a}{\sin A} = \dfrac{c}{\sin C}$.

于是，在钝角三角形 ABC 中，$\dfrac{a}{\sin A} = \dfrac{b}{\sin B} = \dfrac{c}{\sin C}$ 成立.

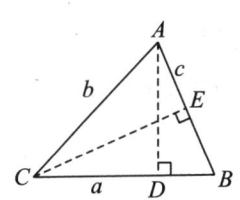

图2 作高法证明（锐角三角形）　图3 作高法证明（钝角三角形）

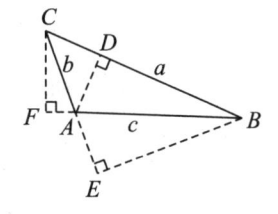

评析：从特殊的情形到一般的情况是符合大多数人认知的，所以学生容易想到初中直角三角形的边角关系，继而想到在任意的三角形中通过作高来构造直角三角形，再得到边角关系.

小组2　面积法

由三角形的面积公式得 $S = \dfrac{1}{2}AD \cdot BC = \dfrac{1}{2}ac\sin B = \dfrac{1}{2}ab\sin C$，同时，三角形的面积还可以表示为 $S = \dfrac{1}{2}bc\sin A$，于是 $\dfrac{1}{2}bc\sin A = \dfrac{1}{2}ac\sin B = \dfrac{1}{2}ab\sin C$，整理可得 $\dfrac{a}{\sin A} = \dfrac{b}{\sin B} = \dfrac{c}{\sin C}$. 钝角三角形的情形同理可证，详细步骤略.

评析：这里直接利用图2和图3，前面作高法的证明中已经对直角三角形的类型进行了证明，所以面积法中不再复述. 由三角形的高可以想到面积公式，而三角形中面积是定值，由此利用不同的高线建立起等量式，也是比较常用的证明方法.

小组3　外接圆法

如图4所示，在圆内构造直角三角形 ABC，得关系式 $\dfrac{a}{\sin A} = \dfrac{b}{\sin B} = \dfrac{c}{\sin C} = c$，而 c

恰好等于 $2R$，所以 $\dfrac{a}{\sin A}=\dfrac{b}{\sin B}=\dfrac{c}{\sin C}=2R$（$R$ 是外接圆的半径）.

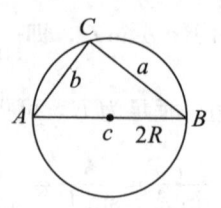

图 4　直角三角形的外接圆

如图 5 所示，在锐角三角形 ABC 中，过圆 O 作直径 AD，连接 CD，则 $\angle ACD=90°$，所以 $\dfrac{b}{\sin B}=\dfrac{b}{\sin\angle ADC}=2R$；同理可得 $\dfrac{a}{\sin A}=2R$，$\dfrac{c}{\sin C}=2R$.

所以，$\dfrac{a}{\sin A}=\dfrac{b}{\sin B}=\dfrac{c}{\sin C}=2R$.

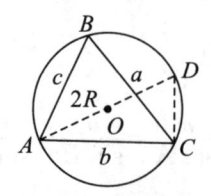

图 5　锐角三角形的外接圆

如图 6 所示，在钝角三角形 ABC 中，同样通过构造直径，利用同弧所对圆周角相等可以得正弦定理. 详细步骤略.

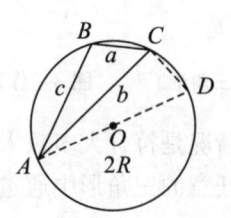

图 6　钝角三角形的外接圆

评析：利用初中圆的知识，在圆中构造直角三角形，而直角三角形的斜边长就等于外接圆的直径，这种方法不仅证明了正弦定理，而且得到了正弦定理比值的几何意义. 然后利用同弧所对圆周角相等的定理，证明在锐角三角形和钝角三角形中正弦定理同样成立.

小组 4　解析法

如图 7 所示，以点 A 为原点，AC 为 x 轴，垂直 AC 的直线为 y 轴，建立直角坐标系，则 $A(0,0)$，$B(c\cos A, c\sin A)$，$C(b,0)$，由此 $\overrightarrow{AB}=(c\cos A, c\sin A)$，$\overrightarrow{AC}=(b,0)$，$\overrightarrow{BC}=(b-c\cos A, -c\sin A)$，以 AB 为对角线构造平行四边形，则 $\overrightarrow{B'A}=(-a\cos(\pi-C), -a\sin(\pi-C))=(a\cos C, -a\sin C)$.

因为 $\overrightarrow{B'A}=\overrightarrow{BC}$，于是得 $\dfrac{a}{\sin A}=\dfrac{c}{\sin C}$，同理可得 $\dfrac{a}{\sin A}=\dfrac{b}{\sin B}$.

所以 $\dfrac{a}{\sin A}=\dfrac{b}{\sin B}=\dfrac{c}{\sin C}$.

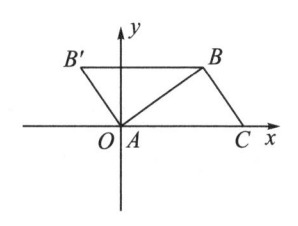

图 7　解析法证明

评析：这种方法学生不易想到，但是证明思路是比较简单的，需要用到三角函数的定义和平行四边形的性质．

小组 5　用余弦定理来推导

首先有 $\dfrac{a}{\sin A}=\dfrac{a}{\sqrt{1-\cos^2 A}}$（利用公式 $\sin^2\alpha+\cos^2\alpha=1$），

然后利用余弦定理，得 $\dfrac{a}{\sin A}=\dfrac{a}{\sqrt{1-\left(\dfrac{b^2+c^2-a^2}{2bc}\right)^2}}$，

最后化简得 $\dfrac{a}{\sin A}=\dfrac{2abc}{\sqrt{(b+c+a)(b+c-a)(a-b+c)(a+b-c)}}$．

同理可得 $\dfrac{b}{\sin B}=\dfrac{c}{\sin C}=\dfrac{2abc}{\sqrt{(b+c+a)(b+c-a)(a-b+c)(a+b-c)}}$．

所以 $\dfrac{a}{\sin A}=\dfrac{b}{\sin B}=\dfrac{c}{\sin C}$．

评析：在学习正弦定理之前才学习了余弦定理，所以学生还是容易思考正弦定理和余弦定理有无联系，但是推导过程比较烦琐．

设计意图：这个环节包含了 PBL 教学模式中的小组讨论、汇报结论、同学提问、老师提问和总结评价（针对每个组的汇报），有利于提高教师的业务水平和课堂的管理能力．注意力曲线的规律表明，学习者高度集中注意力的时间不超出 15 分钟，所以到了一节课的中间学生对学习、课堂的参与感变弱，而设计参与式学习，让学生自主学习，有利于调动学生学习的兴趣和积极性，由此很好地解决了注意力不集中的问题，达到高效教学的目的．

（4）后测

通过有针对性的测评方式，检查学生的学习情况，了解学习效果，评价是否达到这节课的教学目标．为了提高效率，以问答的形式进行后测．

设计意图：后测的主要目的：①了解学生的学习效果；②检查是否达成教学目标．通过课堂学习效果评估，可以帮助教师和学生检测教学是否达到了前期设定的学习目标．教师要根据评估结果了解教学目标的达成度，以便课后进行教学反思，对教学设计和课堂实施过程及时做出调整．

（5）总结

首先让学生进行自我总结，从课前阶段开始，阐述自己学习的收获、在自主探究的过程中遇到的问题以及是如何解决问题的；然后教师对本节课进行总结．

3.1.3 课后阶段

教师行为：及时地进行教学反思，记录实施这节课所遇到的问题，以便对教学及时地进行调整；通过学生课堂的表现以及完成作业的情况，分析本节课的教学效果，对学生进行多元的评价.

学生行为：课后补充完善学习笔记，复习巩固有关正弦定理的内容，认真完成课后作业.

3.2 教学反思

这种混合型的教学形式以学生为主体，发挥了学生的主观能动性，通过小组内讨论探究得出结论，再让组内成员进行汇报，对学生语言表达能力和逻辑思维能力有一定的要求，有极大的思维训练价值，可以提高学生的自主探究学习能力，促进学生的合作学习，增添课堂教学的时效性，达到知识体系动态掌握的状态，但是对学生的要求较高，最终教学形式不是所有的班级都适用，因此也有一定的局限性.

参考文献

[1] VON BRAUNMUHL A. Vorlesungen über Gischichte der Trigonometrie [M]. Leipzig: Druck und Verlag von B. G. Teubner, 1900: 176－177.

[2] 陈晏蓉，汪晓勤. 数学史料的选取原则与案例分析 [J]. 教育研究与评论（中学教育教学），2017 (12): 37－43.

[3] 张小明. 正弦定理的证明：从历史到教学 [J]. 数学通报，2015, 54 (7): 15－17, 22.

[4] 汪晓勤. 20 世纪中叶以前的正弦定理历史 [J]. 数学通报，2016, 55 (1): 1－5, 27.

[5] CAVALIERI B. Trigonometria Plana et Sphaerica [M]. Bononiae: Haercdis Victorij Benatij, 1643: 17－21.

[6] HEYNES S. A Treatise of Trigonometry, Plane and Spherical, Theoretical & Practical [M]. London: Town Hill, 1716: 20－28.

[7] 梅文鼎. 平三角举要 [M] // 郭书春. 中国科学技术典籍通汇（数学卷第 4 册）. 郑州：河南教育出版社，1994.

[8] 张筱瑜，汪晓勤. "正弦定理"：用历史拓思维、润情感 [J]. 教育研究与评论（中学教育教学），2015 (6): 21－25.

[9] 刘根洪. E^n 中的正弦定理及应用 [J]. 数学研究与评论，1989, 9 (1): 45－52.

[10] 中华人民共和国教育部. 普通高中数学课程标准（2017 年版）[M]. 北京：人民教育出版社，2018: 26.

[11] 高新涛. 正、余弦定理的应用 [J]. 数学学习与研究，2018 (15): 143.

[12] 蔡道平，虞金龙. 201 正弦定理 [J]. 中学数学，2006 (2): 16－17.

[13] 王申怀. 正弦定理与欧氏平行公理的等价性 [J]. 数学通报，1993 (7): 25.

[14] 王申怀. 正弦定理与余弦定理的关系 [J]. 数学通报，1991 (11): 26.

[15] 何广荣. 从正弦定理导出余弦定理的几种证法 [J]. 数学教学，1957 (4): 33－35.

[16] 李嘉义. 浅谈正弦余弦定理的应用 [J]. 数学通报，1980 (2): 14－16.

[17] 朱金秀. 正弦定理及其应用 [J]. 数学教学通讯，2002 (S4): 82－84.

[18] 曾昀敏. 一道数学竞赛题的解法探究 [J]. 中学数学，2017 (23): 51－52.

[19] 赵绪昌. 正弦定理在平几中的应用 [J]. 中学数学, 1995 (6): 40-42, 21.
[20] 孟巧珍. 数形有机结合的桥梁——正弦定理与余弦定理 [J]. 中学教研（数学）, 2000 (10): 19-21.
[21] 徐翔. 正弦定理和余弦定理在物理中的应用实例 [J]. 中学物理教学参考, 2015 (5X): 45-46.
[22] 沈恒. 浅谈用正弦定理处理一个物理竞赛题及思考 [J]. 数学通报, 2009 (11): 44-45.
[23] 周春元. "正弦定理"一节课的教学设计 [J]. 高中数学教与学, 2019 (12): 32-35.
[24] 宗新中. 新旧联系促思维，小组合作放光彩——一节"正弦定理"课的启示 [J]. 中学数学, 2015 (13): 16-18.
[25] 胡浩. 源自本真 始于探究 成在素养——基于"正弦定理（第一课时）"教学片断的思考 [J]. 中学数学杂志, 2017 (11): 18-21.
[26] 徐群英, 沈恒. 管窥素养，静待花开——《正弦定理》课例研究 [J]. 中学数学, 2017 (15): 6-9.
[27] 王海青. 数学史视角下"正弦定理"和"余弦定理"的教学设想 [J]. 教学与管理, 2017 (28): 67-69.
[28] 虞金龙. 正弦定理教学设计 [J]. 数学教学通讯, 2002 (12): 32-33.
[29] 杨丽华. 欣赏正弦定理之美 [J]. 中学数学（高中版）, 2013 (5): 66-69.
[30] 蔡晓纯, 何小亚. 正弦定理的教学设计 [J]. 中学数学研究（华南师范大学版）, 2016 (7): 1-5.
[31] 杨军, 田宏根, 张静. 基于过程视角的正弦定理教学的问题分析 [J]. 数学教育学报, 2012, 21 (6): 31-34.
[32] 徐惠. 正弦定理教学设计 [J]. 数学通讯, 2005 (7): 5-7.
[33] 胡学发. "问题驱动、多元导学"教学法研究 [J]. 当代教育科学, 2012 (20): 26-29.
[34] 张乃贵. 基于核心素养的正弦定理教学与反思 [J]. 高中数学教与学, 2019 (1): 43-46.
[35] 顾爱军. 开展探究教学，引领学生主动构建知识——以正弦定理的教学为例 [J]. 中学数学, 2015 (21): 10-12.
[36] 吴骏, 汪晓勤. 数学史融入数学教学的实践：他山之石 [J]. 数学通报, 2014, 53 (2): 3-20.
[37] 张守江. 正弦定理教学设计案例一则 [J]. 数学通报, 2006, 45 (2): 31-32.
[38] 万锦文. 正弦定理的又一证法 [J]. 数学通报, 2003 (5): 6.
[39] 李善良. 高中数学课堂小结的现状分析 [J]. 课程·教材·教法, 2015, 35 (2): 63-68.
[40] 孟伟. 浅析高中数学作业有效设计策略 [J]. 数学教学通讯, 2017 (3): 68-69.
[41] 周宇剑. 都是正弦定理惹的祸？[J]. 中学数学, 2012 (7): 55, 59.

第七节　余弦定理的教学设计[①]

1　余弦定理的教育价值

余弦定理是人教 A 版必修五解三角形一章的内容，在此之前学生已经学过三角形体系中的勾股定理、三角函数、正弦定理，但是并不完善. 余弦定理的学习是为了更进一步完善三角形体系[1]. 李昌官[2]认为余弦定理具有丰富的教育价值：余弦定理是解三角形必

[①] 作者：袁小燕、王佩（指导教师）.

不可少的工具；能够训练学生的思维，在余弦定理的探究过程中蕴含了从特殊到一般以及转化等数学思想，对学生思维训练具有极高的价值，同时在这一过程中还能训练学生建模、运算等能力；余弦定理具有丰富的发展史，学习新知识的同时学习相关的数学文化，在定理的认识过程中也使得学生感受数学中的美学. 林珍芳[3]认为，余弦定理是平面向量和三角函数的具体应用，是解决生活中测量、设计等问题必不可少的工具，具有广泛的研究价值.

2 余弦定理教学设计综述

2.1 教材的地位及作用研究

余弦定理用于解决三角形中的边角关系，是建立三角学的基础，是继正弦定理之后解决三角形问题的又一有力工具[4]. 同时余弦定理是纵横知识网络的一个节点. 纵向：勾股定理、余弦定理、秦九韶公式、海伦公式；横向：和角公式、正弦定理、三角形面积公式[5]. 在此之前学生系统学习了勾股定理、平面解析几何、平面向量，为余弦定理的学习打下了坚实的基础，在此之后有余弦定理的应用等相关知识，所以在教材中具有承前启后的作用. 并且对于三角形中判断三角形全等的方法——"边、角、边"和"边、边、边"进行量化分析，转化为可计算的公式[1].

2.2 学情研究

在知识结构上，学生已经学过勾股定理、三角形全等的判断、平面向量、三角函数、平面解析几何，这些知识为余弦定理的学习打下了一定的基础. 其中，勾股定理和三角函数为学生用几何法探究、证明余弦定理打下了基础，平面解析几何和两点间的距离公式为学生探究、证明余弦定理打下了基础，最后将向量数量化的过程中涉及边和夹角，为学生用向量法证明余弦定理提供了思路[1]. 在能力上，在此之前学生已经经历了正弦定理的发现和证明，所以已经具有了一定的探究能力. 但是还存在不足之处[4]，例如，不能从数量上准确刻画余弦定理的内容，需要教师做一定的引导.

2.3 教学目标分析

在教学目标上教师大都会从三个方面进行分析，将多种方法证明余弦定理及其简单应用设为知识与技能目标. 除此之外，郭宗雨等[3-4]将体会向量法的简便之处设为教学目标. 在人教版教材中主要讲了用平面向量证明余弦定理的方法，但是对于学生来说向量法技巧性较强，不易想到. 学生更容易想到的可能是用几何法或者刚学习的正弦定理解决已知两边及其夹角求第三边的问题，所以一上来就给学生讲用向量法证明余弦定理学生可能会觉得茫然，且其在过渡上可能也会显得不自然. 采用多种方法证明，让学生先思考他们能想到的方法，教师再讲他们可能会想不到的方法，这样会给学生不一样的惊喜.

在过程与方法上，教师根据不同的教学设计会有不一样的过程和方法，大致可以分为三类：一是周春雷等[4,6-7]从特殊三角形问题出发，以问题为引导，通过探究的方式发现余弦定理；二是张跃红等[8-12]创立生活情境，让学生抽象数学问题、建立数学模型，通过分析问题、解决问题来发现余弦定理；三是朱哲等[10,13-14]从余弦定理的历史出发，将勾股定理进行推广，通过多媒体演示观察边角关系，最后通过探究的方式发现余弦定理并给予证明.

情感、态度、价值观上旨在锻炼学生的思维，培养学生的创新精神，感悟余弦定理所用到的数学思想、方法等，同时培养学生学习数学的兴趣，享受数学知识收获的喜悦[2-4]. 数学思想方法的学习是数学课堂中的灵魂，课堂中教师不仅仅是教会学生书本上的知识，更重要的是学习知识的过程. 只有将知识与方法、思想相结合，才能将知识灵活运用.

2.4 教学重难点

每一位教师对于余弦定理的讲授都有自己的见解，在教学设计上也是风格各异，但是在余弦定理重难点的确立上却有着一致的见解. 虽说表达方式不同，但是实质上却是相同的，都将余弦定理的推导和证明过程设为重点，将多种方法证明余弦定理设为难点. 首先，人教版课本中余弦定理的推导是使用平面向量的方法，但是平面向量这一方法对于学生来说不易想到，学生一般会想到运用几何法来解决提出的问题，由易到难的过渡式学习学生更容易接受，且不会产生思维的跳跃，是有利于学生思维发展过程的. 其次，多种方法证明余弦定理有利于学生从多个角度对问题进行分析、思考，将学过的知识进行灵活的应用，避免思维定式，同时开发学生潜在的思维能力.

2.5 引入

引入是一节课的开端，如果一节课开始能吸引学生的注意力，那么这节课就会起到事半功倍的效果. 同时引入的方式也影响着后面教学内容的开展，所以一个好的引入是一节课的点睛之笔. 在余弦定理的教学设计中引入大体上分为下面两种.

（1）情境引入

在情境引入中主要分为两种情境. 第一种是生活情境，张跃红等[8-12]通过创设类似"隧道队要测量山体两点之间的距离"这样的实际生活中需要解决的问题作为引入，让学生抽象数学问题，通过解决问题，提出猜想. 在郭宗雨[4]的情境设计中，选择了"短道速滑运动员王濛2013年获得金牌"作为情境引入，相对于一般的测量问题有一定的新颖性，但是对于大多数学生可能比较陌生，并且在抽象问题时将其抽象为"同心圆运动"，也不符合现实. 设置生活情境的目的在于能更好地激发学生的兴趣，让学生感受数学与生活的联系，所以在情境的选择上要贴合生活，符合学生的认知. 两种不同的情境笔者认为一般的"测量问题"更加自然、贴切.

在情境的设置上教师有两种不同的处理办法：一种是将解决问题所需要的数据给出，另一种则没有. 对于前者学生能较容易地抽象数学问题并解决，教师在后续教学的开展上也方便. 后者对于学生的思维能力有一定要求，首先需要学生建立数学模型，然后解决问题，这种方式能更好地培养学生的思维. 两种方法各有优点，教师需要根据学生的实际情况进行选择.

第二种是问题情境，周春雷等[6,15-16]先给出这样一个问题：已知△ABC中，$a=4$，$b=5$，$\angle C=60°$，求 AB？对于这种具体的问题学生能很快应用已经学过的知识解决. 问题解决后教师进一步提问：推广到一般的情况下怎么处理，即"已知三角形中两边及夹角，如何求第三边". 学生可用解决特殊三角形的办法解决这个一般三角形问题. 这种引入方式就比较直观，学生也不用抽象数学问题，直接解决问题即可. 赵文博等[1,4,7]在问题环节之前设计了复习旧知环节，通过复习正弦定理内容以及可以解决的两类三角形问题，进一步提问其余两种三角形问题如何解决，使学生产生认知冲突，凸显学习余弦定理的必要性.

以问题情境的方式引入新课相比于创设生活情境的引入方式就少了将数学与生活相联系的部分，但效果不一定差. "问题是数学的心脏"，在问题的设计上教师采用了递进式的方式，循序渐进，层层深入，在教师的引导下学生能自然地发现余弦定理.

（2）特殊到一般

刘亚平等[13,17-18]从"余弦定理是勾股定理的推广"这一要点出发，先回顾在直角三角形中满足勾股定理，再将其推广到一般三角形中，探究其三边满足怎样的关系式. 这种引入方式将学生已经学过的知识联系起来进行推广，让学生发现勾股定理是余弦定理的特例，余弦定理是勾股定理的推广，形成知识间的联系.

2.6 探究、发现

在探究、发现余弦定理的过程中，首先根据情境抽象数学问题，让学生独立思考解决问题，然后合理引导学生从不同角度解决问题，从而发现余弦定理. 张跃红[8]采取在学生的思考下建立数学模型，这个模型是一个一般三角形问题，在建立模型时并没有测量出实际数据，所以定理是在直接解决情境问题的过程中发现的. 王全等[7,15-16,19]的探究过程中解决情境问题只是第一步，先让学生解决情境问题，获得解决此类问题的方法，再将问题进行推广，此时学生已经具备解决问题的基础，所以在解决问题时更加得心应手. 在这一过程中体现了特殊到一般的数学思想，同时在两个问题的解决中有些许的区别，进一步凸显正弦定理的局限性以及学习余弦定理的必要性.

还可以采取将勾股定理推广到一般三角形中进行拓展的探究方式. 郭宗雨等[4,6,12]借助多媒体，动态地展示△ABC 中，CA，CB 不变时，改变∠C 的大小，AB 的长度会有什么变化. 首先引导学生观察∠C 变化时，等式 $c^2=b^2+a^2$ 会有怎样的变化；其次让学生感受∠C 变大，AB 变长，∠C 变小，AB 变短，进而猜想 AB 的长度与∠C 的大小有关，即在一般三角形中等式 $c^2=b^2+a^2+t$ 成立. 在找 t 时，张跃红[8]首先是根据∠C = 90°满足勾股定理确定 t 与余弦值有关，再将∠C 取定不同的特殊值确定 t 的具体表达式. 而侯晓娟[12]的设计则相反，先将∠C 取定不同的特殊值计算 t，发现都有 $2ab$，差别在于前面的系数不同. 在探究这里的系数时，借助 GeoGebra 绘图软件动态展示，观察、发现其系数与余弦值有关.

在数学课堂中增加多媒体可以将较抽象的文字变成生动的动态图形，即能增加课堂的丰富性，同时也更有利于学生的理解. 在黄旭等[11]的探究过程中就没有使用多媒体，而是直接告诉学生根据"大边对大角，小边对小角"可以得出 AB 的长度与∠C 的大小有关，这对于学生而言就比较抽象. 加入多媒体展示能使学生更直观感受文字的含义，也增加课堂的趣味性. 但是使用多媒体要适宜，不能让其成为整节课的主角. 在探究 t 与哪个三角函数有关时，学生可以通过∠C = 90°时满足勾股定理，确定其与余弦值有关，不需要再使用绘图软件进行展示、观察.

钱振宇[13]另辟蹊径,先利用一般三角形中满足不等式 $|a-b|<c<a+b$,将其平方得到新的不等式 $a^2+b^2-2ab<c^2<a^2+b^2+2ab$,再进行变形得到 $-1<\dfrac{a^2+b^2-c^2}{2ab}<1$,可以确定 $\dfrac{a^2+b^2-c^2}{2ab}$ 的范围为 $(-1,1)$,这里的变化范围与 $\angle C$ 的变化有关,所以该量可能与三角函数有关,再通过 $\angle C=90°$ 时,$\dfrac{a^2+b^2-c^2}{2ab}=0$,判定与余弦函数有关,最后赋予 $\angle C$ 一些具体的角度即可检验猜想. 此方法较为新颖,但是在教学过程中学生不易想到利用关系式 $|a-b|<c<a+b$ 进行探究,也不易想到要平方这一环节.

2.7 证明

余弦定理的证明方法有数十种,教师在讲解过程中主要会讲几何法、解析法、向量法三种方法,其中几何法会应用分类讨论的思想,将三角形分为直角三角形、锐角三角形、钝角三角形,将一般三角形转化为直角三角形,再结合三角函数和勾股定理即可证明. 该方法较为简单,学生容易想到,但要注意对角进行分类. 三种方法中学生可能不易想到向量法,在《普通高中数学课程标准(2017年版)》[20]中要求借助向量的运算掌握余弦定理,并且向量法证明余弦定理是几种方法中最简单的,这就使得向量法证明余弦定理成为必要. 此外,顾向忠[18]提出了一种特别的方法——欧几里得证明勾股定理时使用到的面积法,周春雷[6]提出了用正弦定理证明余弦定理的方法. 这两种方法的使用有一定的难度且较为复杂,在课堂上操作起来也比较费时. 若将其作为课后思考题,让学生先自己思考,则对于学生思维的提高将大有帮助. 虽然方法较多,但是在选择的时候也不能盲目,要根据学生的情况、教师自身的情况选择合适的方法.

2.8 认识

深刻认识一个新学的公式定理,既能帮助学生记忆,也能帮助学生深刻理解,以期达到灵活应用的效果. 在余弦定理众多教学设计中,有部分教师并没有设计理解定理这一环节,而是直接设计新知应用这部分的内容,笔者认为这种方式会使部分学生对知识的理解不到位,应用时不灵活甚至只会硬套公式. 因此,笔者认为在余弦定理这节课中,设计认识这一环节还是有必要的. 综合来说,在认识方面主要从余弦定理的外在和内在两个方面进行认识、理解[6]. 外在主要是余弦定理的结构和轮换性,例如,三角形一边的平方等于另外两边的平方和减去这两边与它们夹角的余弦的积的两倍,右边等式的角与等式左边的边相对应. 内在则是从余弦定理的性质、应用范围进行分析,例如,勾股定理与余弦定理的关系,可以解决已知两边及其夹角求第三边的问题等对应边角关系问题. 在认识过程中以教师为主导,学生为主体,让学生积极思考、自主总结,教师在学生总结的基础上再进行归纳,充分体现以学生为中心的数学课堂. 另外,也有教师[6,8]提到了余弦定理中的数学美,让学生感受数学中的美学,数学不是枯燥无味而是丰富多彩的.

3 思考与建议

余弦定理的教学设计中,周春雷开篇就提出问题激发学生思维,调动学生解决问题的积极性，为进一步探究定理埋下伏笔[6]；张跃红将数学与生活联系起来，让学生感受数学与生活有关，数学是有用的[8]；朱哲将余弦定理与历史联系起来，让学生学习数学文化，了解数学家的经历[14]．三位教师的教学设计风格各异，各有优点，都是以学生为主体，充分调动学生学习的积极性，开发学生潜在的思维能力，让学生了解新知学习过程中的思想、方法．教师在进行教学设计时应多向别人学习，从中获取灵感，优化自己的教学设计，以期更好地提升教学效果．

4 MPCK 视角下余弦定理的教学设计

4.1 提出问题

由三角形全等的判定方法，若已知三角形的两边及其夹角，则该三角形是唯一确定的．换言之，该三角形的其余边、角可以由已知的边、角来表示．那么，该三角形的第三边该如何表示呢？

分析：从 MK 的角度，余弦定理是全等三角形判定中"SAS"的数量化刻画，是一般三角形边、角关系的进一步研究．以已有知识为着眼点，让学生感受新知识学习的必要性．从 PK 的角度，可通过讲授法启发学生思考问题，并逐步引导学生将抽象的问题化为具体、易解决的问题．从 CK 的角度，该阶段的学生对于抽象数学问题的解决仍有一定困难，需要将其转化为具体的数学问题．

设计意图：将判定三角形全等的"SAS"作为新知识的生长点，引导学生解决问题、发现定理．

4.2 解决问题

问题 1 在 $\triangle ABC$ 中，已知 $BC=a$，$AC=b$，以及角 C，第三边 AB 如何表示？

方法 1 几何法

当角 C 为锐角时，如图 1 所示，过点 A 作 $AD \perp BC$，则有 $AD = b\sin C$，$BD = a - b\cos C$，$AB^2 = BD^2 + AD^2 = a^2 + b^2 - 2ab\cos C$，即 $c^2 = a^2 + b^2 - 2ab\cos C$．

当角 C 为钝角时，同样也有 $c^2 = a^2 + b^2 - 2ab\cos C$．

当角 C 为直角时，有 $c^2 = a^2 + b^2$．

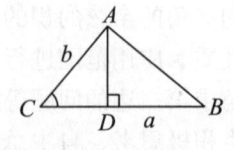

图 1 几何法

方法 2 解析法

建立如图 2 所示的直角坐标系，则有 $A(b, 0)$，$B(a\cos C, a\sin C)$，$C(0, 0)$，由两点间的距离公式有 $AB = \sqrt{(a\cos C - b)^2 - (a\sin C - 0)^2}$，即有 $c^2 = a^2 + b^2 - 2ab\cos C$．

图 2　解析法

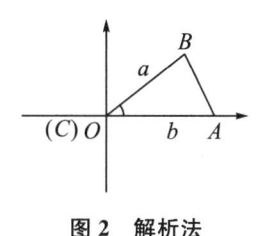

方法 3　向量法

如图 3 所示,已知线段 CB,CA 及夹角 C,与前面学习的向量的数量积公式类似,于是思考将 CB,CA 转换为向量进行求解.

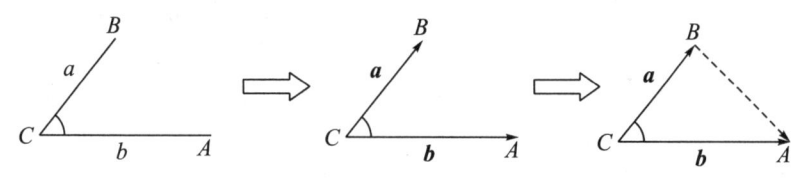

图 3　向量转换过程

用已知量来表达未知量,即用 $\overrightarrow{CB}$,$\overrightarrow{CA}$ 表示 $\overrightarrow{BA}$,则有 $\overrightarrow{BA}=\overrightarrow{CA}-\overrightarrow{CB}$,将向量数量化,$\overrightarrow{BA}\cdot\overrightarrow{BA}=(\overrightarrow{CA}-\overrightarrow{CB})(\overrightarrow{CA}-\overrightarrow{CB})$,由 $\overrightarrow{CB}=a$,$\overrightarrow{CA}=b$,$\overrightarrow{BA}=c$,化简即可得到 $c^2=a^2+b^2-2ab\cos C$.

分析:从 MK 的角度,该问题的解决涉及三角函数、勾股定理、平面几何、解析几何、平面向量等相关知识.在解决问题时可以将一般三角形转化为特殊直角三角形,也可以建立直角坐标系,利用两点间的距离公式求解第三边.所以从 PK 的角度,教师可以用讨论法的方式开展,先让学生思考问题的解决办法,教师再在学生的基础上进行补充.从 CK 的角度来看,应用多种方法解决同一问题是该阶段学生的一大难点,需要教师进行适当的引导.

设计意图:从多个视角解决问题既可以训练学生的思维,也可以提高学生的解题能力.在解决该问题的过程中采用合作交流的方式,可以让不同层次的学生都参与到课堂中,让学生之间相互学习、相互交流.

4.3　追踪成果

通过上述问题的解决得到一个共同的等式 $c^2=a^2+b^2-2ab\cos C$.改变三角形中已知两边和夹角,可以得出另外两个等式 $a^2=b^2+c^2-2bc\cos A$,$b^2=a^2+c^2-2ac\cos B$,这就是需要学习的余弦定理.

4.4　证明定理

问题 2　上述解题过程能否作为证明过程?证明过程用到了哪些思想、方法?

分析:从 MK 的角度,将上述解题过程作为证明过程涉及丰富的数学知识和数学思想,重在引导学生从多个角度分析问题.从 PK 的角度,可让学生独立思考,先自行总结方法,再邀请学生代表发言,教师在学生的基础上进行归纳总结.从 CK 的角度,同一班级的学生对问题的理解程度有所不同,对解决问题的方法进行梳理、总结,既可以帮助学生理解解决问题的方法,也可以帮助学生构建知识间的联系.

设计意图:旨在引导学生将上述解题过程进行梳理,学习解题过程运用到的思想、方法,挖掘知识间的内在联系,构建知识体系.

4.5 认识本质

问题3 余弦定理有哪些特征?

分析:从 MK 的角度,数学知识的学习不仅仅是学习数学知识本身,重在理解知识的本质特性.在进一步认识余弦定理时,可以从余弦定理的外在和内在两个方面进行认识,外在是余弦定理的结构特点,内在则是余弦定理的本质属性.从 PK 的角度,余弦定理有较多的外在特点,教师可以小组讨论的方式展开,让学生畅所欲言,教师在学生的基础上再进行总结.对于内在方面学生不易看到,教师可以设计问题4进行引导.从 CK 的角度,学生在认识定理时,大都只能从直观的角度进行,对于其内在本质难以掌握.教师在归纳总结时可设置适当的引导.

设计意图:学习一个新的定理,不仅要知道定理的具体内容,还要挖掘定理的结构特点及本质特征.这里旨在引导学生总结余弦定理的外在特征.要进一步认识余弦定理的本质,可通过以下问题为引导进行探讨.

问题4 为什么学习余弦定理?它有什么用?

分析:从 MK 的角度,该问题涉及余弦定理的内在本质,即余弦定理可以解"已知三角形的两边及其夹角,求第三边"和"已知三角形的三边,求三角形的三个内角"的问题.从 PK 的角度,该问题有一定的深意,此处以讲授法为主.从 CK 的角度,学生不知道为什么要学习余弦定理,只知道老师在讲,我需要学习.需要老师将知识串联,突出学习余弦定理的必要性.

设计意图:该问题的设计旨在突出余弦定理的内在本质.学习一个新的知识时,学生需要知道为什么学习这个知识,这个知识有什么用.数学知识不是一个个孤立的个体,知识与知识间是存在一定联系的,教学不仅仅是教知识,还要将知识转化、串联为学生能够理解的知识体系.既要挖掘知识的本质,找到知识间的联系,也要突出知识的作用.

4.6 学以致用

例1 $\triangle ABC$ 中,$BC=7$,$AC=4$,$\angle C=60°$,求 AB?

例2 $\triangle ABC$ 中,$a=2$,$b=\sqrt{2}$,$c=\sqrt{3}+1$.(1)解该三角形;(2)判断三角形的形状.

分析:从 MK 的角度,例1是公式 $c^2=a^2+b^2-2ab\cos C$ 的应用,例2(1)是余弦定理推论的应用,(2)是知识 $\angle C>90°$,有 $c^2>a^2+b^2$,$\angle C<90°$,有 $c^2<a^2+b^2$,$\angle C=90°$,有 $c^2=a^2+b^2$ 的应用.从 PK 的角度,课堂练习旨在巩固学生的知识,查漏补缺,所以此处应先让学生独立思考,教师再进行讲解.从 CK 的角度,例2(2)是一难点问题,同时也是余弦定理的进一步认识,在问题的解决上可以从 $\angle C=90°$ 这一特殊情况出发,再分析其余两种情况.

设计意图:例题的设置上首先是为了巩固余弦定理及其推论,其次是补充知识,即应用定量的方式判断三角形的形状.

4.7 课后作业

（1）思考：余弦定理的其他证法.
（2）书面作业：课后习题 A 组.

设计意图：余弦定理除了讲的三种方法外还有其他的证明方法，作为思考题，可以更好地训练学生从多个角度解决问题. 课后习题 A 组是较简单的知识应用，可以较好地巩固定理.

4.8 反思设计

从 MK 的角度来看，教师首先对于数学要有正确的认识，树立科学的数学观. 其次，对于数学这一学科的知识要有完整的体系，熟悉教学过程中涉及的知识以及知识间存在的关系. 对教学过程中出现的数学思想要着重突出，并进行适当的总结，这更有利于学生对余弦定理的认识和理解. 最后，数学知识不是凭空产生的，都有一定的历史背景，在教学中给学生普及一定的数学史也有利于学生对知识本质的认识. 站在 MP 的角度，在进行余弦定理的教学前，教师要思考：余弦定理的背景和教育价值是什么？本质是什么？有什么作用？证明方法是否只有这些？思考这些问题，教师不仅对知识有一个深刻的认识，同时也可以从这些问题上进行教学，让学生更深刻地理解知识. 在问题引入部分，可以根据余弦定理是证明三角形全等方法中"SAS"的定量刻画这个背景出发，激发学生的求知欲，引导学生通过解决问题发现定理. 在问题的解决过程中，可将多种知识串联起来，引导学生从多个角度分析问题、解决问题，既回顾了旧知，也串联了新知. 最后再通过观察，发现余弦定理.

从 PK 的角度来看，教师在开展数学课堂时要具备一定的教育学知识，教学过程中需结合学生的具体情况合理编排课程内容，采用适合班级学生的教学方法. 在教学设计中，首先将提出的问题具体化，从具体问题的解决入手，通过解决问题归纳出余弦定理的方式，这更符合学生的整体认知水平. 然后从多个角度解决问题，锻炼学生的思维. 该过程中设计适当的引导方式，让学生逐渐体会向量法解决该问题的可行性. 在认识定理环节，让学生观察其外在特点，引发学生思考其内在本质，加深学生对余弦定理的认识，让学生感受余弦定理的作用和学习余弦定理的必要性.

从 CK 的角度来看，教师要尽可能地了解学生的思维发展情况、学习过程中的疑难点以及已有的知识和经验，观察学生的学习态度、能力等，关注学生的心理发展情况. 在教学中，以学生已有的知识经验为起点，通过提出问题、解决问题的过程发现余弦定理，再让学生自主思考总结余弦定理的外在特征，教师引导探究其内在本质，学生逐步深入认识余弦定理的本质属性，最后通过例题感知定理的作用. 整个过程既实现了"SAS"从定性到定量的描述，也实现了余弦定理从无到有再到用的过程，同时培养了学生发现问题、解决问题、分类讨论、归纳总结等能力.

MPCK 视角下的教学设计，首先要熟知具体的教学内容，了解知识的背景、教育价值、历史背景及蕴含的数学思想等，即教师自身对于该知识有一个深刻的知识，知道该知识与其他知识间存在的联系. 其次，要思考如何呈现知识的内容学生才能更好地理解，择取适合学生的教学内容. 最后，要了解学生，知道学生学习过程中的疑难点，并针对这些疑难点找到合适的解决工具. 在教师职业生涯中教师需要不断地学习, 在实践中总结经验, 不断提升自身的教学水平.

参考文献

[1] 赵文博. 基于探究模式下的"余弦定理"教学设计[J]. 中小学数学(高中), 2017 (1-2): 84-86.

[2] 李昌官. "正弦定理和余弦定理"单元教学[J]. 中国数学教育, 2018 (9): 11-15.

[3] 林珍芳. 余弦定理(第一课时)教学设计[J]. 数学通讯, 2014 (11): 5-7.

[4] 郭宗雨. HPM教学模式案例——余弦定理第一课时[J]. 中学数学教学参考, 2014 (8): 6-9.

[5] 杨勇. "余弦定理"教学设计方案[J]. 数学教育研究, 2013 (2): 39-41.

[6] 周春雷. "余弦定理"的探究式教学[J]. 中学数学教学参考, 2004 (6): 6-8.

[7] 王全. 课例: 余弦定理[J]. 中学数学教学参考, 2014 (1): 10-13.

[8] 张跃红. "余弦定理"一课的教学设计[J]. 数学通讯, 2007 (8): 39-41.

[9] 徐飞. 在定理教学中培养高中生数学反思能力的案例研究——以《余弦定理》课堂实录为例[J]. 中学数学研究, 2016 (12): 5-7.

[10] 陈小勇. 新视域下"余弦定理"的教学设计与反思[J]. 数学学习与研究, 2018 (16): 20.

[11] 黄旭, 黄永明. 基于落实数学核心素养导向下的教学设计——以"余弦定理"为例[J]. 福建中学数学, 2019 (5): 5-7.

[12] 侯晓娟. 基于数学核心素养的《余弦定理》教学设计[J]. 数学之友, 2017 (12): 33-36.

[13] 钱振宇. 余弦定理的探究教学[J]. 中学数学月刊, 2012 (4): 28-29.

[14] 朱哲. 余弦定理——一则体现数学联系与历史的教学案例[J]. 数学通讯, 2005 (17): 1-3.

[15] 王思俭. 《余弦定理》的教学设计与反思[J]. 数学之友, 2011 (8): 14-20.

[16] 李会会. 基于支架式教学模式的"余弦定理"教学设计[J]. 中学数学研究, 2016 (3): 1-2.

[17] 刘亚平. 课例: "余弦定理"的教学[J]. 中学数学教学参考, 2013 (7): 5-8.

[18] 顾向忠. CPFS结构理论域下的余弦定理教学[J]. 中学教育教学, 2016 (2): 16-20.

[19] 刘辉, 康文彦. 基于数学学习心理的教学片断设计——以《余弦定理》片断教学设计为例[J]. 教育实践与研究, 2017 (23): 121-123.

[20] 中华人民共和国教育部. 普通高中数学课程标准(2017年版)[M]. 北京: 人民教育出版社, 2018: 21.

第八节　等比数列求和公式的教学设计[①]

1　引言

1.1　研究背景

传统课堂教学中许多教学环节的意图取决于教师的个人经验和教学目标. 经验丰富的

---

① 作者: 刘籽含、赵思林(指导教师).

教师可以通过这种方法达到良好的教学效果，这是教学的艺术．但能够掌握这种教学艺术的一线教师是有限的，并且由于不同教师有不同的教学风格，教学艺术很难被教授．如果教学活动是基于系统的科学方法，并且使教学方法和过程成为可以复制和传播的技术和过程，则能使普通教师快速练习以形成自己的"教学艺术"．同时，教育教学设计的研究过程是通过分析和解决问题的原理和方法系统地解决教学问题的思维经历，对科学思维习惯的养成有很大的提升作用，能提高分析和解决科学问题的能力．教学的美丽在于其既是科学，又是艺术．尽管很难通过教学理论和教学方法来学习教学艺术，但通过科学的数学教学设计，青年教师可以学习到其中蕴含的教学理论和教学方法，使得自身的教学水平稳步提升．因此，进行系统科学的数学教学设计研究具有重要的意义．

数列是高中数学学习过程中非常重要的一个板块，不仅因为它在高考数学中有涉猎，还因为它穿插在了高中数学的其他板块中，是很多数学内容的学习基础，例如，在圆体积和球体积的求解中，用有理数逼近无理数等．掌握和理解解决数列问题的方法可以最大限度地提高学生对数列知识的掌握水平．等比数列求和公式是高中数列内容中的一个重要分支，一直以来都是高中数学教学的重点内容．近四年高考理科全国卷对于等比数列相关知识的考查情况（题号）见表1．

表1　近四年高考理科全国卷对于等比数列相关知识的考查情况（题号）

地区	2016年	2017年	2018年	2019年
全国卷Ⅰ	3	4	4，14	9，14
全国卷Ⅱ	17	15	17	19
全国卷Ⅲ	17	9，14	17	5，14

对这些高考试题进行分析，考试方向均为解决求和问题及其延伸出的求通项公式等，题目类型覆盖选择题、填空题、解答题．中国教育部考试中心给出的得分数据显示，选择题、填空题的得分率远高于解答题的得分率，造成这一情况的原因主要是小题一般直接考查用等比数列求和公式求和，学生只要正确记忆公式就能顺利解决，而解答题考查等差、等比数列的综合求和问题，一般没有直接涉及公式，学生此时若只会求和公式，则不能解决问题，但解决此类综合问题的思维方法早已渗透进数列相关知识的课堂学习中，如最常用的"错位相减法"即是推导等比数列求和公式的一般方法．若学生在课堂学习时只记住了一个公式，忽略了公式背后的问题发现、探索以及推导思维建立的过程，当然就不能完全理解、掌握数列相关知识．

分析等比数列求和公式为何难学，如何让学生体会等比数列求和公式教学过程中新思维建立的过程，让学生不仅能掌握公式之形，更能掌握公式的本质，是本研究的重点．

1.2　研究现状

截至2020年1月，在中国知网的期刊文献中以"等比数列"为关键词检索到的相关文献为6381篇，以"等比数列"为主题并含"求和"的相关文献为555篇，这555篇期刊文献中以"等比数列求和"为篇名的文献共50篇．纵观这50篇文献，时间跨度从1983年至2019年，且大部分研究成果源于高中一线教师，这说明对于等比数列求和公式的研究经久不衰,且在高中数学教育中有重要地位.

通过对这 555 篇文献的梳理,发现在高中数学教育一线教师的实践层面上,绝大多数的研究成果是作者自身在一线教育教学过程中碰到的难题和处理对策、教学环节的思索及基于对等比数列求和公式的不断深入认识所撰写的教学设计等,其中有多种多样的自主创新;有些在表层上探讨了等比数列求和公式在教学实践中难教与难学的原因,但没有从更深层面上去研究,关键是欠缺基础理论的使用. 而在等比数列求和公式的理论研究层面上,大部分的研究成果来自高校,主要着重于教育教学心理、HPM 视角下教学等方面的研究.

2 文献综述

2.1 等比数列求和公式的教学研究

2.1.1 等比数列求和公式的推导方法

目前大部分教师采用的推导方法有错位相减法、几何直观法、提取因式法、等比定理法等. 下面主要介绍错位相减法和几何直观法.

(1) 错位相减法.

对于 $S_n = a_1 + a_1q + a_1q^2 + \cdots + a_1q^{n-1}$,引导学生思考如何把中间项消掉,观察等式,$a_1$ 始终没有变化,而 q 的次数是从 $0, 1, \cdots, n-1$ 变化的,q 的变化不影响 a_1,引导学生从 q 入手,顺势提到能否像推导等差数列求和公式时构造新等式,新等式的目的是消掉中间项,那么同乘以 q 有了 $qS_n = a_1q + a_1q^2 + \cdots + a_1q^n$,顺势相减即可达到目的,得到 $S_n - qS_n = a_1 - a_1q^n$,即 $S_n(1-q) = a_1 - a_1q^n$,推出 $S_n = \dfrac{a_1(1-q^n)}{1-q}(q \neq 1)$.

注意要引导学生思考 $q = 1$ 的情况. 运用错位相减法推导公式的重点应放在如何带领学生找到 qS_n,同乘以 q 的目的是什么,是如何找到从 q 着手的,让学生体会这种构造新等式解决相关问题的思维,激发学生的创新意识,而不是仅仅告诉学生推导步骤.

(2) 几何直观法.

蔡东山等[1]创新地将几何直观法引入教学设计中,利用正切值为 q 的直角三角形引导学生作出 a_1,向上作垂线与斜边相交,作垂线段为 $a_1 \cdot \tan \alpha = a_1q = a_2$. 再从交点出发作长度为 a_2 的水平线段,向上作垂线与斜边相交,垂线段为 a_3,依此类推,作长度为 a_n 的水平线段,向上作垂线与斜边相交,垂线段为 a_{n+1}. 所以有 $\dfrac{a_1 + a_2 + \cdots + a_{n+1}}{a_1 + a_2 + \cdots + a_n} = q$,即 $\dfrac{S_n - a_1 + a_1q^n}{S_n} = q$,推出 $S_n = \dfrac{a_1(q^n - 1)}{q - 1}(q \neq 1)$.

在这个过程中引导学生注意等式两边同除以 $q - 1$ 时讨论 $q - 1$ 能否等于 0,同时引导学生思考 $q < 0$ 时又该如何推导.

2.1.2 等比数列求和公式的教学研究

对相关文献进行梳理后将等比数列求和公式的教学大致分为以下三种:

一是蔡东山等[1-3]的教学设计,通过 HPM 视角规划教学过程,注重将数学史融入课堂教学,加强学生对所学知识必要性的认知. 蔡东山等[1]将等比数列求和公式的历史材料做了归纳并将其穿插在了各教学环节中,让学生了解数学史上等比数列求和公式的不断发展过程,从古埃及的莱因德纸草书上的问题 7 的等比数列的前 n 项和前 $n-1$ 项和的关系[4]到 18 世纪拉克洛瓦(S. F. Lacroix,1765—1843)引入的掐头去尾法[5]. 笔者认为将其串联起来逐步深入能够使学生体会数学之美,此教学方案经过实证,学生的接受程度良好. 吴现荣等[3]指出在发生教学法的背景下追溯历史、寻找数学本源、追求自然是 HPM 视角下教师在教学实践中的基本教学方法,这种方法以学生和课堂为主体,从学生的认知起点、知识本源以及课堂教学原则出发,呈现出所学知识的自然发展历史,彰显出所学知识的重要与必要,能有效地激发学生的学习动机.

二是以学生心理发展情况为背景而设计的课堂教学方案. 于涛[6]以"最近发展区"为理论基础设计了以平方差、立方差公式为学生起点,运用归纳猜想得到等比数列求和公式的教学设计. 最近发展区是指学生已完成的发展程序结果形成的心理技能的现有发展水平与学生还不能独立解决但在老师的帮助下可以通过训练和努力完成任务的潜在发展区这两种思维水平的差异. 于涛从学生了解并掌握平方差、立方差公式的现有水平出发,利用归纳猜想引导学生到潜在水平,得到

$$1-q^n = (1-q)(1+q+q^2+\cdots+q^{n-1}),$$

$$S_n = \begin{cases} \dfrac{a_1(1-q^n)}{1-q}(q \neq 1), \\ na_1(q=1). \end{cases}$$

将其作为新的潜在水平,分别通过裂项相消、错位相减、秦九韶算法和 q 进制数法来证明公式的可表示性和唯一性. 魏成年[7]从学生的元认知水平出发,引导学生探究等比数列求和公式中的类比思想. 他以"数学运算"为桥梁,让学生联想到"和、差、积、商",通过学生已学过的数列相关知识,类比、猜想出等比数列,这一过程是从学生的元认知水平自然产生的,学生的认知也是自然发生的.

三是以学生为课堂主体的教学设计. 杜言言[8]以学生探究过程为课堂教学重点,注意学生在课堂中的思维活动,引导学生推导得到公式以锻炼学生的思维. 他用商人买布的实际问题来激发学生的兴趣,用布的售价引导学生得到 $S_n = 1+2+2^2+\cdots+2^n$. 再让学生独立思考对于 S_n 要如何计算它的前 n 项和. 在学生理解求和实质后,教师引导学生运用由特殊到一般的方法学习"错位相减法",例如先探究前几项的计算步骤,再归纳出 S_n 的求和公式. 为了避免学生在理解时出现差错,他同时建议可用数形结合的方式来辅助学生思考. 教师要以学生的角度开展教学,结合具体学情为学生组织自主探究的活动. 具有差异是学生思维个体的特征,不同的学生对问题有不同的理解,教师可有效地利用这一特点开展小组活动,让学生共同学习.

但是,上述研究缺少对等比数列求和公式学习的认知障碍的研究.

2.2 等比数列求和公式学习的认知障碍分析

数学学习的本质是认知,认知的核心是思维,思维就是想问题. 等比数列求和公式的学习涉及比较复杂的学习心理活动.

（1）等比数列求和公式推导方法的学习主要是依靠顺应学习而非同化学习.

有意义接受学习理论是美国著名心理学家奥苏贝尔提出的，他认为学生学习的实质是在新旧知识间建立非人为性的联系. 他强调了这种联系的实质性，认为学生已有的知识经验是有意义学习的基石，即同化学习是有意义学习的心理机制[9]. 同化是个体根据已有知识结构去吸收新的经验的过程，顺应是个体因环境作用而引起的原有知识结构的变化，以适应外界环境的过程[10]. 同化学习是最经济的学习方式[11]. 一般认为，顺应学习比同化学习更难发生，因此可以说顺应学习是艰难的学习方式. 由于等比数列求和公式推导的思想方法是在之前并未直接出现过、学习过的方法，也就是说，学生在推导等比数列求和公式时没有充足的知识经验，又由于充足的知识经验是同化学习的前提，因此，等比数列求和公式的学习主要是依靠顺应学习而非同化学习. 顺应学习无疑会增加学习等比数列求和公式推导的难度.

（2）借助于等差数列求和公式的推导方法即倒序相加法来类比而导致失败.

许多教师在讲授等比数列求和公式的推导时，很自然的思路是借助于等差数列求和公式的推导方法即倒序相加法来类比. 学生尝试后发现，用倒序相加法不能解决等比数列求和 $S_n = a_1 + a_1 q + a_1 q^2 + \cdots + a_1 q^{n-1}$（其中 $a_1 \neq 0$, $q \neq 0$）的问题. 也就是说，借助于等差数列求和公式的推导方法即倒序相加法来类比而导致失败. 这必然对学生的心理造成不小的打击.

（3）"新构造一个等式并在它的两边同乘以 q，然后两个等式相减"的思路很难想到，数学中的很多方法不怕做不到，就怕想不到. 以等式 $S_n = a_1 + a_1 q + a_1 q^2 + \cdots + a_1 q^{n-1}$ 为基础，并在该等式两边同乘以 q，得到一个新等式，即 $qS_n = a_1 q + a_1 q^2 + \cdots + a_1 q^n$，这是很难想到的. 为什么"两边同乘以 q"？不乘以 q 行不行？这些问题学生难以在较短时间内想清楚.

（4）推导求和公式的最后一步需用到分类讨论，由 $S_n - qS_n = a_1 - a_1 q^n$ 解出 S_n 必须要进行分类讨论，这对很多学生来说，容易忽视分类讨论而导致错误.

（5）学生利用工作记忆加工"错位相减法求和问题"的认知负荷过重.

美国心理学家古德曼认为，人类心理进化最关键的环节是工作记忆，它是人类脑力活动的核心，是人类许多高级认知活动中决定性的一环. 米勒提出的组块理论指出，青少年工作记忆的容量是 7 ± 2，即 $5 \sim 9$ 个组块，每个组块的信息量受个体知识和经验的影响[12]. 科施纳、斯威勒和克拉克的研究指出，学习受影响的一个重要原因是学习者因工作记忆的容量限制不能有效处理信息[13]，决定学生对数学问题认知快慢的根本因素是个体工作记忆容量的差异[11]. 在公式的推导过程中，学生要面对两个等式，即

$$S_n = a_1 + a_1 q + a_1 q^2 + \cdots + a_1 q^{n-1},$$
$$qS_n = a_1 q + a_1 q^2 + \cdots + a_1 q^n.$$

学生对这两个等式的工作记忆加工的组块数量特别多. 在此基础上，两个等式相减，得到

$$S_n - qS_n = a_1 - a_1 q^n.$$

这必然又会增加不少加工的组块. 粗略统计，学生对这三个等式的工作记忆加工的组块数量远超过了工作记忆容量的上限. 由于学生工作记忆加工负荷太重，必然导致难学.

2.3 小结

2.3.1 等比数列求和公式的教学建议

（1）目前错位相减法仍是课堂教学主流，但许多一线教师在给出推导过程时没有注意引导学生发现公式背后的数学思维．构造新等式在原来等式的基础上解决相关问题是一种重要的数学思维，在面对 $S_n = a_1 + a_1q + a_1q^2 + \cdots + a_1q^{n-1}$ 时，如何分析等式特征？是基于何种目的构造了 qS_n？为什么是 qS_n？构造其他的等式是否可以解决问题？推理方法及过程固然重要，但让学生体会感受公式背后隐藏的数学思想更是帮助学生的数学能力得到提升的重要手段．

（2）HPM 视角可以帮助学生理解数学、探究数学，通过知识起源、发展等来拓宽学生的思维，有许多教师将数学史的相关知识放在了新课引入环节，但在引入之后不再提及，没有注意知识的起源与产生．鉴于等比数列求和公式的数学史实较多，时间跨度较大，可采用"背景—问题—探究—背景"的教学模式，将其分为四个阶段：首先是问题的初次呈现，如以古埃及的等比数列雏形等为例；其次是规律的探究；再次是规律的总结，引导学生根据前几个环节自我总结；最后是规律的应用．此种教学模式是在 HPM 视角下，以学生为主体，通过自然教法来培养学生的逻辑推理、直观想象、数学运算与数学建模的核心素养．

（3）数学教学应以学生为主体，可采取小组讨论的方法在教师的合理引导下让学生参与探索公式的推导过程．在教学时要充分考虑到学生在学习等比数列求和公式的认知心理层面上的困难，适当调整教学进度．进度过快，在认知层面上易造成学生对相关知识的理解的模糊，也易造成学生难以体会等比数列求和公式的重要性与必要性，建议适当增加教学课时，以免学生因为没有搞明白而造成心理负担形成负反馈．学生面对难度较大的知识时容易产生畏难情绪，教师应采用适当的手段，如设置认知冲突、激发学生兴趣等，激活学生的非认知情意系统[11]．

（4）在进行等比数列求和公式的教学时，让学生体会数学运算的简单美，即让学生体会从求和的烦琐运算到求和的简捷运算的简单美．

2.3.2 已有研究存在的问题

（1）对于等比数列求和公式的教学，目前大多数的研究是关于一线教师在教学中实际遇到的问题及对策．截至 2020 年 1 月底的相关文献集中于课堂教学设计与难题的反思总结，缺乏对学生学习等比数列求和公式的认知机制的研究．

（2）等比数列求和公式的推导与应用是高中数学教学的一个难点．突破这个难点可以考虑从学生的学习心理着手，但这方面的研究不多．

（3）如何通过等比数列求和公式的教学培养学生的数学核心素养值得研究．

3 等比数列求和公式教学设计

3.1 基于 MPCK 视角的教学设计——以"等比数列求和公式"为例

3.1.1 基于 MPCK 视角的等比数列求和公式教学应思考的问题

在设计基于 MPCK 视角的等比数列求和公式的教学环节时，教师应思考以下问题：学生为何要学习这个公式？应如何利用学生的前置知识水平来学习这个公式？等比数列求和公式的历史背景是什么？核心是什么？如何调动起学生的学习兴趣？在学习等比数列求和公式的过程中可能会遇到哪些问题？如何解决这些问题？教学中要如何表述、呈现和解释等比数列求和公式的发现、推导和应用？如何让学生体会内在数学思维？

3.1.2 教学分析

（1）教材分析

以人教 A 版为例，等比数列求和公式是人教 A 版必修 5 第二章第五节的内容，主要包括等比数列求和公式的推导与应用. 等比数列求和公式是数列章节的最后一小节，学生此前已学习了等差数列的相关知识和等比数列的有关概念，本节在进一步学习数列的相关知识的基础上解决等比数列求和问题.

教学重点：掌握等比数列求和公式，会使用等比数列求和公式解决实际问题.

教学难点：等比数列求和公式推导过程中数学方法和思想的渗透，错位相减法的理解.

（2）学情分析

学生学习本节内容之前已学习了数列相关知识，通过等差数列求和公式学习了如倒序相加法等推导方法，有一定的自主探究能力，但由于学生此前从未接触过错位相减法的相关思想，短时间内难以理解掌握.

（3）教学目标

知识与技能：理解并掌握用错位相减法推导等比数列求和公式的过程，掌握等比数列求和公式，会简单应用等比数列求和公式解决实际问题.

过程与方法：通过对等比数列求和公式的探究，理解错位相减法的实质，感受探究过程中所蕴含的从特殊到一般的思想，提升学生的分类讨论思想、方程思想等思维能力，使其分析、解决问题的能力得到提升.

情感、态度与价值观：在公式的探究推导过程中，使学生分析、提出、解决问题的能力得到提升，让学生能提炼数学问题、解决数学问题，大胆尝试、敢于创新，从学习数学的过程中体会到成功感，能发自内心感受数学之美.

（4）教学过程

环节一：创设情境

问题：古罗马曾有一个有趣的小故事，一个农民因旱灾向当地的大财主借钱周转，财主提出给农民 2000 个铜币，并且在接下来的一个月内（按 30 天计算）每天都比前一天多

2000个铜币以帮助他渡过灾害.农民很感激财主的帮助,却在还款时陷入了两难的境地.原来财主以体恤农民为由要求农民在第一天还1个铜币,以后的每一天都还前一天所还铜币的2倍,连续还30天后农民所欠账目就一笔勾销.农民很感激,正准备答应时一位智者却告诫农民要小心富人的陷阱.同学们能帮助这位农民想想富人是真心实意帮助他还是已悄悄设好陷阱想要坑害他呢?

设计意图:通过数学情境问题来激发学生对所学内容的兴趣,激活学生的探究思维,让学生体会到数学源于生活,也应用于生活.情境故事中蕴含了刚学不久的等差数列求和公式的应用,检验了学生对先前所学知识的应用水平,同时让学生在教师的引导下能顺利开始探索等比数列求和问题.

环节二:探究新知

具体情境问题中的等比数列求和.

探究1 用已学习的数列知识如何帮助农民揭穿富人的财富陷阱?

分析:学生容易发现揭穿富人陷阱的方法是直接比较欠款和所还金额,而欠款由已学习过的等差数列求和公式可得出 $S_{30}=30\times2000+\frac{1}{2}\times30\times(30-1)\times2000=876000$. 引导学生发现每日还款金额是一个等比数列 $a_n=2^{n-1}$,其和的等式显然为 $T_{30}=2^0+2^1+\cdots+2^{29}$.

设计意图:从已学习过的等差数列求和公式入手,一方面容易建立学生对学习新知识的自信,另一方面顺势而为通过发掘等比数列的性质,归纳出 $T_{30}=2^0+2^1+\cdots+2^{29}$.

此时,因为项数多,而 2^n 在指数大时难以计算,必然会让学生思考是否有像等差数列求和公式一样的公式使计算不再复杂呢?这样可以调动起学生的探究兴趣.

探究2 通过已学习的数列知识如何计算等式 $T_{30}=2^0+2^1+2^2+\cdots+2^{29}$?

分析:学生通过目前学习过的数列知识,自然而然地根据等差数列求和公式的"类似"而迁移到该等式的解决,如可能出现 $T_{30}=\frac{30\cdot(2^0+2^{29})}{2}$ 等,但很快就能发现按照等差数列求和的思路解决该等式行不通,因为等比数列并不适用于等差数列 $a_m+a_n=a_k+a_l(m+n=k+l)$ 的性质,不能用倒序相加法来解决问题.

设计意图:数学知识包罗万象,由于同化学习是最经济的学习方式[11],学生在解决一个不熟悉的问题时最自然的思维即是同化,将之前知识往后迁移,但此种思维在新知识的学习过程中容易形成固化,使学生难以有新的思路、新的角度,激活学生的创新思维,就要让学生意识到很多知识并不是一味同化学习就可以,当一条路走不通时要思考自己能否开辟新的道路.

探究3 利用等比数列的性质如何解决等比数列求和问题?

(小组讨论,教师引导:回忆在推导等差数列求和公式时是如何发现要利用倒序,从等式特征入手)

分析:等差数列求和公式将一个多项数的长等式转化为只有几项 a_1, n, d 的式子,其本质是消项,那么是否可以从消项的角度入手解决等比数列求和问题呢?消项通常以建立新等式相加减来实现,那么建立新等式即是当务之急.引导学生观察等式 $T_{30}=2^0+2^1+2^2+\cdots+2^{29}$,发现每一项的底数2始终不变,而2的指数是从 $0,1,\cdots,29$ 规律变化的，那么建立的新等式是否可以从此特征入手呢？

设计意图：学习数学知识不仅仅是学习某一个公式、定理，让学生体会、理解数学公式、定理背后的数学思想与方法才是提升学生数学水平的重要手段．老师若直接讲出"错位相减法"，学生很难体会到错位相减法的实质，只会套模板使用，极有可能出现换一种问法学生就不会做的情况，而从应该消项到如何消项的知识结构比较合理，学生思维易接受，又是在教师引导下自己得出的结论，所以学生能体会到数学学习的成功感与满足感，在接下来的探究过程中大胆创新．

探究 4 如何建立新等式以满足对等式 $T_{30}=2^0+2^1+2^2+\cdots+2^{29}$ 的消项需求？

分析：由于前三个探究的铺垫，学生已经知道类比初中学习过的加减消元法来解决消项的问题，引导学生从等比数列的相关性质思考，为了消掉中间项，新等式也需要有如 $2^1+2^2+\cdots$，容易发现因为原等式的每一项（从第二项起）都是前一项的 2 倍，在原等式基础上左右两边同乘以 2 即可得到一个新等式，满足其中有 $2^1+2^2+\cdots$ 的需求，即 $2T_{30}=2^1+2^2+\cdots+2^{30}$，$T_{30}=2^0+2^1+2^2+\cdots+2^{29}$，$2T_{30}-T_{30}=-1+2^{30}$，故 $T_{30}=2^0+2^1+2^2+\cdots+2^{29}=-1+2^{30}$．

设计意图：错位相减法的关键在于如何想到要用等式相减来消项，如何建立新等式，引导学生参与建立的过程，让学生在探究的过程中思考、讨论、理解错位相减法．

由特殊到一般的等比数列求和问题．

为了得到等比数列求和公式，接下来研究一般情况．

探究 5 已知等比数列 $\{a_n\}$ 的首项为 a_1，公比为 q，怎样表示数列 $\{a_n\}$ 的前 n 项和 S_n 呢？

分析：学生经历了探究 1~4 的思维过程，容易想到当 $S_n=a_1q^0+a_1q^1+\cdots+a_1q^{n-1}$ 时，为了消除中间项，应建立一个有 a_1q^1，a_1q^2，$\cdots$ 的新等式，而 a_1 始终不变，S_n 的每一项（从第二项起）都是前一项的 q 倍，在原等式的基础上左右两边同乘以 q 即可得到一个新等式，满足其中有 a_1q^1，a_1q^2，$\cdots$ 的需求，即 $qS_n=a_1q^1+a_1q^2+\cdots+a_1q^n$，$S_n=a_1q^0+a_1q^1+\cdots+a_1q^{n-1}$，则 $S_n-qS_n=a_1-a_1q^n$，即 $S_n(1-q)=a_1(1-q^n)$．

设计意图：从情境问题中的特殊的等比数列求和问题理解错位相减法，到一般的等比数列求和问题应用错位相减法，让学生感受在解决问题时从特殊到一般的思维，使学生的理解能力和应用水平得到提升．

探究 6 由等式 $S_n(1-q)=a_1(1-q^n)$，可以直接得到 $S_n=\dfrac{a_1(1-q^n)}{1-q}$ 吗？

分析：等比数列求和问题中学生常忽略 $q=1$ 的情况，在实际应用时就会导致出错，引导学生发现 $q=1$ 时，等比数列是常数列，此时 $S_n=na_1$，只有在 $q\neq 1$ 时，等式 $S_n(1-q)=a_1(1-q^n)$ 才可以左右两边同时除以 $1-q$ 得到 S_n 的表达式，即等比数列求和公式为 $S_n=\begin{cases} na_1, & q=1, \\ \dfrac{a_1(1-q^n)}{1-q}, & q\neq 1. \end{cases}$

设计意图：分类讨论思想是学生学习数学时一种重要的思想，也是容易被学生忽略的思维方法．在学生初次学习时，常忽略需讨论 $q=1$，$q\neq 1$ 的情况，将此问题单独列出引起学生重视的同时，也让学生体会数学思想无时不蕴含在数学知识中，以提升学生的思维水平.

环节三：实际应用

例1 求以 $\frac{1}{7}$ 为首项，$\frac{1}{7}$ 为公比的等比数列 $\{a_n\}$ 的前13项的和.

例2 某品牌新推出一款洗衣液，今年共销售9万瓶. 若从第二年起，每年的销售量是上一年的102.4%，那从今年起，6年内的总销售量为多少？

例3 在等比数列 $\{a_n\}$ 中，已知 $S_4=27$，$S_8=2187$，求其通项公式.

设计意图：通过题目的解决来巩固强化本节课所学知识，在解决问题的过程中培养学生分析、解决问题的能力. 例题的设置从易到难，例1是在学生推导出等比数列求和公式后用简单问题来强化其知识结构，增强学生的自信；例2是一道来自实际生活的应用题，让学生明晰数学与生活的紧密联系，帮助学生全面发展；例3是针对学生易忽略 $q=1$，$q \neq 1$ 的情况，让学生知道在 q 不确定的情况下要分类讨论，帮助学生建立分类讨论的思想.

环节四：课堂小结

探究7 请同学们思考下面三个问题：

①本节课学习了哪些知识？等比数列求和公式与等差数列求和公式的推导过程有何异同？

②等比数列求和公式的探索过程蕴含了哪些数学思想方法？

③通过学习等比数列求和公式，你有何感受与体会？

设计意图：本次课堂小结的重点在于问题①，教师带领学生从学习等比数列求和公式的原因及现实意义到思考推导的方法，再到推导的过程，感悟知识之间的层层递进，更新学生的知识结构；问题②让学生体会数学的精华在于方程思想、分类讨论思想等数学思想，让学生在课堂学习的过程中不断体会和感悟数学思想，从根本上提升数学能力；问题③从学生个体性格与整体发展的辩证统一性出发，个体不同，其认知水平、数学经验等就不同，在学习过程中对相同的数学知识就会有不同的感受与体会.

环节五：课后作业

复习本节课所学内容.

作业：P69 习题 A 组 4，6 题；习题 B 组 2，3 题.

思考：除了错位相减法，你能想到其他的方法来推导出等比数列求和公式吗？

预习：本节课余下的内容.

设计意图：新学知识的内化过程极大程度地依赖于及时的复习巩固，提前预习有助于提升学生新课学习的效率.

3.1.3 教学设计感悟

MPCK 理论指导教学的重心在于过程教学，从学生已有的知识经验出发，引导学生经历数学知识的再创造，使学生能够对所学知识有深刻感悟.

从 MK 的角度分析，数学教师教学的基石是丰富的数学学科知识. 教师要有完备的数学学科知识，即需要熟悉中学教授的数学公式、定理等的历史背景，熟练掌握数学知识的核心，熟练应用数学知识解决生活中的实际问题. 故从 MK 的角度，对等比数列求和公式的教学内容，教师要思考：为什么要学习等比数列求和公式？意义在哪里？先前学习的等差数列相关知识对等比数列求和公式的学习有没有帮助？异同在哪里？错位相减的推导方法是如何想到的？除了错位相减法，有没有其他的推导方法？这些问题不仅存在于课堂教学环节中，是需要教师去整理的数学学科知识，而且问题的提出与解决可以帮助学生理解、掌握等比数列求和公式的内涵．创设情境中提出的问题涉及等差数列求和，是学生已经学习过的知识，而从提出的问题学生能自然过渡到等比数列求和问题．

从 PK 的角度分析，教师要掌握超出学科内容的关于课堂组织管理的主要原则和策略．落实到具体教学中，教师应根据学生的认知水平和内容特点选择合适的教学方法，使知识能生动、恰当地教授给学生．在等比数列求和公式的教学设计中，探究 2 意在启发学生根据数列性质尝试进行等比数列求和的计算，在充分引起学生的认知矛盾后进行探究 3、4 的过程，让学生体会倒序相加法的目的是消项，迁移到等比数列求和问题，是否也可以考虑消项？通过螺旋上升的知识结构让学生逐步发现错位相减法是如何建立新等式并"变加为减"消除中间项的，这样不易引起学生的认知障碍，为探究 5、6 从特殊到一般推导出等比数列求和公式建立基础．站在 PK 的角度，等比数列求和公式教学的重点要落在引导学生如何探究，让学生能通过自己的思考参与到公式探索的过程中，让学生主动完成知识的探索和内化．

从 CK 的角度分析，教师要尽可能地了解学生的学习背景和学习环境、教育目标与价值、教育情境等有关数学学习的知识．这就要求教师要充分了解学生，不仅要了解学生目前的学习情况、对已学习的数列相关知识的掌握情况，而且要关注学生现阶段的认知差异和心理情况，要对学生在学习等比数列求和公式时可能遇到的学习和思维障碍做好预判．在等比数列求和公式的教学中，根据学生已学习的数列相关知识，设计了探究 1、2、3，使学生在教师的指导下可以通过探索性学习，从特殊的等比数列求和中发现并理解错位相减法的原理，再由探究 5、6 自主提炼出等比数列求和公式，使学生成为等比数列求和公式的"发现者"，在这个探索过程中，培养学生的分析能力、分类讨论思想以及从特殊到一般的数学思维．

基于 MPCK 理论的等比数列求和公式的教学设计，通过实际问题中对等比数列求和问题的解决需求，引导学生从解决等差数列求和问题的"消项"思想入手，自主探索如何解决等比数列求和项数多、计算难的问题，利用从特殊到一般、分类讨论的数学思想方法理解并掌握错位相减法，从而让学生自主探索推导出等比数列求和公式，使学生完整地经历了等比数列求和公式的发现创造过程．

3.2 基于核心素养的教学设计——以"等比数列求和公式"为例

3.2.1 数学核心素养与深度学习的关系

为了使学生能够全面发展，满足社会发展需要，解决新时代教育要"培养什么样的人"的问题，教育部于 2014 年提出了核心素养的理念．《普通高中数学课程标准（2017 年版）》[14]中提出了以核心素养为导向的高中课程目标并确定了数学抽象、逻辑推理、数学运算、数学建模、直观想象和数据分析六大数学核心素养，如何有效地培养数学核心素养是目前教学的重点．印锦松等[15-16]提出了深度学习是有效培养学生数学核心素养的关键所在. 深度学习是指学习者将从某一情境中的所学应用到学习新情境中的学习过程（即迁移）[17]. Eric Jensen 和 LeAnn Nickelsen 提出的深度学习的教学策略即课程标准与重难点分析、预评估、营造沉浸式的学习氛围、前置知识的提取、新知识的获取、新知识的深层加工和学生的学习评价被广泛认同[18]. 数学教育中的深度学习，其核心内容是可迁移的知识，包括数学内容知识、学习过程中的方法和思路等，以及将这些知识从是什么、为什么、怎样用三个角度来解决数学问题的知识. 深度学习是主动积极的探究式学习，它将教学重点放在了如何运用问题串激活学生的学习意识与动力，在教师引导下解决问题的过程中使学生主动地培养自身核心素养，达到提升数学水平的目的.

"等比数列求和公式"的学习可以有效地培养学生的数学核心素养. 为了培养新时代人才，开展以等比数列求和公式的教学为载体，研究如何进行深度教学以提升学生数学核心素养的教学是极其富有价值的.

3.2.2 教学过程

(1) 课程标准的要求与教学重难点分析

对教师而言，课程标准在教育部出台的各版高中数学课程标准中都有明确规定，教师需理解、领会并按照课程标准的要求进行教学设计. 以人教 A 版教材为例，课程目标为探索并掌握等比数列求和公式；能在具体的问题情境中发现数列的等比关系，并运用相关知识解决相应的问题；在教学中必须关注现实生活中的问题，使学生了解等比数列模型的作用，并培养学生抽象实际问题模型的能力. 教学的重难点应放在公式的探索上.

(2) 预评估

预评估要求教师在学生获取新知识前对学生认知结构中的已有知识进行预先判断. 合理的预评估是进行深度教学的基础，众多科学研究表明通过测试问卷、师生交谈等方式进行预评估对教师教授新内容有积极的指导作用. 预评估的目的是在教师开始新授课前对学生目前的知识水平有一个初步认识，这样不仅可以收集学生对前期知识的掌握情况，而且可以为教师有针对性地提升学生某些缺失知识提供内容导向. 具体落实在等比数列求和公式的教学设计中，可以采用提问与等比数列求和问题有联系的问题来了解学生对前期知识的掌握情况.

(3) 营造沉浸式的学习氛围

新课标强调要将课堂还给学生，学生是课堂的主导者，为了达到培养核心素养的目标，学生在学习过程中能否发生深度学习显得尤为重要. 基于学生是学习的主体的角度，学生在过程经历时投入的程度极大地影响深度学习的发生和效果，只有深度投入学习过程、深度沉浸知识的发生过程，才能使学生的学习效果最大化. 站在教师立场，应当构建出理想的教学环境，营造出沉浸式的学习氛围，使学生可以积极主动地投入课堂学习的各个环节中. 具体落实在等比数列求和公式的教学设计中，可以在预评估时通过合理预设问题来增强学生对新知识学习的安全感，为其主动参与学习奠定心理上的基础.

(4) 前置知识的提取

不同学生有不同的认知图式和背景知识，教师如何提取学生的前置知识，使新内容与学生已有的认知图示和背景知识相联系是值得思考的问题. 基于认知学，新知识与前置知识的联系如图 1 所示.

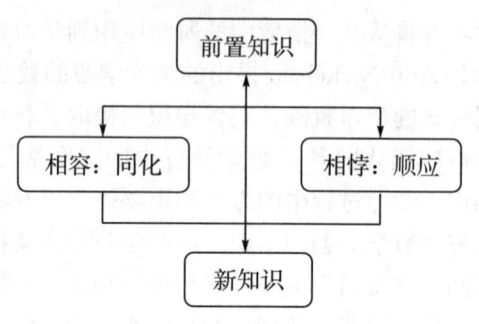

```
            ┌─────────┐
            │ 前置知识 │
            └─────────┘
              ↑     ↑
        ┌─────┘     └─────┐
  ┌──────────┐       ┌──────────┐
  │ 相容：同化 │       │ 相悖：顺应 │
  └──────────┘       └──────────┘
        └─────┐     ┌─────┘
              ↓     ↓
            ┌─────────┐
            │  新知识  │
            └─────────┘
```

图 1　新旧知识的联系

值得注意的是，在深度学习领域，前置知识包括但不限于数学内容的知识，此前学习过程中的数学思路、方法的知识等，同化和顺应并不是非此即彼的关系，如在等比数列求和公式的推导过程中，等差数列求和公式采用的倒序相加法并不适用，即是与新知识相悖，但在学习倒序相加法时加减消项的思想与新知识又是相容的，可以同化．

通过以上分析，设计以下等比数列求和公式教学的预评估问题．

问题 1：推导等差数列求和公式使用的倒序相加法运用了等差数列的什么性质？

问题 2：倒序相加法蕴含了什么样的数学思维？我们曾经在什么时候学习过它？

（5）新知识的获取

找到新知识与前置知识存在何种联系，围绕联结点让学生思考通过等比数列的什么性质来达到消项的目的，学习模仿等差数列求和公式推导过程的思路、方法来推导等比数列求和公式．学生若对此感到困惑，教师则应该引导学生利用初中学习过的"消元"来点拨，从建立新等式消项来着手，使学生不至于有思维上的障碍．请学生分小组讨论后展示讨论结果．

由学习等差数列求和公式时构建新等式来实现消除中间项迁移到等比数列求和问题中，对于等比数列的和 $S_n = a_1 + a_2 + \cdots + a_n = a_1 + a_1q + \cdots + a_1q^{n-1}$，$a_1$ 始终没有变化，而 q 的次数是从 $0, 1, \cdots, n-1$ 变化的，q 的变化不影响 a_1，引导学生从 q 入手建立新的等式 qS_n，即 $qS_n = a_1q + a_1q^2 + \cdots + a_1q^n$，$S_n = a_1 + a_1q + \cdots + a_1q^{n-1}$，$S_n - qS_n = a_1 - a_1q^n$，即 $S_n(1-q) = a_1 - a_1q^n$，此时，要注意 $1-q$ 是否等于 0．若 $1-q \neq 0$，则 $S_n = \dfrac{a_1(1-q^n)}{1-q}$；若 $1-q=0$，等比数列是常数列，此时 $S_n = na_1$．

故等比数列求和公式为 $S_n = \begin{cases} na_1, & q=1, \\ \dfrac{a_1(1-q^n)}{1-q}, & q \neq 1. \end{cases}$

（6）新知识的深层加工

①等比数列求和公式的简单应用．

例 4　某游乐园为了解决经营问题推出了套票，1 月共销售 4900 张．若从 2 月起，每月的销售量比上月同比增长 1.7%，求今年的总销售量．

此例题是直接应用等比数列求和公式解决问题，但学生需要先从题干中的实际问题里抽离出数学元素，建立模型解决，直接培养了学生的数学抽象、数学运算、数学建模的能力，且题目本身不难，学生容易解决，不仅起到了巩固加深新知识的作用，也使学生容易获得成就感,使学生主动积极地进入更深层的学习.

②等比数列求和公式的其他推导方法.

除了错位相减法,引导学生使用其他的推导方法推导等比数列求和公式,使学生从一种思维模式中跳出来,认识到数学知识"条条大路通罗马",培养学生的逻辑推理、数据分析等核心素养,提升学生的数学水平.

思路一:利用等比定律,由 $\frac{a_2}{a_1}=\frac{a_3}{a_2}=\cdots=\frac{a_n}{a_{n-1}}=\frac{a_{n+1}}{a_n}=q$ 的性质,可得 $\frac{a_2+a_3+\cdots+a_n+a_{n+1}}{a_1+a_2+\cdots+a_{n-1}+a_n}=q$,即 $\frac{S_n+a_1(q^n-1)}{S_n}=q$,则 $1-\frac{a_1(1-q^n)}{S_n}=q$.

注意要培养学生分类讨论的数学思想,让学生分别讨论 q 是否为1的情况,从而顺利推导出等比数列求和公式.

思路二:由思路一得到启发,同样利用等比数列的有关性质,得到 $\frac{a_2}{a_1}-1=\frac{a_3}{a_2}-1=\cdots=\frac{a_n}{a_{n-1}}-1=q-1$,即 $\frac{a_2-a_1}{a_1}=\frac{a_3-a_2}{a_2}=\cdots=\frac{a_n-a_{n-1}}{a_{n-1}}=q-1$,则 $\frac{a_n-a_1}{S_n-a_n}=q-1$.

同样需注意培养学生分类讨论的数学思想,让学生分别讨论 q 是否为1的情况,从而顺利推导出等比数列求和公式.

③等差、等比数列求和公式的综合运用.

数列问题作为高中数学学习的传统难题,在考查时往往不会只以等比数列求和问题出现,而是将等差、等比数列相结合,课堂上只学习等比数列求和公式的推导与简单应用是远远不够的,还要对它进行更深层次的挖掘.

类型一:利用等比数列求和公式中 q 能否为1的性质快速解决问题.

例5 若等比数列 $\{a_n\}$ 满足 $a_2 \cdot a_4=\frac{1}{2}$,则 $a_2 \cdot a_3^2 \cdot a_5=$ _____.

思路一:常规思路使用整体代换的思想将 a_n 均代换成含有 a_1q 的式子进行计算,即 $a_2 \cdot a_4=a_1q \cdot a_1q^3=a_1^2q^4=\frac{1}{2}$,$a_2 \cdot a_3^2 \cdot a_5=a_1q \cdot (a_1q^2)^2 \cdot a_1q^4=a_1^4q^8=\frac{1}{4}$,过程与计算虽不复杂,但在考试中花3分钟左右的时间解决此类问题并不明智.

思路二:推导等比数列求和公式时教师反复强调过分类讨论的重要性,其实质是 $\{a_n\}$ 公比是否为1,此类题目条件中并未限制 q 是否为1,并且 $q=1$ 时题目条件并不矛盾,那么为何不能将 $\{a_n\}$ 看作是 $q=1$ 的公比数列以方便计算呢?若 $\{a_n\}$ 的公比为1,则 $a_2 \cdot a_3^2 \cdot a_5=(a_2 \cdot a_4)^2=\frac{1}{4}$,只需几秒即可得到正确答案. 学生之所以不容易想到是因为对等比数列及其求和公式的认识不深入,对 q 是否为1的理解不够深刻.

例6 已知在各项均为正数的等比数列 $\{a_n\}$ 中,$a_1 \cdot a_5=4$,则 $\log_2 a_1+\log_2 a_2+\log_2 a_3+\log_2 a_4+\log_2 a_5=$ _____.

思路:题目中并未限定 q,先假定 $q=1$,又因为 $\{a_n\}$ 各项均为正数,且 $a_1 \cdot a_5=4$,则 $a_1,\cdots,a_n$ 均为2,则 $\log_2 a_1+\log_2 a_2+\log_2 a_3+\log_2 a_4+\log_2 a_5=5\log_2 a_2=5\log_2 2=5$.

过程与题干条件并不矛盾,故假定是可行的,运用此种方法能快速得到答案.

类型二:数列求和问题中的综合运用.

例7 已知 $C_n=(3n-1)\cdot 2^{n-1}$，求 $\{C_n\}$ 的前 n 项和 $\{S_n\}$。

分析：错位相减法常用于解决形如 $\{(an+b)q^{n-1}\}$ 的数列的求和问题，它的标识是等差×等比。错位相减法是考试常考内容，解题过程模式化，但由于对学生计算能力要求较高，学生极易出错，且很多学生易忽略求出 S_n 后令 $n=1,2$ 检验其是否与通项公式所求结果相同，这样可以有效避免计算错误。

思路一：使用错位相减法的常规做法，即

$S_n=C_1+C_2+\cdots+C_n=2\cdot 2^0+5\cdot 2^1+\cdots+(3n-1)\cdot 2^{n-1}$，

$2S_n=2\cdot 2^1+5\cdot 2^2+\cdots+(3n-1)\cdot 2^n$，

$-S_n=2+3\cdot\dfrac{2\cdot(1-2^{n-1})}{1-2}-(3n-1)\cdot 2^n$，

$S_n=4+(3n-4)\cdot 2^n$。

（检验：当 $n=1$ 时，$S_1=C_1=2$；当 $n=2$ 时，$S_2=C_1+C_2=12$，结果正确）

思路二：（若错位相减法应用在小题中，可使用此法快速得到答案）对于通项公式，如 $C_n=(an+b)q^{n-1}$，令 $S_n=(An+B)\cdot q^n+C$，其中 $A=\dfrac{a}{q-1}$，$B=\dfrac{b-A}{q-1}$，$C=-B$，则 $C_n=(3n-1)\cdot 2^{n-1}$，$A=\dfrac{3}{2-1}=3$，$B=\dfrac{-1-3}{2-1}=-4$，$C=4$，故 $S_n=(3n-4)\cdot 2^n+4$。

（7）学生的学习评价

基于深度学习的学习评价鼓励采用形成性评价与及时反馈同步的方式进行教学，它强调教师要使用评价过程中学生的表现、学习的内容来激发学生的学习动力，使用正面的反馈来提高学生的学习能力。大量实践是深度学习的基石，在实践过程中教师及时地进行解释性的正面评价可以帮助学生纠错，形成正确的知识结构。基于培养学生核心素养的等比数列求和公式的教学使用的深度学习是利用问题的提出与解决来一步一步内化知识内容的，这必然涉及课堂中大量问题的提出。学生在解决这些问题时，教师适时地解释性评价而不是单纯对错反馈的评价，能加速学生的深度学习进程，例如，在预评估的问题环节中，等差数列的性质多且繁杂，每个学生的前置知识水平与认知结构也不同，回答有对有错，教师不能仅说回答的对错，可以请学生思考并回答为什么。如果学生也感到困惑，那么教师采用解释性评价不仅使学生得到正面反馈而调动积极性，也为回答错误的学生进行了纠错。而及时有效的课后反馈不仅使课堂活动更加完整，也对学生的学习有指导性的意义，具体表现在课后作业的完成情况上。

3.2.3 教学设计感悟

数学核心素养的培养不是孤立的，它是一个动态的过程。自教育部发布核心素养的培养方案以来，教育界基于核心素养的改革之风愈刮愈烈，培养数学核心素养是数学教育改革的重点。如何培养？从哪些方向培养？具体措施有哪些？如何不让改革浮于表面？这些是目前中学数学教学遇到的难题。已有的研究表明，深度学习是培养学生数学核心素养的有效手段。核心素养不是孤立的存在，六大数学核心素养虽然已经明确，但核心素养之间的关系是相互独立、相互依存的。相互独立是指各核心素养之间的概念是独立的，各自不同；相互依存是指在具体培养过程中，教师不能只培养某一核心素养，应该做到你中有我，我中有你，明确了它们的关系才能真正做到基于核心素养的教学。深度教学正是贯彻这一主张的理论. 在深度教学的几个环节中, 核心素养的培养一直穿插其中, 如在上述教学设计中, 新知识的获取一节, 从倒序相加联系到消项再到新等式的建立, 有效地培养了学生的逻辑推理、数学运算、数学建模等核心素养; 深加工环节需要学生从实际问题中提取数学元素解答, 培养学生的数学抽象、数学运算等素养, 错位相减法的几道例题则着重培养学生的数学建模素养. 这些过程都是教师提出问题, 学生在教师的引导下主动去解决问题, 在学习数学知识的过程中, 能自主地培养数学核心素养才是深度学习的真谛. 学生只有主动地去培养自己的数学核心素养, 而不是在教师教学时无意识地被动培养, 才能从源头上提高自己的数学水平, 才能真正做到"想学、会学".

参考文献

[1] 蔡东山, 瞿鑫婷, 沈中宇. HPM视角下的等比数列求和公式教学 [J]. 数学教学, 2019 (9): 8-13.

[2] 汪晓勤. 几何视角下的等比数列求和公式 [J]. 中学数学教学参考, 2006 (5): 12-13.

[3] 吴现荣, 宋军. HPM视角下的等比数列前 n 项和公式教学 [J]. 数学通报, 2016, 55 (7): 28-31, 34.

[4] 汪晓勤. 纸草书上的数列问题 [J]. 数学教学, 2010 (1): 29-31.

[5] 汪晓勤. HPM数学史与数学教育 [M]. 北京: 科学出版社, 2017: 21.

[6] 于涛. 基于"最近发展区"的等比数列前 n 项和公式教学 [J]. 数学教学通讯, 2018 (12): 13-15.

[7] 魏成年. 从学生的元认知水平出发, 追求自然的数学教学——等比数列教学中的类比思想与数学探究 [J]. 数学教学研究, 2017, 36 (2): 14-16.

[8] 杜言言. 基于探究式的公式推导教学设计与思考——以"等比数列的前 n 项和"为例 [J]. 数学教学通讯, 2019 (33): 33-34.

[9] 施良方. 学习论 [M]. 北京: 人民教育出版社, 2001.

[10] 叶浩生. 西方心理学的历史与体系 [M]. 北京: 人民教育出版社, 1998.

[11] 赵思林. "对数"定义难学的心理分析 [J]. 数学教育学报, 2012, 12 (6): 77-81.

[12] George A M. The Magical Number Seven, Plus or Minus Two: Some Limits on Our Capacity for Processing Information [J]. Psychological Review, 1956 (63): 81-87.

[13] Kirschner P A, Sweller J, Clark R E. Why Minimal Guidance during Instruction Does Not Work: An Analysis of the Failure of Constructivist, Discovery, Problem-based, Experiential, and Inquiry-basde Teaching [J]. Educational Psychologist, 2006, 41 (2): 75-86.

[14] 中华人民共和国教育部. 普通高中数学课程标准 (2017年版) [M]. 北京: 人民教育出版社, 2017.

[15] 印锦松. 深度学习是提升数学核心素养的有效途径 [J]. 高中数学教与学, 2019 (12): 15-17, 41.

[16] 祝智庭, 彭红超. 深度学习: 智慧教育的核心支柱 [J]. 中国教育学刊, 2017 (5): 36-45.

[17] National Research Council. Education for life and work: developing transferable knowledge and skills in the 21st century [M]. Washington D.C.: National Academies Press, 2013: 5-6.

[18] Eric Jensen, LeAnn Nickelsen. 深度学习的7种有力策略 [M]. 温暖, 译. 上海: 华东师范大学出版社, 2010.

第九节 基本不等式的教学设计[①]

1 引言

《大科技》早在 2012 年就做了一份关于"有多少人讨厌数学"的调查，结果显示有接近三分之一的小学生害怕数学、抵触数学，到了中学，这一比例更是有增无减，在 2013 年甚至出现了"让数学滚出高考"的言论以及"数学无用论"的派别．相较于枯燥难懂的数学课，学生更喜欢能够自由奔跑的体育课、放声歌唱的音乐课、释放压力的语文课以及充满未知与好奇的物理、化学课．为什么大家如此害怕甚至讨厌数学呢？究其原因，大概可以分为以下三种：

首先，数学本身具有高度的抽象性和逻辑性．我们可以通过生活中的实际例子来验证物理学的定理，可以在化学实验室验证化学书上的结论，可以通过显微镜观察生物的细胞，但我们却无法真真切切地看到或者摸到数学中的极限和虚数，也没有人能说得清因式分解本身真正的意义．越高深的数学知识，与平常人的生活越遥远，年纪越大，越感受不到数学的用处，因为无法与实际生活相联系，便很难对数学产生学习兴趣．

其次，数学是一门对连续性要求极高的课程．一旦没有学懂数轴和相反数，就很难理解绝对值的几何意义；一旦没有学懂导数的含义，就很难对积分进行运算．每一个知识点的学习都在为学习下一个知识点做铺垫，不能存在一丝侥幸心理．一旦有某一个知识点没有理解透彻，就会导致后续的学习十分吃力，随着落下的课程越来越多，自然而然地就会选择放弃．

最后，数学的教学方式大多枯燥乏味之极．数学老师通过黑板或者多媒体展示运算过程或者数学定理，学生埋头不停做笔记，一个公式配合两三道例题，笔记本看起来整整齐齐、内容充实，但那些知识却只是停留在笔尖，学生脑袋里空荡荡的，翻开笔记全记得，关上笔记都忘完，又怎么能深刻理解并熟练运用这些公式和定理呢？

正是因为数学具有这些鲜明的"特点"，所以数学成了"最不受待见"的一科．但是仔细观察整个世界，可以发现数学与我们的日常生活有着千丝万缕的联系，能够培养我们的逻辑思维能力，使我们考虑问题更加全面、严谨，能用理性的思维判断事物的是非对错．而坚持消极言论的人无非是只看到数学高度的抽象性，甚至可以说，他们是在逃避数学，逃避困难，而不会试图去解决问题．

杜宾斯基[1]曾说过："数学是困难的，不管用什么教学方法都无法改变这个事实．因此，我们必须保持一种欣赏的心态来学习数学，只有这样才能逐渐发现数学的美．"那么，如何让学生对数学保持一种欣赏的心态呢？优异的教学设计研究就显得尤为重要，具体体现在以下几个方面：有利于提高学生对数学的学习兴趣；有利于教学工作的科学化；有利于教学理论与教学实践的结合；有利于逻辑思维的培养；有利于提高青年教师的教学

[①] 作者：唐瑞、赵思林（指导教师）．

能力[2].

教学设计研究有利于提高学生对数学的学习兴趣. 学生对数学产生畏惧心理的原因, 除了数学本身的难度高, 还与教师的教学方式有关. 通过询问实习学校的学生对数学课的感受发现, 他们喜欢上数学课的绝大部分原因是数学教师幽默的上课方式以及清晰的逻辑讲解. 而对于一些上课比较"死板"的新手教师来说, 上课总是按照"新课引入—新知讲解—例题练习—本堂小结—布置作业"的五步教学法进行授课, 缺乏新意, 更不会结合学情设计教学方式, 因此无法激发学生的学习兴趣.

教学设计研究有利于教学工作的科学化. 正所谓"台上十分钟, 台下十年功", 虽然一堂课只有 45 分钟, 但是如果不做任何准备就授课, 必然导致上课过程中出现逻辑问题、完全按照课本安排进行授课、在设想下一步内容时忽略学生的感受等, 这也是传统教学中常见的以教师为中心、以课堂为中心、以书本为中心的现象. 因此, 为了使教学工作顺利进行, 保证学生的学习效率, 在课前查阅相关资料、观摩优秀公开课, 并且针对不同学生进行适宜的教学设计是必不可少的.

教学设计研究有利于教学理论与教学实践的结合. 长期以来, 教学理论与教学实践相脱离, 大部分教师在教学过程中不会运用所学到的教学理论, 导致这些教学理论成为"纸上谈兵". 这时, 教学设计研究起到了不可或缺的桥梁作用. 通过拟定教学设计, 不仅可以将已有的教学理论运用于教学实践, 而且可以将教学经验进行升华, 进而完善目前的教学理论, 为后来的研究者提供参考. 这样便可以将教学理论和教学实践完美地结合在一起.

教学设计研究有利于逻辑思维的培养. 优异的教学设计可以完美地再现课堂实际, 在拟定的过程中, 需要充分考虑学生的实际情况, 根据教学目标设计合理的教学过程, 严谨地考虑在课堂中可能出现的"意外", 并设想解决方案. 在这个过程中, 必须清楚是什么、为什么以及怎么做, 即这个部分教授什么内容, 为什么这样教授, 采用什么方法. 学生如果出现疑问, 应该如何为学生解答. 因此, 通过研究教学设计, 可以培养逻辑思维能力, 帮助人们提高分析问题和解决问题的能力.

教学设计研究有利于提高青年教师的教学能力. 教学并不是将书上的知识"塞"给学生, 而应该让学生喜欢学习、主动学习. 因此, 青年教师可以通过查阅优异的教学设计, 学习相关的教学理论以及教学方法, 经过不断地模仿一线教师及专家的教学设计过程并加以实践, 从而不断地积累教学经验, 形成自己的教学风格, 这样可以在相对较短的时间内提高青年教师的教学水平.

下面说明为什么选择"基本不等式"作为教学设计研究的主体.

首先, 基本不等式是高考中的常考点. 整张试卷中有大半的篇幅涉及不等式, 这不仅体现在题目中, 甚至在解答过程中也经常用到不等式. 其次, 基本不等式是培养学生逻辑思维能力和数学应用意识的好素材. 基本不等式的证明方法较多, 可以通过设置"一题多证"培养学生的发散思维能力以及创造性思维. 同时, 相比于三角函数、导数等知识, 基本不等式具有更加广泛的应用价值. 通过运用基本不等式, 不仅可以解决函数最值问题, 还可以解决范围问题等, 更重要的是使解答过程简捷明了、易于理解. 最后, 基本不等式是学习高等数学的基础. 数学具有连续性, 高中的基本不等式正是为学习高等数学中的施瓦兹不等式、赫尔德不等式等作铺垫, 以便解决更为复杂的问题.

2 基于 APOS 理论的基本不等式教学设计

本研究通过对 APOS 理论进行研读，以"基本不等式"的教学设计为例，同时结合情境教学法、讨论教学法，设计出讲授"基本不等式（第 1 课时）"的四个阶段.

在"操作"阶段，通过"天平称重"活动感受算术平均数 $\frac{a+b}{2}$ 和几何平均数 $\sqrt{ab}$，建立基本不等式的初步形式. 这种引入方式既简单直接，又与生活实际和其他学科相联系，同时还避免了人教 A 版中通过弦图引入时由于"不自然"的替换而带来的麻烦.

在"过程"阶段，提炼出基本不等式，并结合所学知识及经验对其进行多角度证明. 首先，本研究根据基本不等式的证明方法较多的特点，在该阶段设置讨论教学的环节，时间控制在 4 分钟；其次，让学生以四人为一小组进行讨论，交流各自的证明方法，培养学生的交流能力和逻辑思维能力，时间控制在 5 分钟；最后，派小组代表向全班介绍本小组的讨论结果，并由教师进行修正和补充，时间控制在 10 分钟. 由于本研究主要针对学习成绩一般的学生，所以在课堂上并没有拓展基本不等式的其他几种不常见的证明方法.

在"对象"阶段，提出基本不等式的定义，并说明"基本"二字的含义，可适当扩展书本知识，感受数学文化的魅力.

在"图式结构"阶段，通过例题及变式，加深对基本不等式的理解，深入感受基本不等式的应用价值及重要性；再重新整合、加工，得出"图式"，便于后续知识的学习以及相关题目的解决.

2.1 学情分析

学生在初中阶段已经学习了不等式基本性质关系、一元一次不等式及一元一次不等式组，并在此前再次深入学习了不等式性质，同时还具备了圆和平面几何的基本知识，为本节课的学习奠定了良好基础.

2.2 教学目标

（1）通过"天平称重"活动，得出基本不等式.
（2）掌握多角度证明基本不等式的方法.
（3）运用基本不等式解决简单的最值问题，体会数学的应用价值.

2.3 教学重点、难点

教学重点：能从多个角度证明基本不等式，建构数学框架.
教学难点：能利用基本不等式解决函数最值问题.

2.4 教学过程

第一阶段——操作(或活动)（action）阶段

问题 1 呈现在同学们面前的是一个两臂不等的天平、一些砝码以及一颗小石头. 将石头放在天平的左边托盘时，砝码的重量为 a；将石头放在天平的右边托盘时，砝码的重

量为 b. 那么石头的重量是否为 $\dfrac{a+b}{2}$ 呢？你能确定石头的真实重量吗？

设计意图：对比人教 A 版、上海版及苏教版三个版本的教材后，发现利用"天平称重"引入基本不等式较为合理．通过物理实验中熟悉的天平，不仅可以带领学生巩固物理知识"力乘力臂相等"，又能避免人教 A 版中"如果 $a>0$，$b>0$，用 $\sqrt{a}$，$\sqrt{b}$ 分别代替重要不等式 $a^2+b^2 \geqslant 2ab$ 中的 a，b"的不自然过程，更重要的是，学生可以容易地构建出 $\sqrt{ab}$ 和 $\dfrac{a+b}{2}$，简单直接，不必经历一些过于突兀且容易产生困惑的过程．

第二阶段——过程（process）阶段

经过"天平称重"的活动阶段，学生可以直接猜想 $\dfrac{a+b}{2}$ 和 $\sqrt{ab}$ 的大小关系，并进行证明，而不必通过天平的具体操作来进行外部刺激．

问题 2 猜想 $\dfrac{a+b}{2}$ 和 $\sqrt{ab}$ 的大小关系，并给出证明过程．

生 1：我代入了几组特殊值，发现 $\dfrac{a+b}{2} \geqslant \sqrt{ab}$．

师：该不等式在什么时候取等号呢？

生 1：当 $a=b$ 的时候．

师：回答得非常好！但这只是我们的猜测，虽然有几组特殊的数据满足这个不等关系，但是这并不能代表所有的数据都满足．数学讲究严谨，我们能不能证明这个不等关系呢？同学们先独立思考 5 分钟．

接着安排学生前后四人为一个小组进行讨论交流，教师询问讨论过程，可直接指出学生在讨论时语言或逻辑上出现的小错误．

生 2：可以用"作差法"，以前比较两个数的大小以及判断函数单调性的时候都用过这个方法．

$\dfrac{a+b}{2} - \sqrt{ab} = \dfrac{a+b-2\sqrt{ab}}{2} = \dfrac{1}{2} \cdot (\sqrt{a}-\sqrt{b})^2 \geqslant 0$，也就是说，$\dfrac{a+b}{2} \geqslant \sqrt{ab}$．

生 3：还可以倒过来证明．因为 $(\sqrt{a}-\sqrt{b})^2 \geqslant 0$，所以 $a+b-2\sqrt{ab} \geqslant 0$，$a+b \geqslant 2\sqrt{ab}$，两边同时除以 2，就可以得到 $\dfrac{a+b}{2} \geqslant \sqrt{ab}$．

师（顺势讲授综合法及分析法）：两位同学都回答得非常好！并且，生 3 的证明方法在参考书中最为常见，这种证明方法在数学上称为综合法，它是解答者思考出解答过程后，将解答过程按照"顺序"的方式呈现的方法．然而对于一些较难的题目，数学家通常采用"倒序"的方式呈现他们解题的过程，即"由果溯因"，这种方式能清楚地展现数学家的思考过程，而这就是我们在今后会系统学习的证明方法——分析法．

此时，教师利用多媒体课件展示综合法和分析法的书写过程，并向学生讲明使用分析法时的注意事项：上述每一步都可逆．

分析法解答步骤：

要证：$\sqrt{ab} \leqslant \dfrac{a+b}{2}$，需证：$2\sqrt{ab} \leqslant a+b$．需证：$2\sqrt{ab} - a - b \leqslant 0$，需证：

$-(\sqrt{a}-\sqrt{b})^2 \leqslant 0$，需证：$(\sqrt{a}-\sqrt{b})^2 \geqslant 0$. 显然$(\sqrt{a}-\sqrt{b})^2 \geqslant 0$成立，当且仅当$a=b$时，等号成立.

设计意图：在APOS理论的指导下，结合讨论教学法，适时安排学生对特定问题——如何证明基本不等式进行讨论，培养学生的表达能力和逻辑思维能力. 同时，使用讨论教学法不仅可以帮助教师及时了解学生的学习情况，还可以帮助学生及时解决困惑和改正对知识点的错误理解，提高课堂效率.

问题3 上述的三种方法均为代数法，尝试从几何角度出发，证明此不等式.

师：如图1所示，有两条长分别为a，b的平行线段，将其平移到首尾连接，交点为M. 以$\dfrac{a+b}{2}$为半径，连接后的线段中点为圆心O画圆.

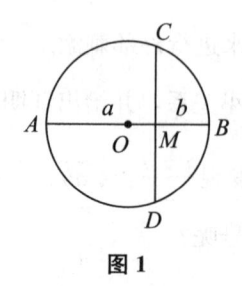

图1

以点M为垂足，作连接后的线段的垂线，交所画圆于点C，D. 试图找出图形中的不等关系.

引导学生从"圆的半径大于等于弦长的一半"，即$CO \geqslant CM$，得出上述不等式.

设计意图：相比于直接告诉学生数学概念或公式，更重要的是让学生自己归纳出概念或寻找到公式，因此将基本不等式的证明作为本节课的重点，旨在过程阶段让学生感受数学形式化结论的一般形成过程——实验、观察、猜想、证明、归纳、概括，形成结论，由此克服难点，突破重点. 通过问题串引导学生探索及证明基本不等式，培养学生的独立思维能力以及对学习数学这门学科的自信心. 这不是一蹴而就的，需要教师在课堂上及课后活动中给予学生更多的帮助.

第三阶段——对象（object）阶段

通过分别从代数角度和几何角度证明基本不等式的活动，基本达到公式内化的效果，让学生在脑海中形成清晰的"对象"，此时再对公式进行命名，则水到渠成.

师：我们称公式$\dfrac{a+b}{2} \geqslant \sqrt{ab}$ $(a>0，b>0)$为基本不等式. 早在公元3世纪，我国数学家赵爽就在《周髀算经》中有所提及，可见中华文化博大精深. 其中$\dfrac{a+b}{2}$称为a，b的算术平均数，$\sqrt{ab}$称为a，b的几何平均数.

问题4 为什么称$\dfrac{a+b}{2} \geqslant \sqrt{ab}$ $(a>0，b>0)$为"基本"不等式？

"基本"可理解为基础、重要等含义，由基本不等式可以推导出均值不等式、重要不等式、柯西不等式等使用更加广泛的不等式；同时，两个正数通过四种运算（加法、乘法、除法和开方），催生出它们的算术平均数和几何平均数的内在规律. 因此，基本不等式涉及代数与几何中的"基本量",这一形式与重要的数学概念和性质相关,不仅体现与基础知识的联系,而且表述形式相当简捷[3].

设计意图:大部分一线教师及专家会省略解释"基本"二字的过程,这会给一些爱钻研的学生留下困惑,因此教师可通过查阅资料,再结合自身的理解为学生做出详细解释或适当引导学生课后自行研究.但对"基本"的解释不必过于复杂,点到即可,这并不是本节课的教学重难点,只需要让学生对此有个大概了解.

第四阶段——图式结构(schemas)阶段

当学生经历活动、过程、对象三个阶段后,再结合原有的相关知识,即在前面课程中所学习的不等式性质等,通过例题练习,加深对基本不等式的理解;再重新整合、加工,得出"图式",便于后续知识的学习以及相关题目的解决.

例1 当 m 为正数时,求证:$m+\dfrac{1}{m} \geq 2$.

设计意图:通过例1的练习,让学生初步感受基本不等式的应用价值及重要性,"学有所用"是培养学生学习兴趣的关键途径之一.

例2 已知函数 $y=x+\dfrac{1}{x-3}$,当 $x>3$ 时,求函数的最小值.

设计意图:通过例2的练习,感受利用基本不等式解决函数最值问题的方便性,同时引导学生归纳出解决最值问题的"口诀":一正二定三相等.该口诀充分体现了解题过程的三个步骤及注意事项,有利于降低学生的犯错概率."口诀"是教师引导学生理解数学概念的本质或归纳做题方法时由师生一同总结得出的.好的"口诀"经过口口相传、不断完善,可形成朗朗上口、简捷实用的一句话或一些文字,避免对定理和解答过程的烦琐记忆.

例3 已知函数 $y=x+\dfrac{1}{x-3}$,当 $x \geq 4$ 时,求函数的最小值.

设计意图:通过例2和例3的对比练习,让学生深刻理解口诀"一正二定三相等",感受当自变量范围改变时最值的变化.在教学过程中,"口诀"不宜由教师直接告诉学生,应该让学生经历几次"试错"体验,由教师引导学生归纳、总结得出,这样会让学生对"口诀"的理解更加深刻.

当人们学会一个新的知识后,往往需要沉淀一段时间才能加以运用,这种现象在学生中尤为普遍.他们无法快速地将刚学的知识点与课后练习题联系在一起,更不必说看到题目背后的深层含义,以及题目与知识点之间的深层关系[4].这时,需要充分发挥教师的主导作用,从教材的例题上"大做文章",带领学生深入研究基本不等式,贯彻学生的主体作用.

布置作业:

(1) 复习本节课所学内容.
(2) P46 练习题 1、2、3 题.
(3) 思考题:尝试从函数、数列等角度证明基本不等式.
(4) 预习本节剩下的内容.

设计意图:分别从学习方法和分层培养两个方面布置作业,重点培养学生养成课前预习、课后复习的习惯.针对学生学习能力的不同,通过设计基础题和思考题,达到分层教学的目的.

3 关于教学设计的反思

重视概念和公式的生成过程是培养学生数学思维能力的关键[5],同时本节课为基本不等式第 1 课时,因此将本节课的重难点放在基本不等式的发现及证明过程上,基于 APOS 理论,通过问题串引导学生得出基本不等式及"口诀":一正二定三相等,组织学生自行证明基本不等式,完成简单练习,让学生主动思考,培养学生的数学思维能力.

该教学设计是在深入研究数十篇优秀教学设计后,以教材为主设计而定,但是该教学设计仍存在不足之处:首先,证明方法过于单调. 该教学设计总共提及四种证明方法,分别为作差法、综合法、分析法和几何证明法,教师应该根据学生的学习能力,还可考虑从数列、向量等角度进行证明,构建数学框架. 其次,重要不等式及基本不等式的关系没有提出. 为避免人教 A 版中用"弦图"引入时直接用 $\sqrt{a}$,$\sqrt{b}$ 代替 a,b 的不自然环节,在比较上教版、苏教版和人教 A 版三个版本的引入方式后,选择利用"天平称重"引入基本不等式,但是却忽略了两种不等式之间的关系以及培养学生"整体替换"的意识. 最后,该教学设计的内容较少,更适用于基础一般的学生,对于基础较好、学习能力较强的学生,需要增加教学内容,根据学生的"最近发展区",设计出更适合本班学生的教学设计.

参考文献

[1] 鲍建生,周超. 数学学习的心理基础与过程 [M]. 上海:上海教育出版社,2009.

[2] 赵思林. 中学数学研究性教学与案例 [M]. 成都:四川大学出版社,2016.

[3] 曾萍,邵婧怡. 基于认知负荷理论的"基本不等式"教学设计 [J]. 中学数学杂志,2018(9):9-12.

[4] 郭佩华. 创设探究平台 激发学生思维——《基本不等式》教学设计 [J]. 江苏教育:中学教学,2013(7):56-58.

[5] 陈玲玲. 核心概念教学不惜时 多角度认识基本不等式 [J]. 上海中学数学,2018(3):33-35.

第十节 平面的公理的教学设计[①]

1 引言

平面这一节是学生接触公理的开端,平面的公理为研究线与平面的关系奠定了基础. 平面作为不加定义的原始概念,并且平面的公理及推论也没有给出证明,这些内容看似简单,但要使学生接受并理解绝非容易之事,更不要谈记忆与应用. 不能把概念和公理强行

---

① 作者:刘丹、赵思林(指导教师).

灌输给学生，其实学生在高中阶段的抽象逻辑思维已经进入成熟期，学生的推理能力也有了明显的进步，所以为了让学生更好地掌握知识，教师应根据学生的实际发展情况进行教学设计.

为何要选择研究平面的公理呢？平面的公理作为立体几何公理体系的基石，经历了漫长的历史发展过程，才形成了如今的三个公理，有着重要的教育价值. 在高考中对立体几何的考查内容相对稳定，教师很少会对平面的公理进行更深一步的拓展和更多方面的应用研究，导致学生在解决相关问题时无法准确应用公理. 让学生准确理解平面的公理，体会它的价值和作用，是必须要做的事情，而且针对现在这方面研究较少的情况，本教学设计研究可以为后来者的研究提供参考，设计出更高效有用的教学设计.

2 文献综述

平面的公理是立体几何公理体系的基石，是研究空间图形及进行逻辑推理的基础，也是学生感到抽象难懂、懂而难会的学习内容，值得研究. 采用文献法，分析了平面的概念、平面的公理所具有的数学文化教育价值，从平面的概念、平面的公理、平面公理的推论、平面公理的理解与应用等方面对它们的教学情况作了评述.

赵思林等[1]在分析新修订的《义务教育数学课程标准（2011 年版）》[2]和《普通高中数学课程标准（2017 年版）》[3]后发现，在初中"图形与几何"和高中立体几何中都删除了沿用上百年的"公理"这一重要概念，这两本新课标把修订之前称为"公理"的专用名词全部改成了"基本事实"，如《义务教育数学课程标准（2011 年版）》在第 31、32、33、37 页提出了 9 个基本事实[2]，其本质就是以前所讲的 9 个公理. 有意思的是，《普通高中数学课程标准（2017 年版）》在第 28 页的脚注中指出"基本事实"1-4 也称"公理"[3]. 很显然，这两个新课标都把"基本事实"和"公理"当成了一回事，即当成了完全相同的概念. 对此，赵思林建议把新课标和中学数学教材中的"基本事实"全部改为"公理". 关于把"公理"改为"基本事实"，数学家并不认可，如在亚洲首位获得菲尔兹奖的日本著名数学家小平邦彦编写的一套高中数学教材（共 4 本）中，"公理"二字直接出现在该教材的章节目录之中，即是说，小平邦彦编写的教材采用了"公理"而不是"基本事实". 鉴于此，本文用"公理"一词而不用"基本事实"的说法.

2.1 "平面的概念"和"平面的公理"所具有的数学文化价值

数学文化一般蕴涵在数学发展的历史之中. 平面的概念、平面的公理都具有漫长的历史发展过程. 从"平面"的概念产生初期到 18 世纪，一些数学家试图给"平面"下"定义". 公元前 5 世纪，古希腊哲学家巴门尼德（Parmenides）就已经描述过平面概念[4]. 巴门尼德提出："若一个二维对象是直的表面，则它就是一个平面，直线可在任意方向与之相合."[5] 公元前 3 世纪，欧几里得（Euclid）将平面"定义"为："与其上直线一样平放着的面."[6] 这个所谓的"定义"用了"直线""平放""面"等无法定义的概念. 约公元 1 世纪，古希腊数学家海伦（Heron）给出"定义"："平面向四周无限延伸，平面上的直线都与之相合，若一条直线上有两点与之相合，则整条直线在任意位置与之相合."[5] 这个所谓的"定义"用了"直线""相合"等无法定义的概念. 17 世纪，德国数学家莱布尼茨

(G. W. Leibniz) 给出的 "定义" 是："平面是由到两定点的距离相等的点组成的."[5] 这里实质上是把平面看成点的轨迹. 18 世纪, 英国数学家辛松 (R. Simson) 又给出了平面的新 "定义"："通过平面上任意两点的直线完全包含在该面上." 这里用了 "直线" 的概念, 那什么是直线呢？"定义" 中并没有严格解释. 法国数学家傅里叶 (B. J. Fourier) 提出："经过直线上一点且与直线垂直的所有直线构成平面."[6] 18 世纪, 法国数学家勒让德 (A. M. Legendre) 将平面 "定义" 为："如果一个面上两点的连线全部在其上, 则称其为平面."[7] 这里用了 "面" 的概念, 那什么是面呢？"定义" 中并没有做明确的解释.

显然, 这些所谓平面的 "定义", 都不符合下定义的标准. 19 世纪末 20 世纪初, 著名数学家希尔伯特 (D. Hilbert) 在《几何基础》中把平面看成一个基本概念 (即不加定义的概念), 问题才得到圆满解决. 后来 Newcomb 在《几何学基础》[8]中不再定义平面, 直接给出三个公理.

1960 年之后, 勒让德的定理 3："如果两个平面相交, 则它们的交线是直线" 逐渐被当作公理. Hawkes 等在《立体几何》[9]中, 先将 "若两平面有一个公共点, 则它们有第二个公共点" 作为公设, 再证明定理 3. Cowley 在《立体几何》[10]中将 "两平面相交, 交线为直线" 作为公理. 辛松的定义和勒让德的定理 2 以公理的形式出现, 即人教版的公理 1 和公理 2, 勒让德的定理 3 成了人教版的公理 3.

2.2 关于 "平面的概念" "平面的公理" 的教学

平面的三个公理是立体几何公理体系的基石. 平面的三个公理是以 "平面" 这个概念为认知基础的, 而 "平面" 概念是一个只能描述不能定义的原始概念. 因此, "平面的概念" 的教学既是教学的重点, 又是教学的难点. 从已有文献来看, 平面概念的教学设计大多比较单一, 重点都放在平面的公理的教学上.

2.2.1 "平面的概念" 的教学

平面是高中立体几何中一个只描述不定义的原始概念, 刻画平面的三个公理更是立体几何公理体系的基石, 所以平面的概念与公理紧密相连, 平面概念的教学应该是教学中的重点内容. 从 CNKI 能够检索到的内容来看, 关于平面概念的教学设计大多模式单一, 重点都放在平面的公理的教学上, 但也有一些文献给出了创新的教学设计.

平面的概念的教学大概有两种方式：第一种是以陶兆龙[11]和吴琳琳[12]为代表, 创设情境, 通过让学生画空间几何体的直观图、教师在多媒体上展示立体几何图形, 了解点、线、面是空间图形的基本元素. 点和直线的概念在初中的平面几何中已经学习过, 所以通过类比直线的表示方法, 帮助学生认识平面. 再通过观察实例, 从中抽象出概念, 给出平面的画法和表示, 在此基础上展开讲解平面的三个公理, 使学生初步学会和应用图形、文字和符号三种语言来表示点、直线和平面之间的简单位置关系, 并运用直观与抽象、比较与类比等思维方法, 加强学生类比推理、几何直观素养的训练. 第二种是以胡浩[13]和杨开凤[14]为代表, 认为在学习平面的公理之前也应重视平面的概念的教学, 传统的平面的概念的教学设计使学生得到的只是僵化的知识, 因为平面概念的抽象程度高, 所以学生难以学习和理解. 章建跃指出："要在几何教材中对 '何由以知其所以然' 进行突破与创新."[15] 因此, 在教学中应对平面概念的历史发展进行重构, 将数学史融入教学, 让学生认识平面概念的演进历史,明白平面如何而来,让学生在知识的生成中理解平面的概念.

2.2.2 "平面的公理"的教学

平面的三个公理是以后学习演绎推理的逻辑依据,从检索的文章来看,教师大多把教学的重心放在平面的三个公理的教学上.

公理 1:过不在一条直线上的三个点,有且只有一个平面.

公理 2:如果一条直线上的两个点在一个平面内,那么这条直线在这个平面内.

公理 3:如果两个不重合的平面有一个公共点,那么它们有且只有一条过该点的公共直线.

对平面的公理的教学大致分为以下四种:

一是像吴琳琳等[12,16-17]的教学方式.吴琳琳[12]注重让学生参与到活动中去,创设实验情境.实验一是"把笔看成直线,桌面看成平面",通过将笔斜放、平放来探究发现公理 2.实验二是"直立一本书,只将其一角放在桌面上",通过平面延展所发生的面面相交的现象来发现公理 3.实验三是"你见过的凳子最少有几个脚?为什么?",通过回答这个问题引导学生归纳出公理 1.在每个实验之后都会让学生讨论并归纳总结出公理的三种语言表示,以进一步提高学生对三种语言转化的熟练度.这三个数学实验让学生更多地亲自体验知识形成的过程,教师更多地扮演一个引导者的角色.许晓天、王道宇[16]采用探究式教学,先提出探究问题,再利用实物模型让学生带着问题去自己动手操作探究问题的答案.汤明清、黄桂君[17]同样是运用生活实例、实物模型来设计这节课的教学内容,但在做实验之前有一个情境的创设,通过让学生观看在课前的"交通安全"板报的制作过程,提出问题:"为什么一颗图钉不能将斑马线(白纸条)完全固定在板报内?至少需要几颗图钉才能固定呢?"研究者认为这种教学设计与前两种相比有一个生活情境的导入过程,之后再做数学实验可以让学生更具体地想象,降低了想象难度.

古人云:"学起于思,思源于疑",所以将三个公理问题化,创设问题情境,借助几何直观和空间想象,以问题串的形式引导学生感知平面的性质,再加入数学小实验让学生亲自动手自主探索、类比、归纳三个公理,注重"模型→图形→文字→符号"这个抽象的过程[18].这种"直观感知、操作确认"的方法能够很好地帮助学生突破难点的学习.

二是像陶兆龙等[11,19]的教学方式.陶兆龙[11]通过"木条和墙面"与"门和门框"的问题来引出公理 2;提出"门和门框"与"门上锁"的问题引出公理 1;由结论"两个平面相交有且只有一条交线"提出问题"为何三角板与讲台所在平面只有一个公共点"来引出公理 3.陈杰等[19]与陶兆龙类似,都是通过提出问题来引入,但陈杰等的教学设计中有更多的生活实际例子,比如在公理 1 的学习中,其运用了两个生活中的现象"三脚架支撑相机"和"自行车只需要一个撑脚就可以放稳"来指导学生理解归纳出公理 1.这两种教学设计都创设了问题情境,回顾平面几何,渗透公理化思想方法,从实际问题出发进行深入剖析提炼.但这种方式没有充分地让学生动手操作、探索,且在数学语言的训练讲解方面比较精简,可能会让学生感到太过于抽象,导致最后呈现出来的教学效果不是特别好.

三是张生[20]认为对平面的公理的教学不应只停留在直观想象与符号表示层面,要注重让学生理解为什么这三个命题叫作公理,理解什么是公理化思想和平面的基本性质的实质,要知其然并且知其所以然.因此,张生从平面的公理应该怎么教入手,先明确平面的公理的作用是什么,即研究空间中点、线、面之间的位置关系,再与初中平面几何进行类比处理,强调要让学生参与到发现公理的过程中去. 笔者认为合理地开展数学活动、数学实验,能体现教学的参与性.

四是董涛[21]认为在普遍的关于三个公理的教学方法中,教学重点都是三个公理的三种数学语言表示,没有让学生经历组织位置关系体系的逻辑过程,学生会容易因为时间的流逝而记不全这些公理的具体内容,所以董涛从两节具有代表性的课入手来探讨平面这一节到底该如何教. 通过对两节课例的分析,得出四个关键的教学策略:①概览,教师为学生创建一个从平面几何体系到立体几何体系的知识框架,让学生明确学习的内容和方法;②类比,教师通过概览提示学生,让学生能够自主地进行类比,比如说从平面图形构成元素之间的位置关系类比出空间图形元素间的位置关系;③情境,由情境构造出数学问题,启发学生分析问题;④局部组织,比如在直线与平面之间有两种位置关系,选择直线在平面内作为公理,就不用再把否定直线不在平面内用公理规定了,帮助学生梳理这些逻辑关系,让学生体会公理的作用. 笔者认为这四个教学策略将一节课的精华都浓缩到四个点上,这里面包含了教师的教学方法和学生的学习方法,教师通过这四点展开教学,在平面这节课当中有效地实施这四个策略,帮助学生理解透彻为什么这三个命题是公理,以加强学生对平面的三个公理的理解与记忆.

2.2.3 "平面的公理的推论"的教学

平面的公理及其推论都是立体几何的基础,所以对推论的教学也应该给予重视. 但就检索到的文章来看,这方面的教学研究较少,大致有以下两点:一是由陶兆龙[11]通过对平面的三个公理的梳理,由对问题"不共线的三点可以确定一个平面,那么初中学习的平行四边形、梯形等的四个顶点可以确定几个平面"的讨论得出推论2(即经过两条相交直线,有且只有一个平面)和推论3(即经过两条平行直线,有且只有一个平面)的结论,再由推论2和推论3的证明推证出推论1(即经过一条直线和这条直线外一点,有且只有一个平面). 这主要是通过对三条推论的证明加深对三条公理的理解,锻炼学生逻辑推理的能力. 二是陈杰等[19]通过教师引导学生对公理1的延伸思考,探究总结出三个新的命题,再由学生自主探讨实例问题得出结论. 此教学中没有直接对学生给出三个推论的证明,而是让学生在课后做进一步的思考,以加强学生独自思考的能力. 在这两个教学设计中,笔者认为第二种方式相较于第一种方式加入了学生自主实践环节,更能让学生深刻理解三个公理的推论,而且把推论的证明放在课后,让学生交流、探讨、体验证明的过程,比在课堂上直接给出答案更能激发学生思维,并且在一定程度上减轻课堂上的负担,避免学生知识堆积无法及时消化的问题.

2.2.4 "平面的公理的理解与应用"的教学

因为平面的公理这节课属于概念教学,我们发现在教学过程中学生会感觉这三个公理学起来很简单,但是要理解并去应用却是一个难点. 平面的公理的应用主要体现在立体几何的解题方面. 理解与应用是一个相互作用的过程,夏宝海[22]从集合的角度理解公理2和公理3. 夏宝海[22]和冯举山[23]均整理得出公理2可用于判定直线是否在平面内,公理3主要解决"确定两个平面的交线""证明多点共线和多线共点"等问题,公理1强调确定平面的条件，所以它可用于确定平面的个数和为证明多线共面或多点共面等问题提供依据．最后通过多个例题的练习熟练掌握三个公理的应用．张生[20]认为学生要做到真正理解平面的公理并且保持较高频率的应用才能保证不会遗忘．线面平行是高考常考的内容，所以可通过例题，借助线面平行问题强化学生对平面的公理的应用，在应用中强化对平面的公理的理解．研究者认为这些对平面的公理的理解与应用的教学研究无外乎都是通过练题解题来达到目的，但要谨记数学教学并不是解题教学，我们只是要通过解题教学来完善数学教学，所以在教学过程中怎样练题、练什么样的题、练多少题才能让学生吸收知识是值得研究的问题，要避免出现会而不懂的现象．

2.3 "平面的概念""平面的公理"教学建议

（1）重视"平面的概念"的教学．"平面的概念"作为学习和理解"平面的公理"的基础，应采用多种方式让学生理解平面的概念．一是在教学中引入数学史，向学生介绍平面概念的关键阶段的历史发展过程，从而激发学生对"平面的概念"的学习兴趣；二是在教学中，使用多媒体、几何画板动态演示平面的形成，让学生深刻体会从抽象到直观的过程；三是适当放慢教学速度，帮助学生克服认知加工的困难．

（2）借助于现代信息技术设计数学实验活动．教师要把握数学知识发生发展过程的合理性，在学生的最近发展区设置问题情境，提高学生的积极性，激发学生的学习兴趣．运用数学概念、事实、程序和推理推动教学实施，让学生经历思考的过程，从已有的经验中领悟和形成思维模式[24]．在课堂教学的"探究新知"环节，让学生主动运用相关数学知识和方法来解决问题，其核心在于"主动探究"，让学生积累数学实验活动经验[25]．

（3）强化三种数学语言形式的相互转化．数学语言（文字语言、图形语言和符号语言）是学习数学、思考数学、理解数学、应用数学、表达数学的桥梁，特别地，这三种数学语言的熟练转化是学习和理解立体几何的基本工具，教师要让学生在这三种数学语言的转化过程中体会几何学习的普遍规律和基本方法，促进学生几何思维的发展和核心素养的形成．

（4）善于把平面几何与立体几何做类比．类比（推理）可以把枯燥、抽象的知识直观化，从平面几何类比到立体几何，从已有的数学问题类比发现新的数学结论．类比推理的应用可以使学生更容易吸收新知识，让学生形成类比推理的思维方式，增强学生学习数学的信心．

（5）感悟公理化思想．在平面的教学中，让学生感悟公理化思想，熟悉公理化思想方法；通过对实际问题的比较、抽象、分析、建模，提炼公理，让学生体会公理化方法的合理性．

3 平面的公理的教学设计案例

3.1 基于 HPM 理论的数学教学设计——以"平面的公理"为例

3.1.1 教材分析

【教材的地位与作用】

平面的公理是新版人教 A 版《高中数学》第二册第八章第四节的教学内容．在此之前，学生已经了解了简单的立体几何图形，并且很多立体几何的内容是平面几何的继续和深化，所以这节课的内容是在学生已有平面几何知识的基础上开展研究的，平面几何的一系列内容在立体几何中得到完善和发展．本节课是进一步学习立体几何知识的基础．

【学情分析】

初中阶段，学生已经初步接触了一些立体图形，在学习这一节知识之前，学生通过前几节内容的学习对几何体有了整体的把握，已经具备较为完整的平面几何知识与简单的立体几何认知能力，尤其是直观图的知识，为学习平面的知识提供了保障．

【教学目标】

（1）知道现实平面与抽象平面概念的区别与联系．

（2）能够用文字语言、图形语言和符号语言表述平面以及空间的点、直线和平面及其位置关系，并能熟练掌握三种数学语言的转化．

（3）发现并理解平面的三个公理及其推论，并会应用．

（4）通过历史引导学生探寻平面的形成，提高学生的探究意识．

（5）回顾平面的历史，了解数学家对数学发展所做出的努力，探寻平面的历史演进过程，体现数学文化育人的价值．

【教学重点与难点】

（1）教学重点：发现和理解平面的三个公理及其推论、平面的概念和平面的公理演进历史．

（2）教学难点：平面的三个公理．

3.1.2 教学过程

3.1.2.1 概念的引入

教师引用几个现实中的实例，如平静的湖面、教室里的桌面和黑板面，让学生观察并感知平面的"平"的特征．教师适当引导学生，利用已经学过的"直线"的概念抽象出教材上的"平面"的概念：无大小、无厚度、可无限延伸．

课本上关于"平面"的定义太过于抽象，学生在对"平面"下定义时比较困难，并且对书上的定义产生疑惑："为什么要这样定义呢？"教师可以向学生介绍平面的概念的历史发展过程，但因为这段历史过于漫长复杂，教师可以提取其中关键的时间点和事件向学生讲述，见表 1.

表 1

时间	数学家	对"平面"的理解
公元前 5 世纪	巴门尼德 (Parmenides)	如果一个二维对象是直的表面,那么它就是一个平面,直线可在任意方向与之相合
公元前 3 世纪	欧几里得 (Eulid)	平面是它上面的直线一样平放着的面
约 1 世纪	海伦 (Heron)	平面是具有以下性质的面,它向四周无限延伸,平面上的直线都与之相合,且若一条直线上有两点与之相合,则整条直线在任意位置与之相合
17 世纪	莱布尼茨 (G. W. Leibniz)	平面是与两点等距离的点的集合
18 世纪	辛松 (R. Simson)	平面是具有下列性质的面,通过其上任意两点的直线完全包含在该面上
18 世纪	波尔约 (F. W. Bolyai)	平面是由一条直线绕着另一条与之垂直的直线旋转而成的面
19 世纪	皮埃里 (M. Pieri)	给定不共线三点 A,B 和 C,则面 ABC 可以由 A 与 BC 上各点,B 与 CA 上各点,C 与 AB 上各点所连接的直线全部填满,所成的面就是平面
19 世纪	希尔伯特 (Hilbert)	在公理中体现平面概念的意义

在此过程中,要指出数学家对"平面"的理解与同学们归纳出的平面的概念是相似的,比如巴门尼德的定义中"二维""直的表面"都体现同学们所归纳的"平面没有厚度";海伦的定义中"无限延伸"与同学们归纳的不谋而合;波尔约用旋转刻画平面,在教学过程中引导学生通过平移或者旋转来得到平面(可以利用几何画板进行过程展示),这样离数学家的思想又近了一步;数学家最初都是通过从点和直线出发去理解平面,同学们也借助直线理解平面的概念.

设计意图:通过现实中的事物对平面的"平"的特征有一个直观的感知,并理解数学中的平面概念是从这些例子中抽象出来的,这是两者间的联系与区别,在引导学生时,借助现实中的例子,为思考数学中平面的问题提供帮助. 在教材中对于"平面"这个极其抽象的概念没有说明其存在性,适当引用平面的历史,让学生感知平面的形成过程,清晰地认知平面的概念. 让学生认识到平面这一看似简单的概念也是经过数学家很多年的思考、研究才形成的,要学习数学家的执着精神.

3.1.2.2 探究新知

探究 1 初中时学过用点来刻画直线,即"两点确定一条直线". 参考数学家辛松对平面的定义:"平面是具有下列性质的面,通过其上任意两点的直线完全包含在该面上."是否能够用点或者直线来刻画平面呢?

提出问题:直线和平面平行、相交以及在平面上时,交点分别是多少个?

学生动手在草稿纸上画一画,很容易得出交点分别是 0 个、1 个和无数个. 由此可以得出下列事实:如果一条直线上的两个点在一个平面内,那么这条直线在这个平面内(如

图 1 所示). 这也就是教材上的公理 2, 由此可以得出数学家辛松对于平面的定义是正确的.

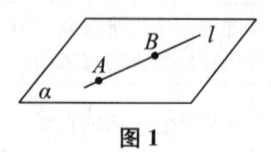

图 1

介绍空间中点、直线、平面位置关系的符号表示, 然后类比写出公理 2 的符号表示.

公理 2: $A \in l$, $B \in l$, 且 $A \in \alpha$, $B \in \alpha \Rightarrow l \subset \alpha$.

探究 2 类比"两点确定一条直线", 参考皮埃里对平面的定义: "给定不共线三点 A, B 和 C, 则面 ABC 可以由 A 与 BC 上各点, B 与 CA 上各点, C 与 AB 上各点所连接的直线全部填满, 所成的面就是平面." 思考几点可以确定一个平面.

教师利用多媒体让学生观察这样两个现象: ①自行车用一个脚架和两个车轮着地就可以稳稳地立在地上; ②三脚架的三脚着地就可以支撑相机. 观察生活中的实际现象, 可以得到下面的事实: 过不在一条直线上的三个点, 有且只有一个平面(如图 2 所示). 这也就是教材上的公理 1, 同时它也可以简称为"不共线的三点确定一个平面", 并提炼出符号语言.

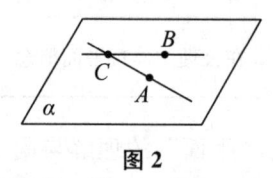

图 2

公理 1: $B \notin$ 直线 $AC \Rightarrow$ 存在唯一平面 α, 使得 $A \in \alpha$, $B \in \alpha$, $C \in \alpha$.

设计意图: 通过两个数学家对平面的定义与现实生活中的实际现象来得到公理 1 与公理 2, 体现平面的概念与平面的公理之间密不可分的联系. 在教师的引导下, 学生与历史长河中的数学家进行思想上的碰撞, 提高学习兴趣.

探究 3 公理 1 提供了确定平面的条件, 公理 2 提供了判断是否在平面内的一个依据, 不共线的三点可以确定一个平面, 那么不共线的四点可以确定几个平面呢?

显然, 过不共线的四点中的三点有且只有一个平面.

通过结合公理 1 和公理 2 的讨论, 可以得出以下结论:

推论 1: 经过一条直线和这条直线外一点, 有且只有一个平面(如图 3 所示).
推论 2: 经过两条相交直线, 有且只有一个平面(如图 4 所示).
推论 3: 经过两条平行直线, 有且只有一个平面(如图 5 所示).

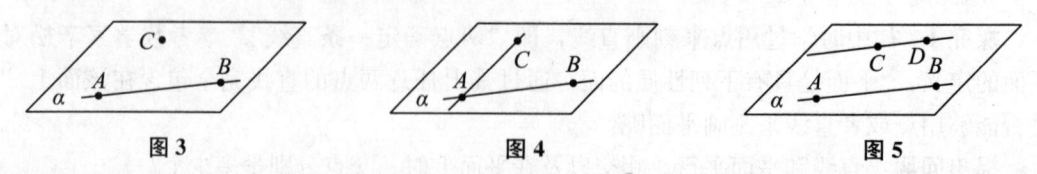

图 3　　　　**图 4**　　　　**图 5**

设计意图: 在学习公理 3 之前先学习三个推论, 因为这三个推论其实是和公理 1 等价的, 这样衔接比较自然.

探究 4 类比 "两条直线相交有且只有一个交点",思考两个面相交会有怎样的性质.

让学生将书本和桌面看成两个平面,书本立在桌面上看成两个平面相交,类比线相交得出交点,容易得到面相交得出交线. 归纳观点得到公理 3:如果两个不重合的平面有一个公共点,那么它们有且只有一条过该点的公共直线(如图 6 所示).

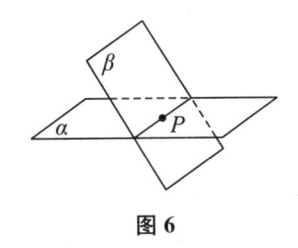

图 6

符号语言: $\left.\begin{array}{l}P\in\alpha \\ P\in\beta\end{array}\right\} \Rightarrow \left\{\begin{array}{l}\alpha\cap\beta=l, \\ P\in l.\end{array}\right.$

设计意图:运用类比推理,从平面几何类比到立体几何,从已有的数学问题类比发现新的数学结论,类比推理的应用使学生更容易吸收新知识,这样做让学生形成类比推理的思维方式,增强学生学习数学的信心.

3.1.2.3 课堂小结

请同学们思考以下问题:

(1) 这节课的内容你掌握了吗?你认为哪些内容应该重点掌握?
(2) 这节课有哪些思想方法?
(3) 历史上数学家对平面的 "定义" 与现今课本上的平面的公理有哪些联系?

3.1.2.4 布置作业

(1) 复习本节课所学内容.
(2) 教材 128 页练习 1~4.
(3) 思考题:尝试证明平面的公理的三个推论.

3.1.3 教学反思

这节课的内容可以说是立体几何的初始课,教学设计采用了将数学史融入课堂的上课方式,不仅丰富了学生的文化底蕴,增强了学生的学习兴趣,而且在一定程度上降低了学习的困难. 数学史进入课堂不是完全照搬历史,而是借鉴历史,做到历史和教学的有效结合. 通过这种方式让学生在知识的产生与发展中理解知识,在设计中加强对学生类比推理和几何直观素养的训练. 类比已经学习过的平面几何中的知识推理出新的知识,使学生有一个知识生成的过程,对知识进行再发现. 在此教学设计中并没有按照教材将推论放到最后讲,而是将推论放在了平面的公理 1 和公理 2 之后,也就是在平面的公理 3 之前,这样做笔者认为,是因为三个推论是在公理 1 和公理 2 的基础上得出来的,这样安排使知识的学习水到渠成并且衔接自然.

数学教育的目的不仅是让学生掌握解题的方法和提高解题能力,更是让学生理解数学哲学与数学思想[26]. 在这一方面此教学设计能否达到预期效果还有待考验,并且此教学设计还是有些许不足. 虽然新奇的数学史内容可能在一段时间内引起学生的兴趣,吸引他们的注意力，但能保证他们在一堂课上一直保持活力吗？在教学设计的编排上如何有效激发学生思维，让学生在一堂课当中保持活力，值得我们进一步探讨．

3.2 基于问题驱动理论的数学教学设计——以"平面的公理"为例

3.2.1 教材分析

【教材的地位与作用】

平面的公理是新版人教 A 版《高中数学》第二册的第八章第 4 节的教学内容．在此之前，学生已经了解了简单的立体几何图形，并且很多立体几何的内容又是平面几何的继续和深化，所以这节的内容是在学生已有平面几何知识的基础上开展研究的，平面几何的一系列内容在立体几何中得到完善和发展．本节课是进一步学习立体几何知识的基础．

【学情分析】

初中阶段学生已经初步接触了一些立体图形，在学习这一节知识之前，学生通过前几节内容的学习对几何体有了整体的把握，所以学生已经具备了较为完整的平面几何知识与简单的立体几何认知能力，尤其是直观图的知识为学习平面的知识提供了保障．

【教学目标】

（1）知道现实平面与抽象平面概念的区别与联系．

（2）能够用文字语言、图形语言和符号语言表述平面以及空间的点、直线和平面及其位置关系，并能熟练掌握三种语言的转化．

（3）发现并理解平面的三个公理及其推论，并会应用．

【教学重难点】

（1）教学重点：发现和理解平面的三个公理及其推论．

（2）教学难点：平面的三个公理．

3.2.2 教学过程

3.2.2.1 概念的引入

PPT 展示平面几何和立体几何中常见的两组图形，比如长方形、梯形和长方体、棱柱．

问题 1 我们所在的教室也可以看作一个长方体，观察长方体，它由哪些几何元素构成？

学生通过观察很容易得出长方体是由点、线、面这三个元素构成的，点和线是初中学过的内容，显然这次的课程是要讨论"面"．

设计意图：以学生熟知的长方体为载体提出小问题，让学生易于将平面几何的点和线与立体几何的面串联起来．

问题 2 初中学习的直线有哪些特征？生活中有哪些事物可以表示直线？直线具体如何表示？

回顾初中知识，直线是直的，向两边无限延伸，无粗细之分．在生活中课桌的边缘可以表示直线，一望无际的地平线可以表示直线．可以用符号来表示直线：直线 AB 或直

线 a.

设计意图：回顾直线的概念，为后面学习平面的概念做铺垫.

问题3 想一想生活中哪些事物可以表示平面？平面有哪些特征？我们该如何表示平面？

生活随处可见平面，学生很容易回答，比如教室里的黑板面、桌面，窗外的湖面，脚下的地面等都可以表示平面. 教师引导学生类比直线的特征归纳出平面的特征，即平面是平的，向两边无限延伸，无厚薄之分. 同样类比直线的表示方法用符号表示平面：平面 $ABCD$，平面 AC 或平面 BD，平面 α.

设计意图：通过类比的方法帮助学生认识平面，让学生感受直观与抽象，经历平面的概念生成的过程，深刻理解平面的概念.

3.2.2.2 探究新知

问题4 两点可以确定一条直线，那么几点可以确定一个平面呢？

探究1 利用课桌上的笔和纸，学生动手操作，观察一支笔能否撑起这张纸？两支笔能否撑起这张纸？三支笔呢？

学生动手操作实验，并思考回答探究1中的问题，发现一支笔和两支笔都不能撑起这张纸，三支笔可以撑起这张纸. 对照回答问题4，三个点可以确定一个平面.

教师引导学生归纳出过空间中一个点有无数个平面，过空间中两个点也有无数个平面，过空间中不在同一直线上的三个点只有一个平面. 最后总结出平面的公理1：过不在一条直线上的三个点，有且只有一个平面（如图7所示）. 并通过多媒体向学生展示公理1的图像.

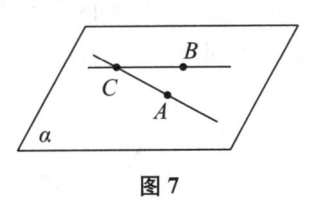

图7

学会用图形语言表示公理1的同时要学会用符号语言表示，将图形语言转换成符号语言：$B \notin$ 直线 $AC \Rightarrow$ 存在唯一平面 α，使得 $A \in \alpha$，$B \in \alpha$，$C \in \alpha$.

设计意图：公理1给出了确定一个平面的依据，可以用于判断直线与平面的位置关系，为后面的学习做铺垫.

问题5 若直线 l 与平面 α 有一个公共点 P，直线 l 是否在平面 α 内？如果直线 l 与平面 α 有两个公共点呢？

探究2 同样利用课桌上的纸和笔，将纸张看成平面，将笔看成直线，那么当笔上的一点在平面内时，其他的点在平面内吗？笔上的两点在平面内时，其他的点在平面内吗？

根据回答以上的问题得出平面的公理2：如果一条直线上的两个点在一个平面内，那么这条直线在这个平面内（如图8所示）. 将文字语言转化成图形语言和符号语言.

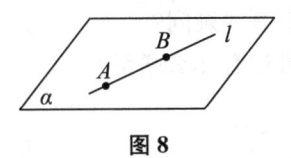

图8

符号语言：$A \in l$，$B \in l$，且 $A \in \alpha$，$B \in \alpha \Rightarrow l \subset \alpha$.

设计意图：公理 2 提供了一种判断直线是否在平面内的方法，通过带着问题去探究，凝聚学生的注意力，让学生不断思考.

探究 3 结合公理 1 与公理 2 推导得出三个推论.

推论 1：经过一条直线和这条直线外一点，有且只有一个平面（如图 9 所示）.

推论 2：经过两条相交直线，有且只有一个平面（如图 10 所示）.

推论 3：经过两条平行直线，有且只有一个平面（如图 11 所示）.

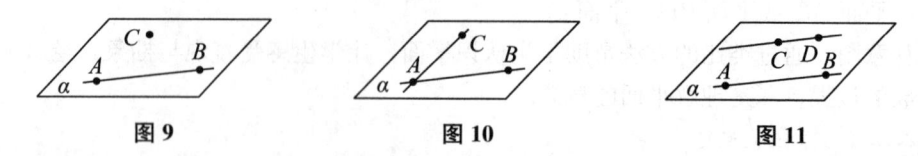

图 9　　　　　图 10　　　　　图 11

设计意图：平面的三个推论其实是和公理 1 等价的，所以先学习三个推论再学习公理 3 符合学生获得知识的认知过程.

探究 4 把书的一个角立在课桌上，书与桌面有一个公共点，书所在的平面与课桌所在的平面是否只相交于一点？为什么？

书所在的平面与课桌所在的平面可以看作两个不重合的平面，书立在桌面的一角可以看作一点，这一点其实就是这两个不重合的平面的交点，并且通过观察很容易发现只有一个公共点.

问题 6 这两个不重合的平面除了这条公共直线还有其他公共直线吗？

显然是没有了，师生共同归纳出公理 3：如果两个不重合的平面有一个公共点，那么它们有且只有一条过该点的公共直线（如图 12 所示）.

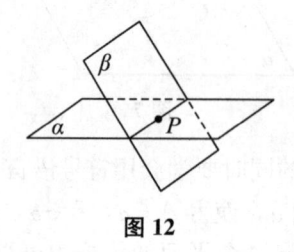

图 12

提炼符号语言：$\left.\begin{array}{l} P \in \alpha \\ P \in \beta \end{array}\right\} \Rightarrow \left\{\begin{array}{l} \alpha \cap \beta = l, \\ P \in l. \end{array}\right.$

设计意图：通过探究，实际操作，让学生直观感知抽象的点、线和面的关系，让学生参与到教学中来，提高学生学习的积极性.

3.2.2.3　课堂小结

回顾这节课所学的内容，思考并回答问题：

(1) 在学习新课内容时运用了哪些思想方法？

(2) 对于这节课的内容你还有哪些疑问？

(3) 平面的三个公理与三个推论有什么联系？

3.2.2.4　布置作业

(1) 复习本节课所学内容.

(2) 教材 128 页练习 1~4.

(3) 思考：平面的三个公理及推论如何运用？

3.2.3 教学反思

问题驱动教学改变了教学方式，倡导教师用探寻精神来思考"学生学什么"和"怎么教"的问题[27]. 教师应该多角度地看待教材，从多方面为学生提供教学内容，鉴于此，笔者将书本知识与生活实际联系，从生活中发现问题并提出问题，让学生带着问题去探究寻找答案，在这个过程中加深对知识的理解. 在此教学设计中还存在一些问题，教学内容繁多可能造成教学进度缓慢，需要合理地选择教学内容并准确地定位教学要求.

参考文献

[1] 赵思林，黄成世. 基本事实与公理 [J]. 中学数学，2019（2）：89—91.

[2] 中华人民共和国教育部. 义务教育数学课程标准（2011 年版）[M]. 北京：北京师范大学出版社，2012：31—39.

[3] 中华人民共和国教育部. 普通高中数学课程标准（2017 年版）[M]. 北京：人民教育出版社，2018：25—30.

[4] 沈中宇，汪晓勤. 平面概念与公理的历史发展 [J]. 数学通报，2018，57（2）：6—11.

[5] Zormbala K, Tzanakis, C. The concept of the plane in geometry: elements of the historical evolution inherent in modern views [J]. Mediterranean Journal for Research in Mathematics Edycation，2004，3（1—2）：37—61.

[6] Heath T L. The Thirteen Books of Euclid's Elements [M]. Cambridge: The University Press, 1968: 171.

[7] Legendre A M. Éléments de Géometrie [M]. Paris: Firmin Didot, 1800: 1, 111.

[8] Newcomb S. Elements of Geometry [M]. New York: Henry Holt & Co., 1884: 277—278.

[9] Hawkes H E, Luby W A, Touton F C. SolidGeometry [M]. Boston: Ginn&Co., 1922: 305—310.

[10] Cowley E B. Solid Geometry [M]. New York: Silver, Burdett&Co., 1934: 4—8.

[11] 陶兆龙. "平面的基本性质"教学设计及评析 [J]. 中学数学月刊，2019（11）：29—31.

[12] 吴琳琳. "好课"从何上起——以《平面的基本性质》的教学为例 [J]. 数学教学通讯，2015（15）：21—22.

[13] 胡浩. "平面"教学设计的理性突围——兼谈原始概念的教学 [J]. 中学数学杂志（高中版），2018（4）：11—14.

[14] 杨开凤. 基于 HPM 的"平面"概念的教学设计与感悟 [J]. 福建中学数学，2015（5）：12—14.

[15] 章建跃. 核心素养统领下的立体几何教材变革 [J]. 数学通报，2017，56（11）：1—6，18.

[16] 许晓天，王道宇. 行动研究中课例突破的有效做法 [J]. 数学教育学报，2014，23（4）：83—87.

[17] 汤明清，黄桂君. 数学核心素养：从知识的讲授走向知识的生成——《平面的基本性质》教学思考 [J]. 中学数学杂志（高中版），2018（11）：23—26.

[18] 李海东. 基于核心素养的"立体几何初步"教材设计与教学思考 [J]. 数学教育学报，2019，28（1）：8—11.

[19] 陈杰，吴中林，张继海. "平面的基本性质"教学设计、教学感悟与点评 [J]. 中国数学教育（高中版），2012（1）：10—15.

[20] 张生. 对平面基本性质的几点教学思考 [J]. 中学数学月刊，2018（3）：18—20.

[21] 董涛. 为什么这三个命题是公理——《平面》课例分析 [J]. 数学通报, 2016, 55 (7): 4-6, 10.

[22] 夏宝海. 关于平面性质的 3 个公理的理解及应用 [J]. 高中数学教与学, 2005 (1): 13-14.

[23] 冯举山. 空间几何四大公理的分析及应用 [J]. 中学生数理化 (学研版), 2016 (8): 15-16.

[24] 郭玉峰, 史宁中. 数学基本活动经验: 提出、理解与实践 [J]. 中国教育学刊, 2012 (4): 42-45.

[25] 蔺霄. 基于核心素养的数学活动应遵循的几个原则——以"立体几何初步"单元教学设计为例 [J]. 中学数学教学参考, 2019 (10): 49-52.

[26] 陈华聪, 李玲, 李黔蜀. 数学史与数学教学的融合: HPM 的理论基础与实践方式 [J]. 教学与管理, 2013 (36): 139-141.

[27] 程厚军. 问题驱动课堂教学的理论、模式、实践探索、反思 [J]. 中学数学, 2012 (7): 18-20.

第十一节 直线与平面平行的判定定理的教学设计[①]

1 引言

直线与平面平行的判定定理是空间中有关平行关系的第一个判定定理, 是平面中直线与直线相互平行的延伸, 对于接下来学习平面与平面平行的定义和判定定理有着至关重要的作用, 可以说是平面与平面平行的判定定理的研究钥匙. 直线与平面平行的判定定理这一节会通过对该定理的探究与发现、操作与思辨、练习与应用, 使学生初步接触到直线与直线、直线与平面、平面与平面这三个层次位置关系问题的相互联系和相互转化, 以及在某些情况下将空间问题转化为平面中的问题, 为今后学习空间中各种位置关系奠定基础. 因此, 对直线与平面平行的判定定理的教学设计研究, 可以使教师在进行教学设计的过程中更加方便快捷地了解到与该章节相关的教学重点、难点以及教学过程中可能需要注意的特殊知识等.

2 文献综述

2.1 教学地位

"直线与平面平行的判定定理"选自高中数学人教版 A 版必修二中的第二章第二节第一课时, 直线与平面平行的判定定理是空间中有关平行关系的第一个判定定理, 是平面中直线与直线相互平行的延伸. 学生将学习直线与直线、直线与平面、平面与平面这三个层次位置关系问题的相互联系和相互转化, 为今后学习空间中的各种位置关系奠定基础. 本节内容的学习中还融入了文字语言、图形语言、符号语言的相互转化, 这为学生以后的数学学习提供了极大的便捷, 也更有利于学生在学习中对书籍内容和重要知识点的转化以及

---

① 作者: 连科、王佩 (指导教师).

记忆.

2.2 教学作用

《普通高中数学课程标准》中明确提出了数学抽象、数学建模、数学运算、逻辑推理、直观现象和数据分析是在数学学习中需要着力培养的六大核心素养. 对直线与平面平行的判定定理这一节内容的探究过程，可以增强学生的空间图像思辨能力，培养学生借助空间认识事物的位置关系的能力，发展学生的空间想象能力. 由于直线与平面平行的判定定理这一节内容的特殊性，在探究该判定定理的过程中，还可以增强学生的动手操作能力、数学思维能力和逻辑思维能力. 直线与平面平行的判定定理是通过直观感知进行教学的，这可以引起学生的强烈共鸣，增强学生的直观感知能力，激发学生的学习积极性和学习兴趣.

2.3 教学研究现状

下面拟从教学实录研究和教学设计研究进行综述. 教学实录研究的综述将按照文献分类划分为教学片断研究和教学感悟研究两个维度；教学设计研究的综述将按照教材分析和教学过程两个维度进行综述.

2.3.1 教学实录研究

有关直线与平面平行的判定定理的教学研究在空间位置关系中属于领头的作用，只有经过这一节的学习与铺垫，学生在接下来学习更为复杂的空间中位置关系时才能从容应对，所以许多教师都对该课进行了教学实录研究，笔者将从教学片段研究和教学感悟研究两个维度进行综述.

（1）教学片断研究

余建国[1]指出，教师在教育教学活动中需要意识到数学概念的展示、原理的形成过程的重要性，参与到学生的讨论和交流中，并通过独到的穿针引线式的提问，引导学生对问题展开探究，向学生阐述一些感悟数学的思想和方法；需要给学生预留足够的时间对问题进行思考，在小组内进行交流讨论. 教师在问题的过渡过程中应该很自然地过渡. 教师在提问时，需要对问题表达清楚，确定自己的问题准确无误，这样才能更好地展现自己的教学思路和教学过程.

万赢银[2]指出，在教育教学活动中，教师需要通过引导、实物操作来凸显几何直观优势，增强学生在思考问题时运用图形的意识；在探究直线与平面之间的位置关系时，可以利用现实生活中常见的现象对学生进行讲述，明确数学来源于生活，最终又将服务于生活. 这样既能明确数学的价值所在，也能激发学生的学习兴趣和学习热情. 在教学活动的设计过程中，需要遵循学生认识平面与空间的一般过程，从二维到三维，深入浅出，尽可能地将三维问题转化为二维问题进行解决，增强学生的接受性；在知识讲解过程中，需要明确本节课的知识结构，注重学生自我反思能力的培养，提高学生的数学素养，增强学生对数学的学习兴趣.

朱方、陈女谊[3]指出，教师在引入直线与直线、直线与平面之间的位置关系时，需要进一步强调二者之间的关系和转换过程以及原理，并且在进行课堂巡查时可以就学生在作业本上写下的相关回答进行追问,引导学生探究的方向,这样有利于教师对于学生学习情况的掌握;在学生回答问题的过程中,教师应该作为总结性的人物存在,在学生回答完问题以后请其他学生进行纠正和补充,最终再由教师对直线与平面平行的判定定理进行总结.

钱江[4]指出,在教育教学活动中,教师应该对学生的回答进行追问,引导学生明确探究的方向与目标;教师在教学过程中需要通过实例对学生进行引导,让学生通过彼此间的合作交流来寻找直线与平面平行的判断方法,最终再由教师对学生提出的猜想进行归纳总结,书写出直线与平面平行的判定定理;在后续的例题分析和课堂练习中,教师需要把握练习形式的变化,促进学生对定理的深化理解和熟练运用.

郭建华、于健[5]指出,在进行直线与平面平行的判定定理的授课过程中,教师需要引导学生利用生活中常见的例子,结合自身已有的知识基础,针对教学目标进行学习;在讲解直线与平面平行的判定定理的过程中,需要通过直观感知将抽象的定理生活化、模型化、具体化,这样对学生理解定理有着极大的帮助;教师在引导过程中还需要关注和学生的对话,通过对话丰富学生对直线与平面平行的模型的认识,通过模型引起学生的共鸣,提高课堂教学效率.

(2) 教学感悟研究

余建国[1]在教学感悟中指出,教师在教育教学过程中需要创造极为丰富的问题情境,这样才能激发学生的学习兴趣,为直线与平面平行的判定定理的概念的形成做好充足的铺垫;要将教师的主导地位发挥出来,这样才能使定理的"发现"更加自然和合理;教师除了要关注课堂的走向,还需要关注课堂的"预设"与"生成",这样才能让教学过程更加流畅和舒心.

万赢银[2]在其教学实录的感悟中指出,在教学活动中,教师需要时刻关注学生对于知识的接受程度,引导学生对知识进行深刻理解;直线与平面平行的判定定理属于立体几何的教学范畴,而立体几何能够提升学生的直观想象素养,所以在进行该节课的教学时,需要教师重视自身的数学修养,重视数学史和数学教育的有机融合,重视直观感知和空间想象的融合,如此才能使立体几何的课堂更加生动形象,被学生所接受.

朱方、陈女谊[3]在教学感悟中指出,教师在进行教学时应该准确把握"课标"的要求,引导学生对直线与平面平行的判定定理进行探究,而且在探究过程中需要适当、适时地进行"降维";在教育活动中,教师应该从传统的"育分"转变为"育人",端正自身教学的价值取向,选择合适、正确的"逻辑起点",促进学生的自主探究,这样才有利于提高学生对知识的吸收和理解的能力.

钱江[4]在教学感悟中指出,要上好一堂直线与平面平行的判定定理的课,在初步的引入方面就需要教师有大量的准备,这对教师的基本素养要求非常高,而且在引导学生对判定定理的探究过程中,还需要利用合适的问题对学生的研究方向进行调控,因材施教、因人而异,适当地发挥学生的想象力,引导学生进行正确、有用的探究.

2.3.2 教学设计研究

直线与平面平行的判定定理这节课是空间位置判定定理问题的入门课,所以有大量的教师针对其进行了教学设计,笔者选取了其中比较精彩的教学设计,从教材分析研究和教学过程研究两个维度进行综述.

(1) 教材分析研究

【教材的地位及作用的研究】

在研究的众多文献中,大部分教师选择的是人教版的教材,只有来自江苏省的张彬[6]采用的是苏教版的教材,无论选择哪个版本的教材,在进行教材的地位及作用的分析过程中,都应该注意到该课程是空间中线面之间各种位置关系的第一个判定定理,也相当于是立体几何判定定理的开始. 侯军[7]指出,直线与平面平行是立体几何中研究空间平行关系的重点,它揭示了线线平行和线面平行的本质联系,是连接线线平行与面面平行的纽带,也是学习面面平行的基础,对培养学生的空间想象力和逻辑思维能力有着极为重要的作用.

【学情】

赵家早等[8-9]指出,学生在进行该课程的学习之前已经初步了解了立体几何,而且对于立体几何的学习兴趣都是比较大的,但因为是初步接触立体几何,所以说还不具备学习立体几何所需的语言表达能力,而且也不具备立体几何的空间想象能力和逻辑思维能力,所以在学习过程中肯定会存在一定的困难和难以理解的知识点.

【教学目标】

理解直线与平面之间所存在的位置关系和掌握直线与平面平行的判定定理是大部分研究者的教学目标,庄玉英、骆妃景[9]还提出应该使学生能够准确地使用数学符号语言、图形语言、文字语言来对判定定理进行描述.

【教学重难点】

在已有的研究文献中,几乎所有的研究者都将线面平行的判定定理的理解和应用确定为教学重点,将直线与平面平行的判定定理的探索过程和应用方法确定为教学难点,但是王安园[10]还指出在教学活动中,通过本节课的学习形成学生的空间观念、培养学生的立体几何空间感与逻辑思维能力也是难点.

【教学方法】

因为该课程的特殊性,大部分教师选用探究法作为主要的教学方法[6-14],其中庄玉英[9]、骆妃景认为在教学过程中应该以问题驱动为主线,激发学生参与学习的积极性和主动性,引导学生对直线与平面平行的判定定理进行探究,并且在探究过程中采用多媒体辅助教学.

(2) 教学过程研究

【引入新知】

大部分教师在直线与平面平行的判定定理的教学设计过程中的引入都是通过直接让学生利用公共点的个数来判断直线与平面的位置关系,并且利用文字语言、图形语言、符号语言来对这些惯性进行描述. 而陈恩兵[11]在引入的过程中则是利用了生活中比较常见的屋顶改造问题,利用房顶的美观程度来引出探寻线面平行的位置关系,这样比文字更能引起学生的关注,提高学生的学习效率,激发学生的学习兴趣.

【直线与平面平行的判定定理的探究】

在直线与平面平行的判定定理的探究过程中,需要注意满足该判定定理的三个条件:①一直线在平面外;②一直线在平面内;③两条直线相互平行. 在对这三个条件的探究过程中,赵家早[8]采取的是让学生通过判断命题的真假性来进行自我总结,使学生自己总结得到这三个条件;冯晓雷[12]在教学设计中,直接通过判定定理,由教师自己提炼出这三个条件;卢会玉[13]在教学设计中,利用学生在解题过程中遇到的疑惑,进而提出运用这三个定理所必须具备的条件;叶欣、江用科[14]在教学设计中,利用符号语言对直线与平面平行的判定定理进行翻译,通过对符号语言中符号所表达的含义进行解释,最终得到了运用这三个定理所必须具备的条件. 在探究直线与平面平行的判定定理的过程中,大部分教师都是利用问题进行引导,再让学生自己动手或者通过多媒体进行直线与平面的位置关系变换,最终让学生观察变换情况、得出结论.

2.4 教学设计的方法和建议

在教学设计过程中,首先需要确定的就是教学目标,其次是教学重难点和教学方法,最后就是极为重要的教学过程,而教学过程的确定又需要依赖教学目标、教学重难点和教学方法,因此,教学目标、教学重难点和教学方法的确定尤为重要.

2.4.1 教学目标

教学目标引领着教师的进一步教学行为,而且对学生也有着积极的作用,能明确"为什么学"这一问题,这也是在教学过程中一直需要注意的核心问题. 在核心素养中,高中数学的教学目标已经从过去在教育教学活动中过分重视与书本知识相关的任务,转变为培养学生全面发展,提高学生的逻辑思维能力和教学探究能力. 在直线与平面平行的判定定理这一节内容的教学中,要求学生结合自己现有知识,发挥自己的逻辑思维能力、观察能力和空间想象能力,熟练地运用该定理去判断直线与平面之间是否存在平行关系,并建立初步的立体几何概念,以便在以后的学习中遇到相似的问题或章节能够有迹可循、有理可依. 因此,在教学目标的确立过程中,可以利用建模思想引导学生探究在空间中直线与平面之间存在的位置关系,并且在后续的例题安排和作业练习中训练学生的逻辑思维能力和空间想象能力.

2.4.2 教学重难点和教学方法

教学重难点和教学方法中,教学重难点的确定需要教师对直线与平面平行的判定定理这一节内容有足够的认识和理解;而教学方法的确定除了需要教师对教材有足够的理解,还需要教师对本班学生学习情况有一定的把握和掌控,以便在教学过程中利用合适的教学方法引导学生对直线与平面平行的判定定理这一节内容进行探究,并且保持学习积极性和学习兴趣.

2.4.3 教学过程

教学过程的设计需要借助教学目标、教学重难点和教学方法. 在设计过程中,设计内容需要时刻关注教学目标;在设计教学过程时,对教学重难点进行重点描绘和讲述,并在教学重难点的过程中辅以一些有关的例题讲解、练习试做. 在练习的设计中需要遵循由易到难的原则, 以增加学生对该节内容的接受程度, 避免降低学生的学习积极性和学习兴趣.

2.5 教学研究的不足

对于直线与平面平行的判定定理的教学研究过程, 在已有的研究文献中, 许多教学设计的教学方法都是利用问题进行引导、多媒体进行辅助教学的探究法, 形式单一, 而且该形式虽然适用于大部分学生, 但是依然会导致有一小部分学生跟不上教师的教学步伐. 一旦跟不上教学步伐, 就很可能导致整节课都跟不上, 最终导致对这部分知识接收不完整. 而该课程又是立体几何的入门课, 若是这节课都没有多大收获, 那么在今后的立体几何的学习过程中很可能事倍功半, 导致丧失学习兴趣和乐趣. 在教学过程中, 教师的课题引入过于单一, 简单地通过一个问题引入课题很难引起学生的共鸣, 而一个好的开始恰恰是很重要的. 所以在一个课题的引入过程中, 需要教师对该课题有着极为深刻的认识, 并且能够把握学生的心态, 使学生对本节课的学习产生浓厚的兴趣与激情.

2.6 教学研究的展望

在未来针对直线与平面平行的判定定理的教学设计中, 希望可以出现一些更加新颖, 也更加能够照顾到全体学生的教学方式, 以此提高学生的学习积极性; 在课题的引入方面, 可以利用学生的心理, 并且结合学生现阶段所能接触到的东西, 将知识融入生活, 利用生活中学生感兴趣且能与课程紧密结合的东西对课题进行引入, 这样可以极大地激发学生的学习兴趣和学习积极性, 提高学习动力.

2.7 文献综述小结

2.7.1 文献研究的结论

直线与平面平行的判定定理的学习在整个立体几何的学习过程中是十分基础的, 也是极为重要的, 但是在学习该课程时学生往往缺乏对于立体几何的认识, 也不具备空间想象力, 所以教师在进行教学设计时, 对教学目标和教学重难点以及教学方法的确定与选取就变得极为重要. 在分析了许多教师的教学设计后, 笔者发现, 他们的教学设计以及针对相关问题提出的解决方法都特别能够引人深思, 有着许多值得学习借鉴的地方.

2.7.2 文献研究引发的思考

学生对于直线与平面平行的判定定理的运用和掌握情况是可以通过例题练习以及各种方法进行确定的, 但是学生的空间想象能力和逻辑思维能力以及对立体几何的认识程度却不能通过练习进行考量, 所以在教学设计的过程中就需要教师对教学过程进行精确的把控, 这样才能避免学生在探究过程中陷入思维的误区. 教师在教学方法的选择上也需要特别慎重, 这要求教师对课文的内容与知识点有着相当的了解程度, 并且能够熟练运用.

3 直线与平面平行的判定定理的教学设计案例

3.1 范希尔理论下直线与平面平行的判定定理的教学设计

范希尔理论的五个教学阶段如下：

阶段1——学前咨询：在课前教师与学生进行交谈，通过交谈了解学生的基础，并给出将要学习的课题，然后引导学生发现问题、提出问题．

阶段2——定向引导：教师提出问题，根据学生的回答来对学生的教学活动进行安排，使得学生能够确定接下来的学习方向和学习方法．

阶段3——阐明：教师在教学活动中，通过与学生的交流和互动，利用正确的专业语言和符号为学生讲解课题，而学生通过探究、咨询教师等方式，结合自身所学，了解教师所讲的知识．

阶段4——自由定向：通过例题练习的方式，使得学生利用所学知识解决不同的问题，并且在问题解决的过程中积累经验，明确学习的方向，激发学生的学习兴趣．

阶段5——整合：学生通过对课题探究过程的回顾，整理自己所得到的知识和经验，并且能够用自己的语言对新知识进行简单的描述，将其转化为自身的知识成果．

3.2 学情分析

学生在学习本节课之前已经学习完了空间中直线和平面间的位置关系、平面与平面之间的位置关系、直线与直线间的位置关系，并且已经掌握了直线与直线之间是否平行的判定定理，但是对这些位置关系和判定定理仍缺乏深入、理性的分析，空间想象能力和逻辑思维能力也缺乏锻炼．学生在空间和平面之间降维转化问题方面还缺乏实践，有待提高．

3.3 教学目标

（1）理解直线和平面之间所具有的位置关系．
（2）掌握、运用直线和平面平行的判定定理判断直线和平面之间的平行关系．

3.4 教学重难点

重点：直线与平面平行的判定定理的理解和应用．

难点：直线与平面平行的判定定理的探究和构建；在进行解题时规范的书写解题过程；在直线与平面的平行关系的证明过程中，辅助直线的作法和直线与直线的平行关系的寻找．

3.5 教学方法

主要利用问题驱动和诱导探究的方法进行教学．

3.6 教学手段

教师通过多媒体演示进行辅助教学，使学生可以直观感受直线与平面之间存在的位置关系，以及位置关系的变化过程.

3.7 教学过程

阶段1　发现直线与平面平行

问题1　讲台上的粉笔盒的各条棱与讲桌桌面间存在哪些位置关系？

预设：粉笔盒的棱有的与桌面平行，有的与桌面相交，有的在桌面内.

设计意图：利用生活中随处可见的现象，引起学生对学习内容的关注，提高学生的学习注意力，激发学生的学习兴趣，调动学生的学习积极性，启发学生观察数学与生活之间的联系.

问题2　通过观察，思考应该如何确定粉笔盒的各条棱与桌面之间的位置关系. 思考以后完成表1.

表1　空间中直线与平面的关系

位置关系	直线在平面内	直线与平面相交	直线与平面平行
公共点个数			
符号语言			
图形语言			

设计意图：通过利用粉笔盒各条棱与桌面之间关系的直观演示，使学生能够直接观察到它们之间的位置关系的变化，并且利用直线与平面平行的定义对其位置关系进行判断，进而完善表格. 在完善表格期间进行多种语言的转化，促进学生对各种语言的熟练掌握与应用.

阶段2　直线与平面平行的再认识

问题3　教师在讲桌桌面上对粉笔盒进行平移的过程中，刚才所提出的粉笔盒的各条棱与桌面之间的各种位置关系还存在吗？

预设：在教师平移粉笔盒的过程中，各条棱与桌面之间的位置关系依然存在.

追问：为什么这些位置关系依然存在？

预设：因为不论粉笔盒在桌面上如何移动，有的棱一直与桌面有无数个公共点，所以这些棱在桌面内；有的棱与桌面始终只有一个公共点，所以这些棱与桌面相交；有的棱与桌面始终没有公共点，所以这些棱与桌面平行.

问题4　在刚才平移粉笔盒的过程中，是否有更为便捷的能够判断棱与桌面平行的方法呢？请同学们自主思考，并且与小组成员进行讨论.

设计意图：通过实验对直线与平面之间的关系进行直观演示，使学生能够进一步了解到直线与平面之间的多种位置关系及其特点和性质，并且通过在演示过程中由教师提出问题、学生进行思考，指出利用定义判断直线与平面平行的不便之处，使学生产生对新的判定方法的思考和疑惑，初步明确在接下来的学习中的探究方向.

阶段3　判定定理的非形式化推理

让学生拿出准备好的直角梯形模型按照要求进行演示，并且根据演示内容回答教师的问题.

(1) 将直角梯形模型按图 1 的要求摆放，在平面上进行平移和以 l_3 为轴进行旋转，观察直线 l_1 与平面 β 之间的位置关系与变化.

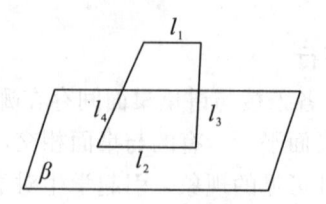

图 1　第一种摆法

(2) 将直角梯形模型按图 2 的要求摆放，再次在平面上进行平移和以 l_2 为轴进行旋转，观察直线 l_4 与平面 β 之间的位置关系与变化.

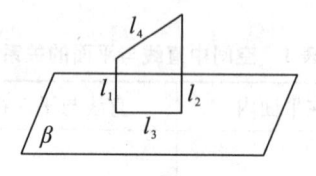

图 2　第二种摆法

问题 5　按照图 1 和图 2 所示摆放直角梯形模型后，将直角梯形进行相同的平移和旋转时，为什么我们观察到的直线与平面之间的位置关系有所不同呢？

预设：因为按照图 1 所示进行摆放时，我们可以得到 $l_1 /\!/ l_2$，所以在平面内进行的平移和绕轴旋转都不会改变这种平行关系，所以 l_1 与平面 β 之间始终是平行关系；在按照图 2 所示进行摆放时，直线 l_3 与 l_4 之间的位置关系并不是平行关系，所以在进行平移和旋转时，直线 l_4 与平面 β 之间不存在平行关系.

设计意图：通过让学生自己动手操作，了解直线与平面平行的判定定理的内容，并且通过自己动手操作、与小组成员合作交流，加深对直线与平面平行的判定定理的认识，在分析的过程中，建立起直线与平面平行的定理和定义之间的联系.

阶段 4　判定定理的系统认识

问题 6　同学们能否通过我们刚才所进行的操作和老师的提示自行推理出直线与平面平行的判定定理呢？

预设：通过学生合作探究，得到直线与平面平行的判定定理为平面内一直线与平面外一直线相互平行，则平面外的直线与该平面平行.

问题 7　同学们能否将该判定定理用符号语言来进行描述呢？

预设：$l_1 \not\subset \beta$，$l_2 \subset \beta$，$l_1 /\!/ l_2 \Rightarrow l_1 /\!/ \beta$.

追问：通过符号语言的描述，我们能否判断出满足直线与平面平行的条件有哪些呢？

预设：由 $l_1 \not\subset \beta$，$l_2 \subset \beta$，$l_1 /\!/ l_2$ 三个符号语言可以得知，直线与平面平行需要有一条直线在平面外，一条直线在平面内，而且平面外的直线要与平面内的一条直线平行，这样才能得出平面外的直线与该平面平行.

直线与平面平行的判定定理：平面外一条直线与此平面内的一条直线平行，则该直线与此平面平行.

设计意图：通过自己动手操作和教师引导，学生进行有效的演绎推理，得出直线与平面平行的判定定理. 教师让学生利用符号语言对该定理进行描述, 通过符号语言简捷明了的特点, 学生可以更直观地了解判断直线与平面平行需要满足的条件, 锻炼归纳总结能力和观察能力, 加深对直线与平面平行的判定定理的理解和记忆, 避免在将来的学习中出现使用定理时遗忘某些条件的情况.

阶段 5　判定定理的深层次理解与应用

1. 判断下列命题的真假性, 若命题为假, 则利用图形语言对该命题加以描述.

（1）若 $b \subset \beta, a // b$, 则 $a // \beta$.

（2）若 $a \not\subset \beta, a // b$, 则 $a // \beta$.

（3）若 $b \subset \beta, a \not\subset \beta$, 则 $a // \beta$.

学生通过自我判断和小组讨论后可以得出结论: 以上的三个命题都不正确. 在得出结论后让学生在黑板上对这三个命题利用图形语言加以描述.

学习过后, 由教师对定理进行总结, 直线与平面平行的判定定理需要满足三个条件: ①一条直线在平面外; ②一条直线在平面内; ③两条直线相互平行. 这三个条件必须同时满足, 缺一个条件判定定理都不成立.

设计意图: 通过对命题真假性的判断, 可以让学生认识到直线与平面平行的判定定理成立的条件, 加深对判定定理的认识和记忆, 使其在运用判定定理时能够先思考该定理的要求再进行答题.

2. 观察图 3, 回答下列问题:

（1）在正方体中, 与 BC 平行的平面有＿＿＿＿＿＿＿＿.

（2）在正方体中, 与平面 $ABFE$ 平行的棱有＿＿＿＿＿＿＿＿.

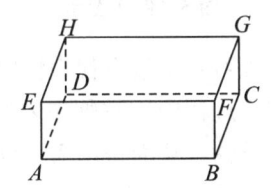

图 3　正方体 $ABCD-EFGH$

设计意图: 在学生证明了定理以后, 辅以适当的练习, 可以增强学生对该定理内容的记忆, 也能使学生对判定定理的运用更加熟练.

3. 例题练习, 巩固知识.

例 1　如图 4 所示, 四棱锥 $P-ABCD$ 中, O 为底面正方形 $ABCD$ 的对角线的焦点, E 为 PC 的中点, 求证: $AP // $ 面 BDE.

分析: 连接 OE, 可证 OE 是三角形 PAC 的中位线, 进而可得 $AP // OE$, 由判定定理可得 $AP // $ 面 BDE.

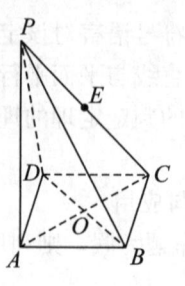

图 4　例 1 图示

变式：题中 OE 与哪些平面平行？

例 2　如图 5 所示，四棱锥 $P-ABCD$ 中，底面 $ABCD$ 是一个矩形，E，F 分别为 AB，PC 的中点，求证：$EF/\!/$ 面 PAD.

分析：取 PD 的中点 H，连接 AH，HF，可证明四边形 $AHFE$ 是平行四边形，从而证明 $EF/\!/AH$，所以可以得到 $EF/\!/$ 面 PAD.

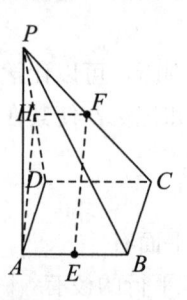

图 5　例 2 图示

设计意图：本环节通过使学生练习两个具有代表性的例题，完成对直线与平面平行的判定定理的应用．在进行例题的讲解过程中，教师主要针对题目的条件和结论进行分析，并且引导学生找出满足定理的三个条件，从而得出需要证明的结论，加深学生对该定理的认识与运用．

3.8　教学反思

在教学过程中，范希尔理论要求教师循序渐进地引导学生对知识进行探究和归纳总结，并且在引导探究的过程中教师应对学生的探究过程有着细节的把控与掌握，对学生的探究过程极为关注，及时发现学生在探究过程中出现的错误并提醒其改正．在探究过程中，学生之间需要进行小组合作和交流，这样能帮助学生自主构建几何知识框架，提高学生的几何思维水平[15-22]．在范希尔理论下的教学，更加注重学生在教学活动中的参与，而教师在活动中主要充当引导者和为学生制订简单学习计划，这样既能加强学生的学习参与感，又能使学生获得成就感，提高学生的学习积极性和学习兴趣．

参考文献

[1] 余建国. 基于"三个理解"的"直线与平面平行"教学实录与反思 [J]. 高中数学教与学，2012 (8)：14-20.

[2] 万赢银. 培养直观想象素养的立体几何教学——以"直线与平面平行"教学为例 [J]. 高中数学教

学，2019 (3X)：20-22.
- [3] 朱方，陈女谊. 课堂变革：促进学生深度学习——"直线与平面平行的判定定理"听课有感 [J]. 上海中学数学，2018 (7)：16-17，28.
- [4] 钱江. 关注预设 重视生成 基于对话——"直线与平面平行的判定定理"的教学实录与反思 [J]. 数学通讯，2012 (4)：20-24.
- [5] 郭建华，于健. 关注有效追问 构建精彩课堂——"直线与平面平行的判定"教学实录与评析 [J]. 中国数学教育（高中版），2018 (10)：30-34.
- [6] 张彬. 在"追问"中完善知识，于探究中感悟本质——"直线与平面平行的判定"教学设计 [J]. 中学数学（高中版），2015 (1)：10-12.
- [7] 侯军. 直线与平面平行的判定定理的探究式教学 [J]. 高中数学教与学，2012 (24)：12-14.
- [8] 赵家早. 感知、操作、思辨、推理下的直观想象——"直线与平面平行的判定"的教学设计及反思 [J]. 中学数学月刊，2018 (11)：35-38.
- [9] 庄玉英，骆妃景. 以问题驱动为主线的教学设计——直线与平面平行的判定 [J]. 数学教学通讯，2013 (21)：17-19.
- [10] 王安园.《直线与平面平行的判定》教学案例 [J]. 课程教育研究，2014 (21)：231-232.
- [11] 陈恩兵. 基于核心素养的教学设计研究——以"线面平行的判定"为例 [J]. 中学数学教学参考，2018 (1)：23-25.
- [12] 冯晓雷. "直线与平面平行的判定"教学设计 [J]. 科技信息，2011 (4)：134，136.
- [13] 卢会玉. "直线与平面平行的判定"教学设计 [J]. 中学数学教学参考，2017 (7X)：32-33.
- [14] 叶欣，江用科. 合情推理与演绎推理并重 展现几何的教育价值——"直线与平面平行的判定"的教学设计 [J]. 新课程教学（电子版），2016 (1)：6-10.
- [15] 曾友良，负朝栋. 范希尔理论的几何思维水平研究综述及启示 [J]. 当代教育理论与实践，2017，9 (5)：12-16.
- [16] 王文强. 范希尔理论及其对几何教学的启示 [J]. 数学学习与研究，2016 (23)：97-98.
- [17] 李萍，张红. 范希尔几何思维水平对几何教学的启示——以"圆的认识"为例 [J]. 数学学习与研究，2019 (14)：47-48.
- [18] 陶红强. 范希尔几何思维水平对几何教学的启示——以"直线、射线和角"为例 [J]. 教育实践与研究（A），2016 (8)：43-46.
- [19] 罗红梅. 范希尔几何思维水平在教育教学中的应用 [J]. 亚太教育，2015 (16)：83-84.
- [20] 卢道燕. 范希尔理论指导下的教学目标设计探讨 [J]. 中学数学研究（华南师范大学版），2016 (24)：1.
- [21] 崔静静，赵思林. 基于范希尔理论的椭圆及标准方程教学设计 [J]. 数学教学通讯，2018 (15)：9-12.
- [22] 孙佳，张红. 基于范希尔理论下的几何学习路径——以"三角形的认识及其内角和"教学设计为例 [J]. 中学数学研究（华南师范大学版），2019 (18)：8-9，45.

第十二节 双曲线及其标准方程的教学设计[①]

1 引言

双曲线及其标准方程是人教 A 版《高中数学》（选修 2-1）第二章第三节第一课时的内容．双曲线的形成过程比椭圆复杂，因为双曲线的形成过程需讨论动点到两个焦点距离的大小．根据认知心理学理论，学生在学习双曲线时，认知过程（如注意、知觉、表象、记忆、问题解决、语言和思维等）要比学习椭圆复杂．因此，研究双曲线的教学，设计合理的教学设计十分有必要．

双曲线是圆锥曲线中最难的一种，也是教材中重要内容之一．双曲线的学习不仅可以强化椭圆的相关知识，而且可以为后面学习抛物线做准备，具有承上启下的作用．此外，双曲线及其标准方程的教学也可以培养学生的数学学科核心素养，即数学抽象、逻辑推理、数学运算等．双曲线及其标准方程的教学是高中数学疑难课题之一，如何上好本节课也是一线高中数学教师头疼的问题．因此，双曲线及其标准方程的教学需要利用合理的学习理论来设计，以便更好地指导一线教师．

2 文献综述

2.1 关于双曲线的起源与发展研究

2.1.1 双曲线的起源

双曲线是圆锥曲线的一种，若要追溯双曲线的起源与发展，必然要追溯圆锥曲线的起源与发展．关于圆锥曲线的起源，一般认为是观察火山喷射，或削尖的圆木桩，或在太阳的投影下圆形的日晷所围成的阴影（如图 1 所示）等发现的，但可以肯定的是，一定与倍立方问题有关[1]．

图 1

[①] 作者：黄成世、赵思林（指导教师）．

2.1.2 双曲线的发展

公元前 4 世纪，希腊人用与母线垂直的平面去截顶角分别为锐角、直角和钝角的正圆锥，分别得到锐角、直角和钝角圆锥曲线，即椭圆、抛物线和双曲线（如图 2 所示）[2]. 在梅内克缪斯时期之后，亚里士塔欧（Aristaeus，约公元前 370—公元前 300 年）和欧几里得（Euclid，约公元前 325—公元前 265 年）都对圆锥曲线进行了相关研究，可惜的是他们分别所著的《立体轨迹》（solid loci，即圆锥曲线）和《圆锥曲线》这两本书都没被传下来. 在亚里士塔欧和欧几里得之后，阿波罗尼斯（Apollonius of Perga，约公元前 262—公元前 190 年）所著的《圆锥曲线》从几何直观的角度给出了圆锥静态的原始定义：用平面来切割圆锥曲面，其交线称为圆锥曲线（如图 3 所示）.

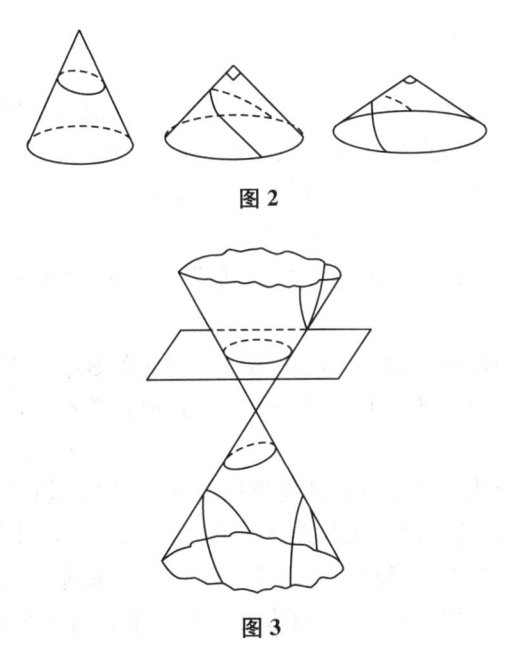

图 2

图 3

在阿波罗尼斯之后，古希腊数学家对圆锥曲线的研究成果很少. 直到公元 3—4 世纪，几何学家帕普斯才对圆锥曲线做了重要的工作，即在《数学汇编》中证明：与定点、定直线的距离成定比例的点的轨迹是圆锥曲线. 这是阿波罗尼斯的《圆锥曲线》中所没有的. 总之，古希腊数学家对圆锥曲线的研究有一个十分清楚的轮廓，但是由于没有坐标系统，以至于在表达形式上存在不容忽视的缺陷.

公元 11 世纪，中世纪的阿拉伯数学家奥马·海亚姆（Omar Khayyam，约 1048—1131 年）利用圆锥曲线来求解三次方程[3]. 值得注意的是，古希腊数学家应用圆锥曲线来解决几何问题的处理手法因题而异，具有特殊性，而海亚姆把三次方程作为研究对象，几何图形作为辅助工具[4]. 这是中世纪数学的最大成就之一，也是对古希腊圆锥曲线的进一步发展. 12 世纪起，圆锥曲线被阿拉伯人引入欧洲，但对圆锥曲线的研究并没有取得很好的进展. 直到 16 世纪，有两件事情才推动了圆锥曲线的进一步研究：一是开普勒（Kepler，1571—1630 年）继承了哥白尼的日心说，于 1609 年发现天体运行轨道是椭圆[5]；二是伽利略（Galileo，1564—1642 年）认为物体斜抛运动的轨道是一条抛物线，这表明圆锥曲线是自然界一种常见的物体运动形式,而不是附在圆锥之上的"静态曲线"[6].

17世纪初,费马(Pierre de Fermat,1601—1665年)和笛卡尔(Descartes,1596—1650年)创立了解析几何,圆锥曲线的研究从此进入新时代[2]. 数学家朝着解析法的方向发展,使圆锥曲线的研究摆脱了几何直观的约束,力求实现对圆锥曲线研究高度的概括和统一. 到18世纪,欧拉在《分析引论》中建立直角、斜交和极坐标的概念,进一步推动了圆锥曲线的发展. 19世纪末叶,在分析学和各种科学的影响下,圆锥曲线不仅在理论上达到了很高的水平,并且在实际应用上也得到充分的利用[5].

2.2 关于双曲线及其标准方程的教材解读研究

2.2.1 双曲线的定义

定义:平面内与两个定点 F_1,F_2 的距离之差的绝对值等于常数(小于$|F_1F_2|$)的点的轨迹叫作双曲线[7]. 两个定点叫作双曲线的焦点,两个焦点之间的距离叫作双曲线的焦距. 通常情况下,焦距用 $2c$ 表示,常数用 $2a$ 表示,且有 $2c>2a>0$.

2.2.1.1 定义中四个关键词的解读研究

定义中的四个关键词,即"平面内""绝对值""常数""小于$|F_1F_2|$",是双曲线定义的重要特征,缺一不可.

(1)"平面内":目的是限制该动点轨迹为一个平面图形,而非一个立体图形.

(2)"绝对值":若去掉"绝对值"这一条件,其他条件不变,则点的轨迹只有双曲线的一支.

(3)"常数":若"常数"等于零,其他条件不变,则点的轨迹为 F_1F_2 的中垂线.

(4)"小于$|F_1F_2|$":若把这一条件改为"等于$|F_1F_2|$",其他条件不变,则曲线是以 F_1,F_2 为端点的两条射线;若改为"大于$|F_1F_2|$",其他条件不变,则曲线不存在. 这一条件其实可以通过在 $\triangle MF_1F_2$ 中,两边之差小于第三边来理解,当然这一说法忽略了特殊点 M 位于双曲线实轴端点的情形[8].

2.2.1.2 对焦距用 $2c$ 表示和"常数"用 $2a$ 表示的解读研究

陈省身说:"数学就应该是简单美丽的."焦距用 $2c$ 表示和"常数"用 $2a$ 表示,与椭圆类似,其目的是让双曲线的标准方程的形式变得更加简单和美丽. 追求"简单化"和"数学美"是数学重要的特点.

2.2.2 双曲线的标准方程

2.2.2.1 双曲线的标准方程概念研究

双曲线的标准方程中"标准"有两层含义:一是两个焦点在坐标轴上,二是两个焦点的中点与坐标原点重合[9]. 根据两个焦点在坐标轴上,可以分为:

当焦点在 x 轴上,双曲线的标准方程为 $\dfrac{x^2}{a^2}-\dfrac{y^2}{b^2}=1(a>0,b>0)$;

当焦点在 y 轴上,双曲线的标准方程为 $\dfrac{y^2}{a^2}-\dfrac{x^2}{b^2}=1(a>0,b>0)$.

值得注意的是，a，b，c 都是正数；a 与 b 无大小之分，但 c 值最大；$a^2+b^2=c^2$ 的结构类似于勾股定理.

2.2.2.2 双曲线的标准方程推导研究

双曲线标准方程的推导过程是学生的难点，为此给出两种比较好的推导方法.

由双曲线的定义可得 $\left|\sqrt{(x+c)^2+y^2}-\sqrt{(x-c)^2+y^2}\right|=2a$.

推导1[10]：去绝对值可得 $\sqrt{(x+c)^2+y^2}-\sqrt{(x-c)^2+y^2}=\pm 2a$ （1），

化简可得 $\dfrac{4cx}{\sqrt{(x+c)^2+y^2}+\sqrt{(x-c)^2+y^2}}=\pm 2a$，

整理可得 $\sqrt{(x+c)^2+y^2}+\sqrt{(x-c)^2+y^2}=\pm\dfrac{2cx}{a}$ （2），

由（1）+（2）化简可得 $\sqrt{(x+c)^2+y^2}=\pm\left(a+\dfrac{cx}{a}\right)$.

两边平方可得 $(x+c)^2+y^2=a^2+2cx+\dfrac{c^2}{a^2}x^2$，

化简可得 $\dfrac{c^2-a^2}{a^2}x^2-y^2=c^2-a^2$，

由双曲线的定义可得 $c^2-a^2>0$，令 $c^2-a^2=b^2$，

可得 $\dfrac{x^2}{a^2}-\dfrac{y^2}{b^2}=1(a>0,\ b>0)$.

推导2：设 $\sqrt{(x+c)^2+y^2}=m$，$\sqrt{(x-c)^2+y^2}=n$，

则 $x^2+2cx+c^2+y^2=m^2$ （1），$x^2-2cx+c^2+y^2=n^2$ （2），$m-n=\pm 2a$.

不妨设 $m>n$，则 $m-n=2a$ （3），

由（1）-（2），可得 $4cx=m^2-n^2=(m+n)(m-n)$，

则可得 $m+n=\dfrac{2c}{a}x$ （4），由（3）+（4），可得 $m=a+\dfrac{c}{a}x(m\geqslant 0)$，

两边平方，联立(1)式可得 $x^2+2cx+c^2+y^2=a^2+2cx+\dfrac{c^2}{a^2}x^2$，

化简可得 $\dfrac{c^2-a^2}{a^2}x^2-y^2=c^2-a^2$，以下同上.

同理，设 $m<n$，也可得 $\dfrac{c^2-a^2}{a^2}x^2-y^2=c^2-a^2$.

综上所述，可得 $\dfrac{x^2}{a^2}-\dfrac{y^2}{b^2}=1(a>0,\ b>0)$.

2.3 关于双曲线新课程标准要求及高考形势研究

2.3.1 双曲线新课程标准要求

《普通高中数学课程标准（2017年版）》（以下简称《标准》）要求学生理解双曲线的定义、几何图形、标准方程和简单几何性质，进一步理解数形结合的思想；要求学生掌握解析几何解题的基本过程，即建立合适的直角坐标系，把几何问题代数化，寻找解决问题的基本途径，得出结论，对代数结论给出合理的几何解释以解决几何问题[11].《标准》重

点强调要培养学生的数学学科核心素养,旨在教学中能够逐步培养学生的数学运算、直观想象以及逻辑推理等核心素养.

2.3.2 双曲线高考形势研究

2.3.2.1 双曲线的高考题型

双曲线是圆锥曲线重要的组成部分之一,也是高考的热点内容之一,占据着高中数学知识的核心地位. 对近几年全国高考数学试卷的研究发现,试题主要考查学生的计算能力、空间想象能力、逻辑思维能力以及分析问题与解决问题的能力.

主要题型分为两类:一类是基础题,主要考查双曲线的基本概念以及简单几何性质,考查学生对基础知识的熟练掌握情况;另一类是综合题,具体表现为双曲线和平面几何的相关知识(如三角形的相关性质、圆的相关性质等)以及函数、不等式、向量等知识,考查学生是否能灵活运用数学思想(如数形结合、化归与转化、方程思想等),并且考查学生的解题运算能力[12].

2.3.2.2 双曲线的解题策略

双曲线的试题常常作为高考数学试卷的压轴题,具有很强的选拔性,出题思路不仅从思维侧面考查学生是否能感悟解题过程中蕴含的数学思想,而且从解题计算方面考查学生的逻辑推理、数学运算等能力.

双曲线常用解析几何的思想方法来解决有关问题,虽然问题解决的思路比较简单,且有很强的规律可循,但是运用解析法解题时常伴有运算量大且繁杂的问题,使得大部分学生或望而生畏,或半途而废[13]. 因此,在教学过程中,既要注重学生对基础题的基础知识的掌握情况,又要注重学生对综合题所运用的数学思想方法进行归纳提炼,以达到优化解题思路、简化解题流程、提高解题效率的目的.

对于常见基础题,常常可以直接利用相关公式或性质来解答,思维量和计算量相对较小. 基础题的解题策略就是要求学生注重双曲线基础知识的学习,加强训练,以求熟练地理解和掌握相关公式和性质;对于综合题,思维量和计算量要求较高. 综合题的解题策略的基本思想方法是"几何入手,代数解决"[12],即要求学生根据问题的已知条件建立所对应的平面直角坐标系,画出所对应图像,借助图像结合平面几何的相关知识对题目进行深入的分析,从而找出解决问题的"钥匙",进而打开问题的大门,最终实现对问题的解答.

2.4 关于双曲线及其标准方程教学现状的研究

2.4.1 关于双曲线及其标准方程的学习情况研究

本节课是学生在学习了椭圆之后学习的另一种圆锥曲线,双曲线的研究方法和内容可以很好地借鉴椭圆的学习,学习方法能够迁移,为在教学过程中开展探究性学习提供参考[14]. 学生已经学习了椭圆的相关知识,对椭圆的知识有了一定的理解,比如椭圆定义的形成过程、常数范围、如何建系、标准方程的推导以及如何根据标准方程判断焦点位置等,并且学生的抽象概括、逻辑推理能力也有了一定提高. 因此,教师可以利用类比的思想,让学生类比椭圆定义的形成过程抽象概括出双曲线的定义.

从内容来看,双曲线是高中数学中三种圆锥曲线中最为复杂的一种,也是我们解决许多平面解析几何问题的有力工具[15]. 双曲线的概念与椭圆十分相似,并且许多处理方式也十分相同,但由于双曲线的学习是圆锥曲线中最难的,学生学习有一定难度. 因此在教学过程中,教师首先要注重运用类比的教学手段,不断培养学生关注双曲线与椭圆的相通点;其次要关注它们之间的差异来不断构建新的数学知识. 并且学生的动手操作能力与信息技术协作能力发展得十分不平衡,有待提高[14].

2.4.2 关于双曲线及其标准方程的教学设计研究

工欲善其事,必先利其器. 作为教师,要想让自己的课堂成为优秀的课堂,就必须提前做好教学准备. 过去常称教学准备为"备课",现在称为"教学设计"[16]. 笔者通过文献研究发现,在双曲线及其标准方程的教学设计中,张崇艳[17]听取两位老师的上课教学后,提出了教学策略的重要性,强调以学生为主体. 谭亚英[15]利用"迁移理论",在教学中利用初中的反比例函数的联系,降低学生的学习难度. 俞玮[18]采用现代科技,利用"微课"教学,能够有效地优化高中生的数学学习环境. 于海青[19]同样利用现代科技教学,利用几何画板进行直观演示,使得教学过程更加生动. 宋磊[20]以学生为中心,强调深度学习,从满堂灌向少而精转变,为学生搭建更多的"脚手架",让学生自主攀登而不是背着学生攀爬. 姜相宇、张维忠[21]采用"支架式教学",提高学生的最近发展区,减少学习难度.

综上所述,双曲线既是高考的重点内容,又是难点内容. 笔者通过文献研究发现,大部分教师对双曲线的学习不够重视,以至于学生对双曲线的定义以及标准方程的理解不够深刻. 双曲线是圆锥曲线中最难的,虽然教师可以利用类比的数学思想来进行教学,但是如果不加强学生对知识的深入学习,可能无法让学生对知识达到完全理解的程度. 良好的"引导式"提问能启迪学生的思维,激发学生的学习兴趣,促进课堂有效探究,帮助学生进入深度学习,并在潜移默化中培养学生的数学思维品质[22]. 因此,教师可以在进行双曲线及其标准方程的教学时采用"引导式"提问,不断加强学生对知识的理解.

3 双曲线及其标准方程的教学设计案例

3.1 多种学习理论指导下双曲线及其标准方程教学设计

3.1.1 教材分析

【教材地位】

本节课是人教版 A 版《高中数学》选修 2-1 第二章第三节第一课时的内容,是在学生学习了直线、圆和椭圆的基础之上进一步研究学习的一种几何模型,是圆锥曲线中最难的曲线,同时也是高考数学考试大纲要求必须掌握的内容,并且为后面学习抛物线的相关内容做了铺垫.

【教材作用】

双曲线是一个重要的几何模型,是圆锥曲线的一部分,与椭圆相比,双曲线所涉及的情况更加复杂，方法更加灵活，对学生的能力要求更高．双曲线有许多几何性质，这些性质在我们日常生活、生产和科学技术中有着广泛的应用，如花瓶、广州塔、冷却塔等．同时，双曲线的教学也是培养学生数形结合思想的重要途径．

【学情分析】

（1）认知基础：学生已经学习了椭圆定义的形成过程、如何建系、标准方程的推导等知识，了解了椭圆的第二定义和两种不同形式的椭圆标准方程，也了解了椭圆的简单几何性质，根据最近发展区理论，合理地运用类比的教学方法，可以提高学生的认知水平，更好地理解双曲线的定义及其标准方程．

（2）认知障碍：第一，学生对曲线与方程概念的理解不够，不能准确描述其概念，因此也不能很好理解曲线与方程的关系；第二，与椭圆的概念相比，双曲线概念的形成过程复杂，双曲线标准方程推导过程处理方法灵活，并且计算量相对较大．

【教学目标】

1. 知识与技能

（1）理解双曲线的定义．

（2）掌握双曲线标准方程的推导过程．

（3）理解双曲线标准方程中 a，b，c 的关系，会求 a，b，c．

（4）能识别双曲线标准方程，会区分焦点在 x 轴或 y 轴．

2. 过程与方法

（1）利用问题，引导学生探究，培养学生独立思考的能力．

（2）通过思考探究双曲线定义的形成，逐步培养学生的探究意识，让学生积累数学化的经验．

（3）通过运用多种方法推导双曲线的标准方程，培养学生的发散思维、数形结合的思想以及良好的计算能力．

3. 情感、态度与价值观

（1）通过让学生观察现实生活中双曲线的实例模型，逐步让学生感知生活中处处有数学，培养学生欣赏数学的美——对称美，提高学生的数学兴趣，进而引出所要学习的课题．

（2）通过让学生亲自做拉链实验，探究双曲线的定义，让学生再一次感受数学来源于实践又反作用于实践，即具体—抽象—再具体的螺旋上升的过程，体现了数学的严谨性．

（3）通过推导和化简双曲线的标准方程，让学生感受数学的简单美，培养学生的数学思维品质．

【教学重点】

（1）双曲线的定义及其标准方程．

（2）根据具体条件求出双曲线的标准方程．

（3）掌握双曲线的标准方程中 a，b，c 的关系．

【教学难点】

（1）用坐标法建立并推导双曲线的标准方程．

（2）理解双曲线的两类标准方程和对应图像．

【教学方法】

探究式教学法，问题驱动，引导探究.

【教学技术】

教学工具，PPT，多媒体，几何画板（或 GeoGebra），拉链，剪刀.

3.1.2 教学过程

3.1.2.1 双曲线及其标准方程的"八步"教学设计与简略说明

双曲线及其标准方程的"八步"教学设计流程如图 4 所示，下面对"八步"教学设计做简略说明.

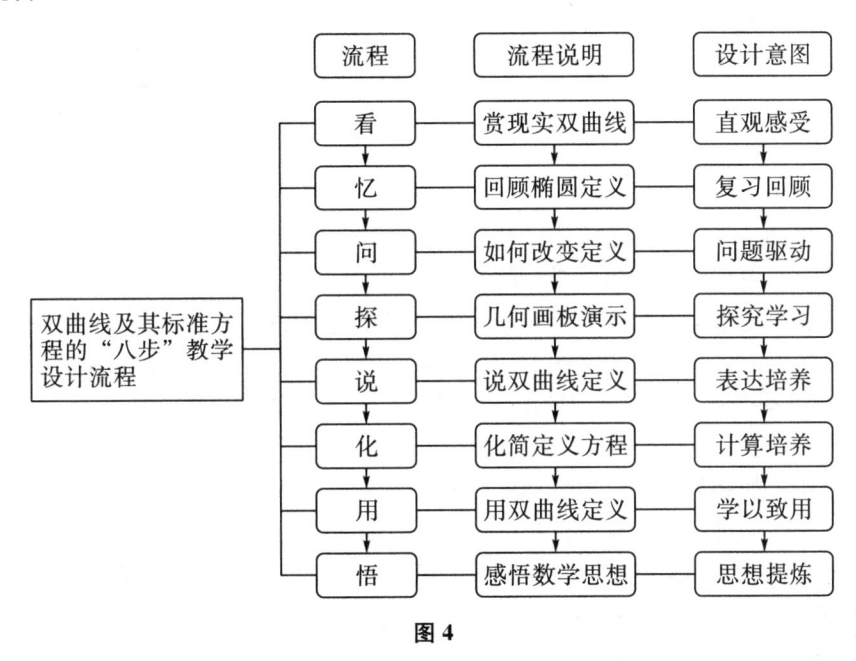

流程	流程说明	设计意图
看	赏现实双曲线	直观感受
忆	回顾椭圆定义	复习回顾
问	如何改变定义	问题驱动
探	几何画板演示	探究学习
说	说双曲线定义	表达培养
化	化简定义方程	计算培养
用	用双曲线定义	学以致用
悟	感悟数学思想	思想提炼

图 4

"看"是指让学生观察双曲线模型设计在实际生活中的应用，体会两者的紧密联系，引起学生的学习兴趣，引出课题．"忆"是指回忆椭圆的定义和处理的方法，关注学生最近发展区，为学生搭好继续学习的"支架"．"问"是指利用问题驱动，诱发学生主动思考，引导学生继续探究，不断提高学生的认知水平，让双曲线的定义自然流露．"探"是指利用准备好的拉链，引导学生自己动手画出双曲线的图形，培养学生的动手能力．"说"是指利用问题引导，将学生直观理解双曲线的"粗定义"逐步引导成"精定义"，体现数学的严谨性．"化"是指教师利用双曲线的定义、数学符号及公式，引导学生利用四种方法化简双曲线的数学表达式，促进学生在数学思维和数学运算等方面的全面发展．"用"是指教师利用数学问题，引导学生进一步理解双曲线以及标准方程，加强椭圆的区别，使得学生更好地掌握双曲线及其标准方程．"悟"是指感悟双曲线以及标准方程的形成所蕴含的重要数学思想，如数形结合、化归与转化以及分类讨论等.

3.1.2.2 双曲线及其标准方程的"八步"教学的实施建议与设计意图

根据双曲线及其标准方程的"八步"教学设计，笔者给出如下实施建议，并说明每一步的设计意图.

第一步:"看"

让学生观看现实生活中的数学模型,感受数学的美——对称美.通过观看现实生活中的双曲线模型,学生已经对双曲线有了直观的感受,即范希尔几何思维中的直观水平.

教学设计:教师用PPT展示现实生活中的双曲线模型,如广州塔、冷凝塔、3D笔筒、花瓶等,如图5所示.

图5

首先让学生仔细观察这些立体图形,寻找这些图形的正视图的共同特征,将其画在本子上.然后教师选择一些学生绘出的图形进行展示.最后教师告诉学生这个是圆锥曲线的另一种曲线——双曲线,引出要学习的课题.

设计意图:通过以上教学设计,让学生对双曲线的图像有初步了解.在观察现实生活中的双曲线模型时,通过将实际图形抽象成数学中的曲线,培养学生用数学的眼光观察世界[23].让学生动手在平面上画双曲线,培养学生的动手操作能力.

第二步:"忆"

学生对椭圆的相关知识已比较熟悉,通过复习回顾椭圆的定义,不仅可以进一步加深学生对椭圆知识的理解,而且可以为学生学习双曲线做铺垫.双曲线的定义与椭圆的定义十分相似,复习椭圆的定义,是抓住学生的最近发展区,为双曲线的学习搭好"支架".

教学设计:首先教师随机抽取一些学生复习回顾椭圆的定义,然后给出椭圆的定义(PPT展示或者手写板书),最后进行总结.

设计意图:通过复习回顾椭圆的定义,为学生提前搭好"支架",为学习双曲线做铺垫.椭圆的定义形成与双曲线的定义形成十分相似,因此,从椭圆的定义变化探究更容易让学生接受,符合学生的认知心理过程.

第三步:"问"

美国数学家哈尔莫斯(P. R. Halmos)曾指出:"问题是数学的心脏."更具体地说,"数学问题是数学的心脏""数学问题是数学教学的心脏""数学问题是数学学习的心脏"[24].问题驱动是维持学生学习兴趣的养料,是增强学生继续学习的动力,是培养学生不断思考的法宝.

教学设计:学生已经对椭圆的定义十分熟悉,由教师对椭圆的定义进行提问.

问题1:平面内,动点到两定点的距离之和为定值所形成的轨迹为椭圆,请问哪一个条件(或哪一个字)变化,会引起图形发生变化?

问题2:椭圆定义中的"和"字可以改成什么呢?

问题3:请问"差""乘""除"情况中,哪种情况更加简单?

问题 4：平面内，动点到两定点的距离之差为定值，情况是否唯一？

问题 5：怎样才能使情况唯一？

问题 6：平面内，一个动点到两定点的距离之差的绝对值为定值的轨迹是什么呢？

设计意图：数学问题具有导向性，能让学生逐步思考，不断培养学生的探究意识．问题驱动诱发学生主动思考，不断提高学生的认知水平．

第四步："探"

利用问题导向，让学生明白平面内动点到两定点的距离之差的绝对值为定值的轨迹，而数学学习是一个由简到难、由浅到深、由简到繁的探究性学习过程，因此，教师应引导学生探究最简单的情形，逐步深入，不断培养学生的探究意识．

教学设计：教师引导学生探究平面内动点到两定点的距离之差的绝对值为定值的轨迹．教师首先将准备好的拉链的一端剪短，并提问："剪短其中一段的意义是什么？"让学生知道动点到两定点的距离之差为定值．然后随机抽取班上两名同学，上台为大家演示．在演示的过程中，学生易忽略另一支的情况，因此教师需要采用启发式教学，结合第三步"问"的问题 4 不断启发学生，让其顺利画出双曲线的两支，如图 6 所示．教师最后总结：平面内，动点到两定点的距离之差的绝对值为定值的轨迹是双曲线．

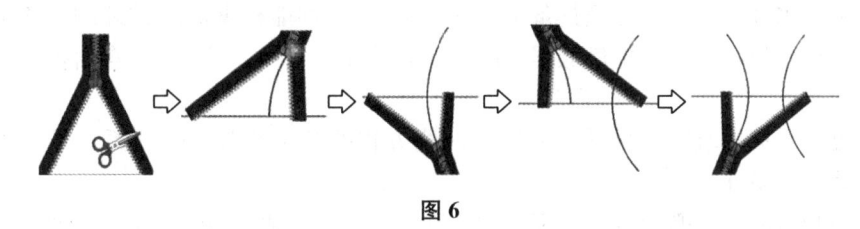

图 6

教师需要补充说明"乘"与"除"的情况复杂，否则会影响学生的学习积极性．教师可以采用几何画板或者 GeoGebra 等数学画图软件给出比较特殊的情况说明，并告诉学生以后只有学习更多的数学知识才能对此有更深入的研究，本节课先研究情况比较简单的，主要是学习双曲线．

注释：①平面内动点到两定点的距离之乘的图形多样；②平面内动点到两定点的距离之比（除）的图形可以为圆．

设计意图：探究应该是以学生为主、教师为辅的教学原则，不断地引导启发学生主动学习，主动思考，让学生成为课堂的主人．学生亲自动手，探究平面内动点到两定点的距离之差的绝对值为定值的轨迹是双曲线，进而了解双曲线的定义，这符合学生的认知水平，可提高学生不断学习的积极性．

第五步："说"

学生现在已经达到了范希尔理论的描述水平，已经知道双曲线是怎么形成的，即能粗略描述双曲线的定义（粗定义）．

教学设计：教师继续引导学生对双曲线的定义进行完善，采用类比数学思想，类比椭圆的定义，逐步得到双曲线的精确定义（精定义）．教师引导学生了解常数的符号表示，即"我们知道椭圆的常数为 $2a$，这样记是因为简单方便，同样这里的双曲线定值（常数）也记为 $2a$"．

问题 1：我们知道椭圆的常数（$2a$）大于 $|F_1F_2|$，那么双曲线的常数必须满足什么

条件?

预设答案：椭圆的常数相当于三角形的两边之和，根据三角形的两边之和大于第三边（$|F_1F_2|$），所以可以得到常数大于$|F_1F_2|$. 同理，对于双曲线的常数相当于两边之差，根据三角形的两边之差小于第三边（$|F_1F_2|$），可以得到常数小于$|F_1F_2|$.

接下来教师直接告诉学生两个定点叫作双曲线的焦点，两个焦点间的距离叫作双曲线的焦距. 焦距常表示为$2c$.

问题2：怎么把问题1用数学符号表示呢？

预设答案：焦距用$2c$表示，常数用$2a$表示，且有$c>0$，$a>0$，因此有$2c>2a>0$，即$c>a>0$.

教师之后把双曲线的完整定义用PPT（或者板书）展示，并对定义的四个关键词作重点强调.

设计意图："说"不仅可以活跃课堂气氛，而且学生的语言表达能力能够得到很好的培养. 教师根据学生的认知水平，运用类比的数学思想，在一问一答的过程中让学生逐步得到双曲线的精定义，为下一步的"化"做铺垫.

第六步："化"

根据范希尔理论，学生已经具备了"理论水平"，即能根据演绎推理的方式推导双曲线的标准方程. 教师需给学生最低程度的提示，让学生"自由定向"，自由探索，从而获得学习经验[25].

教学设计：首先教师引导学生回顾求曲线方程的基本步骤：①建系；②设点；③列式；④化简；⑤验证.

然后教师借助建立椭圆直角坐标系的原则，引导学生建立双曲线的直角坐标系，即建立以$|F_1F_2|$所在直线为x轴，以$|F_1F_2|$的中垂线为y轴的直角坐标系.

情况一：焦点在x轴上的双曲线标准方程

(1) 建系：建立xOy直角坐标系，由$|F_1F_2|=2c$，可得$F_1(-c, 0)$，$F_2(c, 0)$.

(2) 设点：设在双曲线上任意一点为$P(x, y)$.

(3) 列式：根据双曲线的定义（或者数学表达式：$||PF_1|-|PF_2||=2a$），可得

$$\left|\sqrt{(x+c)^2+y^2}-\sqrt{(x-c)^2+y^2}\right|=2a.$$

(4) 化简：化简是本节课的重点内容与难点内容，因此要给学生足够时间，让学生先独立思考，亲自动手参与计算，然后重点讲解四种常见的技巧：①直接在等式的两边开平方；②利用换元法去绝对值；③去掉绝对值、移项、开平方；④去掉绝对值、借助复数理论构造.

方法一：原式两边同时平方，可得

$$(x+c)^2+y^2+(x-c)^2+y^2-2\sqrt{[(x+c)^2+y^2][(x-c)^2+y^2]}=4a^2.$$

化简可得$x^2+y^2+c^2-2a^2=\sqrt{[(x+c)^2+y^2][(x-c)^2+y^2]}$.

等式两边同时平方，可得$(x^2+y^2+c^2-2a^2)^2=[(x+c)^2+y^2][(x-c)^2+y^2]$.

整理移项化简，可得$(c^2-a^2)x^2-a^2y^2=a^2(c^2-a^2)$.

因为$c>a>0$，所以$c^2-a^2>0$.

两边同时除以$a^2(c^2-a^2)$，可得$\dfrac{x^2}{a^2}-\dfrac{y^2}{c^2-a^2}=1$.

类比椭圆，设 $c^2-a^2=b^2(b>0)$，代入上式整理，可得双曲线的标准方程为 $\dfrac{x^2}{a^2}-\dfrac{y^2}{b^2}=1$.

注：这种方法最容易想到，但是计算复杂.

方法二：利用换元思想，设 $\sqrt{(x+c)^2+y^2}=m$，$\sqrt{(x-c)^2+y^2}=n$，则 $x^2+2cx+c^2+y^2=m^2$ (1)，$x^2-2cx+c^2+y^2=n^2$ (2)，$m-n=\pm 2a$.

不妨设 $m>n$，则 $m-n=2a$ (3).

由(1)-(2)，可得 $4cx=m^2-n^2=(m+n)(m-n)$，

则可得 $m+n=\dfrac{2c}{a}x$ (4)，由(3)+(4)，可得 $m=a+\dfrac{c}{a}x(m\geq 0)$.

两边平方，联立(1)式，可得 $x^2+2cx+c^2+y^2=a^2+2cx+\dfrac{c^2}{a^2}x^2$.

化简可得 $\dfrac{c^2-a^2}{a^2}x^2-y^2=c^2-a^2$.

两边同乘以 a^2，可得 $(c^2-a^2)x^2-a^2y^2=a^2(c^2-a^2)$.

同理，设 $m<n$，也可得 $(c^2-a^2)x^2-a^2y^2=a^2(c^2-a^2)$. 之后同方法一.

方法三：去掉绝对值，可得 $\sqrt{(x+c)^2+y^2}-\sqrt{(x-c)^2+y^2}=\pm 2a$.

移项、两边平方，可得 $(x+c)^2+y^2=(\sqrt{(x-c)^2+y^2}\pm 2a)^2$.

展开化简，可得 $cx=a^2\pm a\sqrt{(x-c)^2+y^2}$.

移项、两边平方，可得 $(c^2-a^2)x^2-a^2y^2=a^2(c^2-a^2)$. 之后同方法一.

方法四：同样去绝对值，可得 $\sqrt{(x+c)^2+y^2}-\sqrt{(x-c)^2+y^2}=\pm 2a$ (1).

化简可得 $\dfrac{4cx}{\sqrt{(x+c)^2+y^2}+\sqrt{(x-c)^2+y^2}}=\pm 2a$.

整理可得 $\sqrt{(x+c)^2+y^2}+\sqrt{(x-c)^2+y^2}=\pm\dfrac{2cx}{a}$ (2).

由 (1)+(2)，化简可得 $\sqrt{(x+c)^2+y^2}=\pm\left(a+\dfrac{cx}{a}\right)$.

两边平方，可得 $(x+c)^2+y^2=a^2+2cx+\dfrac{c^2}{a^2}x^2$. 之后同方法一.

注：方法三与方法四的计算相对简单，且不需要讨论.

(5) 验证：双曲线上任何点的坐标都满足该方程；反之，此方程的解是双曲线上的点.

情况二：焦点在 y 轴上的双曲线标准方程

让学生类比焦点在 x 轴上的双曲线标准方程，结合椭圆类似处理，猜测焦点在 y 轴上的双曲线标准方程为 $\dfrac{y^2}{a^2}-\dfrac{x^2}{b^2}=1(a>0,b>0)$，其中 $c^2=a^2+b^2$. 由于课堂时间限制，作为课后作业.

设计意图：该步骤是"八步"教学设计中十分重要的内容之一，也是本节课的难点，同时是培养学生数形结合思想的重要途径. 在学生演绎推理的过程中，将"数"和"形"

有机结合，能更加完美地演示推理过程．让学生亲自动手参与化简式子，锻炼独立分析问题、解决问题的能力．采用多种方法化简式子，锻炼学生的发散思维，不断提升数学思维品质．

第七步："用"

前面学习的内容与双曲线以及标准方程的学习既有联系，又有区别，容易产生前摄抑制，即前面学习的椭圆以及标准方程对识记和回忆双曲线的学习有干扰．因此，应让学生辨析同一个双曲线表述的多种方式以及与椭圆的差异．

教学设计：教师展示课堂练习题．

考查一：双曲线以及标准方程

练习1：口述判断下列方程是否为双曲线．

(1) $\dfrac{x^2}{4} - \dfrac{y^2}{2} = 1$；　　　(2) $\dfrac{x^2}{-2} + \dfrac{y^2}{3} = 1$；

(3) $\dfrac{x^2}{-2} + \dfrac{y^2}{3} = 0$；　　　(4) $4x^2 - 9y^2 = 36$．

练习2：说明以下条件所生成的轨迹．

(1) 平面内与两个定点 $F_1(-2, 0)$，$F_2(2, 0)$ 的距离之差等于2的点的轨迹．

注：强调定义条件（绝对值）．

(2) 平面内与两个定点 $F_1(-2, 0)$，$F_2(2, 0)$ 的距离之差的绝对值等于2的点的轨迹．

(3) 满足 $\left| \sqrt{(x+5)^2 + y^2} - \sqrt{(x-5)^2 + y^2} \right| = 8$ 的轨迹．

(4) 已知 $A(-4, 0)$，B 是圆 $F: (x-4)^2 + y^2 = 1$（F 为圆心）上一动点，线段 AB 的垂直平分线交直线 BF 于点 P，则动点 P 的轨迹方程为_____．

提示：$||PF| - |PA|| = 1 < |AF|$．

练习3：求满足以下条件的双曲线的标准方程．

(1) 已知 $a = \sqrt{3}$，经过点 $A(\sqrt{3}, \sqrt{2})$，焦点在 x 轴上．

(2) 已知焦点分别为 $(0, -2)$，$(0, 2)$，且经过点 $P(-3, 2)$．

(3) 已知一个焦点为 $(-\sqrt{6}, 0)$，经过点 $(3, 2)$．

考查二：椭圆与双曲线的区别

练习4：判断下列方程是什么图形．

(1) $4x^2 - 9y^2 = -36$；　　　(2) $\dfrac{x^2}{-25} - \dfrac{y^2}{16} = -1$．

练习5：判断下列方程焦点所在的坐标轴，并求出 a，b，c 各为多少．

(1) $4x^2 - 9y^2 = 36$；　　　(2) $4x^2 - 9y^2 = -36$；

(3) $\dfrac{x^2}{25} + \dfrac{y^2}{16} = 1$；　　　(4) $\dfrac{x^2}{25} - \dfrac{y^2}{16} = 1$．

设计意图：考查一的设计主要是让学生理解与掌握本节课的知识，练习1与练习2都是强调双曲线的定义，是一个由浅入深、由直观水平到理论水平的过程．练习3主要是让学生学会求双曲线的标准方程．考查二的设计是根据前摄抑制理论出发，考虑椭圆与双曲线的相似之处，但是也有不同点，因此，利用它们的区别（如椭圆 a，b，c 有 $b^2 + c^2 =$

a^2，而双曲线有 $a^2+b^2=c^2$）出题，进一步加强学生对椭圆与双曲线相关知识的理解和掌握.

第八步："悟"

本节课运用了很多数学思想，"悟"则是对数学思想的提炼和归纳，多"悟"是探索数学思想的过程，可以达到举一反三的作用. 因此，教师需在新课结束后引导学生分析本节课中主要的笛卡尔思想（几何坐标化、坐标代数化、代数方程化等）、化归与转化思想、数形结合思想、分类讨论的思想、方程的思想等.

教学设计：教师引导学生回顾复习本节课的数学思想.

（1）化归与转化思想：将双曲线的定义数学式 $||PF_1|-|PF_2||=2a$ 坐标化为 $\left|\sqrt{(x+c)^2+y^2}-\sqrt{(x-c)^2+y^2}\right|=2a$，体现了几何代数化的数学思想.

将 $\left|\sqrt{(x+c)^2+y^2}-\sqrt{(x-c)^2+y^2}\right|=2a$ 化成双曲线的标准方程，体现了化归与转化的数学思想.

（2）数形结合思想：双曲线上的任意一点 $P(x,y)$ 都满足 $||PF_1|-|PF_2||=2a$，满足 $\left|\sqrt{(x+c)^2+y^2}-\sqrt{(x-c)^2+y^2}\right|=2a$ 的任意一点 $P(x,y)$ 都在双曲线上.

（3）分类讨论的思想：方法三中将 $\left|\sqrt{(x+c)^2+y^2}-\sqrt{(x-c)^2+y^2}\right|=2a$ 去绝对值，需要应用分类讨论的思想.

设计意图：教师根据教学阶段的"整合"，引导学生回顾复习本节课所涉及的数学思想，并对学生已经理解与掌握的知识做一个全面的评述. 学生在此过程中，通过提炼和归纳数学思想，不断感悟数学的本质，进而达到对知识的融会贯通.

3.2 布置作业

（1）复习本节课的内容.
（2）课本 55 页练习.
（3）推导焦点在 y 轴上的双曲线的标准方程.
（4）预习下一节课的内容.

3.3 关于教学设计的思考

双曲线及其标准方程是椭圆相关知识之后的内容，学生对椭圆的知识相对熟悉，因此我们借助椭圆的定义，采用数学试题变式的思想，引导学生对椭圆定义进行变式，促使学生根据已有的学习经验继续探究学习双曲线. 这是一个不断探究和继续学习的过程. 遵循这个思路做的教学设计，能更好地培养学生探究学习的能力.

第一，本设计是在"三个学习理论"的指导下做的"八步"教学设计，其遵循由具体到抽象、特殊到一般的教学原则，从学生的最近发展区以及学习认知水平出发，利用类比的教学方法，注重让双曲线的概念自然流露.

第二，本节内容采用问题驱动教学法，引导学生亲自动手操作，让学生独立探究双曲线的图形. 在动手操作的过程中，逐步培养学生的探究意识以及动手操作能力. 学生从观察现实生活中的双曲线模型到完成双曲线图形的过程，是一个直观—抽象—再直观的螺旋上升过程，也是一个不断数学化的过程. 正如史宁中教授所说："我们要用数学的眼光观察世界，用数学的思维分析世界，用数学的语言描述世界."

参考文献

[1] 卡茨. 数学史通论 [M]. 2 版. 李文林，邹建成，胥鸣伟，等，译. 北京：高等教育出版社，2004.

[2] 陈慧，邹佳晨. 圆锥曲线之起源与发展简史 [J]. 数学教学，2016 (5)：39-41.

[3] 刘琳，杨淑辉. 奥马·海亚姆《代数学》来源初探 [J]. 广西民族大学学报（自然科学版），2007，13 (2)：6-9.

[4] Ronald Calinger. A Contextual History of Mathematics [M]. Washington：The Catholic University of America，1999：345.

[5] 白尚恕. 圆锥曲线小史 [J]. 数学通报，1964 (2)：36-41.

[6] 陆源. 圆锥曲线形成和发展的历史过程及其教学启示 [J]. 赤峰学院学报（自然科学版），2013 (12)：17-18.

[7] 人民教育出版社，课程教材研究所，中学数学课程教材研究开发中心. 普通高中课程标准实验教科书（人教 A 版选修 2-1）[M]. 北京：人民教育出版社，2009：52.

[8] 人民教育出版社，课程教材研究所，中学数学课程教材研究开发中心. 普通高中课程标准实验教科书（人教 A 版选修 2-1）教师教学用书 [M]. 北京：人民教育出版社，2007：51.

[9] 张素侠. 双曲线定义及其标准方程非常解读 [J]. 中学生理科应试：高中，2010 (1)：7-8.

[10] 王庆丰. 立足课本多思考 深入发掘多惊喜——对"双曲线及其标准方程"教学设计一个局部的思考 [J]. 中学数学教学参考，2007 (11)：25-26.

[11] 中华人民共和国教育部. 普通高中数学课程标准（2017 年版）[M]. 北京：人民教育出版社，2018：45.

[12] 钟希望，李晓波. 微专题二十 双曲线 [J]. 中学数学教学参考，2018 (1)：122-124.

[13] 王永朱. 圆锥曲线解题策略 [J]. 成才之路，2009 (27)：71-72.

[14] 姚微微，段明贵. 《双曲线及其标准方程》教学情境设计的案例研究 [J]. 中学数学教学，2018 (3)：18-21.

[15] 谭亚英. 抓住关联 把握重点——双曲线教学中反比例函数知识的迁移及应用 [J]. 中学数学教学参考，2019 (3)：5-7.

[16] 陈汉君. 数学教学设计要彰显系统的思想——评《中学数学系统化教学设计》[J]. 数学通报，2019 (1)：60-62.

[17] 张崇艳. 提高教学效率，重在以学生为主体——听"双曲线及其标准方程"同课异构有感 [J]. 课程教育研究：学法教法研究，2016 (11)：119-120.

[18] 俞玮. 基于"微课"的高中数学教学设计探索——以《双曲线的标准方程》一课的教学为例 [J]. 中学数学（高中版），2019 (7)：12-13.

[19] 于海青. 运用几何画板优化高中数学教学——以双曲线及其标准方程为例 [J]. 中国教育技术装备，2018 (13)：25-27.

[20] 宋磊. "基于核心素养，指向深度学习"的数学学历案的实践与思考——以"双曲线的标准方程"为例 [J]. 中小学数学（高中版），2019 (7)：21-23.

[21] 姜相宇，张维忠. 利用支架式教学发展学生的数学抽象素养——以"双曲线定义与标准方程"的教学为例 [J]. 中学数学月刊，2019 (2)：32-34.

[22] 毛浙东. 基于思维培养的课堂"引导式"提问的若干原则——以一道圆锥曲线高考题的教学为例 [J]. 数学通报，2019 (2)：26-29.

[23] 史宁中. 高中数学课程标准修订中的关键问题 [J]. 数学教育学报，2018，27（1）：8-10.
[24] 王佩，赵思林. 基于问题驱动的数学教学设计——以"任意角的三角函数"为例 [J]. 中学数学月刊，2017（10）：17-20.
[25] 崔静静，赵思林. 基于范希尔理论的椭圆及标准方程教学设计 [J]. 数学教学通讯，2018（15）：9-12.

第十三节　导数定义的教学设计[①]

1　引言

1.1　研究背景

百年大计，教育为先. 诞生于17世纪下半叶，由英国人牛顿（Isaac Newton，1643—1727年）与德国人莱布尼茨（Gottfried Leibniz，1646—1716年）分别独立发明的微积分，是数学史乃至人类文明史上最伟大的知识遗产，为四百年前近代科学的兴起提供了数学语言，也使得数学、科学、社会学和哲学结合起来，帮助人类创造了现代社会生活，这也是为什么伏尔泰把微积分称为"精确计算一种无法想象其存在的事物的艺术". 有人认为，没有微积分，机器学习也就没有了"学习". 微积分在发现的早期为18世纪的欧洲甚至整个世界的经济发展提供了质的飞跃，更为现代很多科学领域的发展提供了理论知识基础. 对导数或者微积分的研究，产生了很多杰出的数学家；近代数学的版图也由微积分扩张.《代微积拾级》的引进标志着西方近现代数学开始在古老的华夏大地上传播，可惜的是，当时的统治阶级并未领悟到其中的精髓，而是在经历百年屈辱之后，才开始研究微积分，其中就包括了与中国传统数学概念教学意义上相反的导数概念——这个从高等数学下移到初等数学教育中的微积分入门知识.

经济学中的边际与导数概念有着密不可分的联系. 导数是学生在中学阶段经历的新的运算法则，区别于传统的加减乘除，导数的作用对象为函数，研究变量的和、差、积、商；从导数定义的形式化中可以研究出导数的计算规则. 一直以来，导数在高考数学各种题型的活跃度有增无减，尤其是压轴题更成为学生的"障碍". 这些都说明了导数的重要性.

从现实的教学情况看，很不理想. 对数学概念的形成严重忽视，过于重视计算、程序性教学，导致很多数学概念中的数学思想无法传授给学生. 高考导数压轴题会涉及函数极限问题，这不属于高中导数学习的范围. 许多教师传授一些如洛必达法则等涉及高等数学的知识，让学生"知其然而不知其所以然"，极大增加了学生的负担.

结合以上对导数定义的研究背景的分析，研究者确定将"导数定义的教学设计"作为研究课题，研究如何引导学生学习导数概念，希望以此起到抛砖引玉的作用，在一定程度

[①] 作者：赵天玉、赵思林（指导教师）.

上改变现有的教学状况,激发国内数学教师对导数概念教学的理念与方法的进一步的探索,以引导广大学生更有效地理解导数概念的思想和理论;以导数概念为基点,引起数学教师对高中数学概念特别是具有代表性、跨时代性的数学概念的重视.

1.2 研究意义

导数概念是思想、方法、逻辑以及学生认知表达的改变.导数是研究变数的,本质上是哲学上的辩证法在数学中的作用,即产生于存在还是纯思维,蕴含着丰富的哲学思想.例如,将代数运算转化为微分运算——从量变到质变的飞跃,极限——量与质、有限与无限的对立统一.首先,导数概念中的符号、词语刷新了学生以往的认知,颠覆了学生以往所接触的认知表达,如 $\lim$, $f'(x)$, Δx, Δy 以及趋近于 0 等,在各个方面冲击了学生的视听感受,让数学逻辑在中学数学中高度地发挥.其次,初中的"勾股定理"让人们的思维方式有了重大转变,它告诉人们几何与代数不是独立的两部分,两者的融合有着巨大的威力,引发第一次数学危机,解放了人类的思想;17 世纪"解析几何"及"微积分"的发现,让更多有思想的人有勇气去挖掘看似毫无关系的事物及学科间的关系,去研究事物的微观世界,由此引发第二次数学危机,进而使得数学符号更加重要,数学更加严谨.由此,数学开始走向多元化、严谨性,进而更加服务于生活生产,使得一个国家飞速发展.

导数是高中数学的重点内容,每年必考,据相关文献调查,2019 年全国有 13 份试卷,"函数与导数"部分所占的分值为 22~32 分[1],题型分布于选择题、填空题、压轴题,而压轴题几乎每套试卷都有.关于导数的综合题更是各地高考的热点,导数类似于初中的"二次函数",兼容性很强,与诸多知识点有密切的联系.就导数压轴题而言,从官方所给的解答来看,不外乎洛必达法则、拉格朗日中值定理、二级结论,冗长的解答让学生眼花缭乱,不明其意.深究这些题,发现完全可以避开高观点解法,用简单的导数定义解决.实际上,利用导数定义[2]答题同利用洛必达法则一样重要.

2 文献综述

文献综述又称文献回顾、文献析评,是研究者在确定研究课题后,结合前人的观点、结论,进一步进行研究、分析,从而提出自己对选题的见解和研究思路.它是研究问题的重要部分,对研究问题非常重要.

导数在现行的高中数学教材中处于一个特殊的地位,是联系高等数学与初等数学的纽带,是高中数学知识的一个举足轻重的交汇点,是联系多个章节内容以及解决相关问题的重要工具.梳理文献发现,关于对导数定义进行研究的文献非常多,且研究质量参差不齐,研究问题深度不够.而事实上,从实用性和教育性等多方面来看,导数定义都有值得研究的意义.

研究者在搜集到的文献的基础上对导数定义进行研究综述,探索导数定义的教育价值、在数学课程中的地位,围绕导数定义的教与学两方面进行现状分析,发现已有文献研究中的亮点与不足,从而为研究导数定义提供一些好的教学建议.

2.1 不同视角下的导数定义

2.1.1 数学文化价值

导数定义的数学文化价值蕴涵在微积分的历史发展之中. "导数"一词最早出现在拉格朗日的《解析函数论》中,用法语词"fonction dérivée"首次给出,是现行英文"derivative"的词源,也是中文术语"导数"的词源. 拉格朗日用 $f'(x)$ 表示"导数". 导数的雏形出现在法国数学家费马的手稿《求最大值和最小值的方法》中,但费马未给它命名和引入任何符号. 牛顿自创的"Fluxion"(流数)也即是"导数",用专门的符号"$\dot{y}$"表示,但缺乏严格的定义. 柯西的《无穷小分析教程概论》中用语言描述并定义了导数概念. 维尔斯特拉斯则创造了 $\varepsilon-\delta$ 语言,并定义了今天严格的导数概念. 《史记·孙子吴起列传》的"善战者,因其势而利导之"中的"导"是"引导"之意,中文词源"导数"则取义于从函数推导或派生而出,故推测李善兰在汉译时取名为"导数",意为引领函数在某一区间上的发展趋势,这也恰好揭示了导数的本质.

2.1.2 实际应用价值

导数定义的实际应用价值体现在当今生活的各个领域. 作为新生数学,导数概念的实用价值比其他价值出现得更早. 几何学中的斜率(莱布尼兹研究的方向),物理学领域的变化率、增长率、强度、通量、流量,以及我们非常熟悉的速度、加速度、电流强度、热容等,经济学中的边际和弹性,都大量运用了导数概念. 通俗地讲,导数概念可形象地理解为"联络",是微分几何与物理中最重要的基础概念,人们借助导数概念研究大范围的几何问题. 在实际生产生活中,导数概念也具有十分重要的作用. 因此,越来越多来自不同领域的人开始研究导数的实际应用,如彭国荣[3]等提出导数定义在经济、物理、航天工业、食品工业等方面的广泛应用.

导数定义构成了一种思路,具有很强的实际问题的背景,提示教师要在日常的教学中让学生学会用数学的眼光去分析、解决带有实际应用的问题,处理其他学科中相关的数学问题,善于提取复杂现象当中所蕴含的导数概念.

2.1.3 教育教学价值

导数定义的教育价值蕴涵在培养学生数学核心素养之中. 作为微积分知识的基本概念,导数概念具有一种清晰、恰当的理解,引导了原函数在此处的上升或下降;导数是从函数的宏观趋势把握每一个细节变化的工具,是运动与静止的统一体,互为前提,相互转化,并在这个不停歇的转化运动中构成函数这个统一体;导数是学生数学知识库的进一步扩增,新的知识领域的通行证.

在教学内容、方法、思想上,导数概念为分析和解决函数尤其是解决复杂函数问题提供了新的视角、方法,与函数、数列、解析几何、不等式等的结合使得整个高中数学的内容更加丰富,使问题的设计更加广阔;同时也是基础教育和高等教育教学环节中非常重要的内容,在教学中,应增强高中数学的严谨性,优化解题过程,扩展研究范围,让学生在掌握知识的过程中增强解决实际问题的能力、数学思维能力和数学文化素养等[4].

2.2 高中数学教学大纲、课程标准对导数的教学要求

微积分内容在高中数学课程中的历程是曲折的,传统的高中数学教材试图给学生建立起完整的初等微积分体系,但由于数学教师的水平、高中教育阶段的特殊性以及学生的认知发展规律的限制,呈现出"钟摆现象";而以极限为基础的导数概念在当时是一本"有字天书",知识的"海拔高"与学生的"地中海"形成了明显的"贫富差距".随着概念教学和数学核心素养新型教学的掀起,在 2003 年(实验版)和 2017 年(新课标)的普通高中数学课程标准改革中,将抽象的、形式化的导数概念淡化,采用学生熟悉的例子引入导数概念,重视遵循学生的认知规律和心理发展规律,强调数学知识与现实生活及学科之间的联系,以达到发展学生的思维能力和培养学生的数学文化素养的目的;在陈重穆先生提倡的"淡化形式,注重实质"的基础上,结合实际的例子,给出导数的概念.高中新课程导数概念与现实生活紧密联系在一起,既体现了重视导数概念的应用,又强调了对导数概念理解的重要性.

导数内容原本作为高等数学中的重要内容,供大学阶段数学教学使用.然而随着数学教学的发展,它逐步下移作为高中阶段的数学内容,为我们对高等数学中的其他数学知识进行下移教学提供了启示[5].由于导数的定义中几乎没有新的知识,在函数极限的范畴引申了左、右导数的概念.

2.3 导数定义的教与学的研究

概念是高中数学教学的基石,具有过程性、表象性、系统性的特征.在学生获得导数概念的过程中,教师既要遵循导数概念本体的特征,又要研究学生在获得导数概念时的学习心理.真正讲清楚导数概念,既是对数学教师教学能力的挑战,又是学生正确理解、灵活运用导数的前提.

2.3.1 导数定义的学习情况

从前面的研究背景和研究意义中可看出导数定义对学生的知识量、思维、逻辑发展等方面的重要性.通过查阅相关文献发现,学生学习导数定义的情况不乐观,学生在"导数定义高考不考"的影响下,过分追逐于导数计算.目前对导数的关注点在于导数及其应用,侧重于解题技巧的训练,缺乏对导数概念本质的思考.学生对导数概念主要存在对新知识的接受难度较大和自身数学接受能力不足两个方面.

首先,从对新知识的接受难度角度分析.导数概念的引进相当于变数研究的开始,自然而然地涉及导数概念对学生原有的学习认知的冲击.从关于导数概念学习的文献中,可以看出导数概念涉及比较复杂的学习心理活动:①导数概念数学表征[6]的复杂性.导数概念中,涉及符号表征、文字表征、图形表征、情境表征等多种表征的融合,是对学生认知能力的一种挑战.②抽象符号理解的困难.抽象概括能力一直是学生所欠缺的,其中包括符号、形式、图像等多方面.现行高中数学教材中,对导数定义形式只给予说明,形式较为生硬.许多教师在讲授时,往往很生硬地给出定义来,不给予解释说明.③认知困难及片面理解."无限逼近"和"切线"认识不全面是多数学生受传统片面知识的影响,理解导数概念的主力障碍.学生学习时不能理解极限思想,数学运算形式表达欠缺,构造出的

算法过程难以建构，有限到无限难以跨越．这是学生原有知识结构经验及感性材料的不足，造成难以理解和区分事物间的各种联系和性质．④导数"定义式"理解[7]．以人教版为例，导数定义中导数的记号有三种，且带有复杂性，实际教学缺乏对导数形式的探究．

其次，从自身数学接受能力角度分析．这个问题对学生来讲已经是"顽疾"，很难在短时间内根治．一直以来，人们津津乐道的话题少不了对国内外教育水平的对比，中西方的数学教育最主要的差别在于学生的数学能力，即逻辑抽象能力以及严谨的数学思维．在研究者看来，中国学生的数学能力主要取决于计算能力，数学思维较差，导数概念虽是一套新的运算，但思维很重要．另外，导数作用的对象是函数，高中现有的教材中函数定义的缺陷性和学生掌握函数知识的不牢固严重影响了导数的学习．

针对高中生学习导数概念存在知识理解的问题，在公开的期刊上发表的文章较少，但相关硕博学位论文倒是有很多，如通过对高二学生、不同地区高中生等进行调查，研究学生学习导数概念的多方面理解障碍．廖翔[8]指出极限思想、算式构造和数学符号是微积分核心概念的教学难点．研究者认为导数概念涉及了初级思维向高级思维过渡的过程，在这个过程中，对于尚缺乏数学思维的学生来说很难转变固有的思维模式，加上高考实行文理分科，造成绝大多数文科生极少接触导数概念知识．从2021年开始，全国高考不再分文理科，但这种现象研究者认为一时间很难改变．学生的日常学习经验、感知觉的敏感度、已有的知识背景等是学生实现转变的内在因素．

2.3.2 导数定义的教学情况

现行的高中数学教材已经改版了很多次，仍存在对数学概念教学不太重视的现象：教材中导数概念符号出现得突兀，对导数的形式不加解释；对教材的执着"奉行"，大量教材中的例题不进行"再创造"．关于教师对导数概念的教学现状，学生学习导数概念的困难情况，一些一线教师、教育者以及硕博士进行了研究工作．在查阅大量文献之后，针对这些问题，研究者从不同的角度对导数概念进行了深度研究．

早期的一些教师如王尚志、曾宪源等在20世纪对我国中学数学微积分教材进行了讨论研究，提出了自己的独特见解，为今天研究导数概念指明了方向．

根据近几年的文献以及网上优秀教学视频，导数概念的教学设计案例的特点大致可分为三种．高中教材的合理改动或者知识间的整合，例如，王芝平[9]将平均变化率与导数概念这两节课的内容融合成一节课讲述；由于新课程改革，传统的教学安排与现行的教材存在差异，王昌元[10]在教材的基础上进行了一些改动，将导数概念中的极限先讲"瞬时变化率"，再过渡到极限，这样避免学生在极限这里卡壳．20世纪，随着概念教学的兴起，各种教学理论闻风而起，李文磊[11]阐述了在APOS理论视角下探寻导数概念的教学策略，这个理论是迄今为止以导数概念教学设计为教学案例使用最多的，受到诸多数学教师的喜爱．时代的快速发展依附着高科技产品、技术的支撑，将这些先进的科学技术运用于数学概念教学有时可产生一种神奇的力量，应运而生的数学实验进入课堂，化抽象为具体，很好地揭示了数学概念背后的"神秘面纱"．同样，利用数学实验教学理论[12]把抽象的导数变得具体和直观，通过走路实验、计算实验、动点实验、推理实验和分组实验，使导数的概念不再抽象和神秘，从而证实导数是客观存在的，导数就在我们身边．现代信息技术作为学生学习数学和解决问题的强有力工具，可用于突破教学难点，以"微课"的形式[13]

在短时间内把导数概念传递给学生.

尽管在最近几年,对导数概念的研究有了一定的关注度,但其影响力远不如对导数解题能力的研究,在概念与技巧两方面存在严重的不平衡现象. 不管是教材的改编还是运用教学理论和先进的信息技术,对导数概念的本质、思想仍有待研究.

2.4 小结

通过对已有的"导数定义的教学设计"研究成果进行查阅和梳理,研究者发现数学家、一线教师对导数定义的教学设计进行了不少的研究,其中不乏精彩巧妙的设计. 例如,关于导数定义中对无限逼近的处理,相关学者利用先进的科学技术、多媒体技术将抽象定义具体化、形象化,并通过数学实验把导数概念具象化.

3 导数定义的教学设计案例

"案例"一词源于法学中"案件"的意思,不同学科叫法不一样,教育中称之为案例教学,始于 20 世纪 70 年代. 伴随着案例教学进行的分析、反思、提炼,又促进了"案例研究"的发展. 案例、案例教学、案例研究三者表达的含义不一样,但三者既有联系又有区别.

不同学科实证研究证明了不同类型的概念会涉及不同的表征机制,证实了多元表征存在的合理性[14],即针对数学概念课将多元表征理论运用其中是可行的,是体现教师教学基本功的良好素材,更是培养学生数学抽象能力的重要手段.

让学生在基于多元表征的数学概念设计下对导数概念进行学习是有一定难度的,我们要注重选取多元素材,注重激发学生多元思考,注重引发多元联系.

下面是基于多元表征的数学概念设计理念[15],对导数的教学过程进行了设计.

3.1 教材分析

本案例选自人民教育出版社 A 版普通高中数学选修 2—2 第一章第 1.1 节的内容,具体内容包括变化率问题、导数的概念及导数的几何意义等,本节内容教学需要 4 个课时. 本案例主要研究导数的概念,拟将变化率问题和导数概念结合在一节课中. 导数是解决中学数学函数的核心工具,是函数知识的进一步研究. 多元表征对理解导数概念、解决导数概念中的疑难问题具有积极的影响;同时,研究导数概念多元表征的学习认知原理和导数概念多元表征的教学策略,对改善课堂教学效果、提高学生的学习能力具有重要意义.

【教材分析】

微积分的到来是时间给予人类最好的东西,使各领域取得了历史性的突破. 同样,作为一个工具,微积分赋予人类高度的数学抽象,并向人类展示了一个简单的方法,使生活中的问题更容易管理,也开创了古代数学向近代数学过渡的新格局. 导数定义是变数研究的核心概念之一,值得广大教师研究和学习.

【学情分析】

学生对瞬时变化率和函数有了一定的了解,对变量的认识有了一定的基础,对分析数学概念的多种表征有了一定的接触,但缺乏对数学的抽象和逻辑思考,对函数掌握得不是很透彻,缺乏典型的实际情境问题的分析引入.

知识与技能:抽象概括并理解导数的概念.

过程与方法:在多种数学表征下,体会瞬时变化率,归纳形成导数概念.

情感、态度与价值观:数学概念学习的过程中养成数学抽象和数学建模的核心素养;渗透无限逼近和以直代曲的极限思想;以有限认识无限,体会量变和质变的辩证关系,感受数学思想的无限魅力.

【教学重点】

导数概念的构建、数学表达式.

【教学难点】

多种数学表征的相互转化,基于此导数概念的构建.

3.2 教学过程

教学流程:创设情境→探究新知→例题解析→总结新知→布置作业.

(1) 创设情境

情境表征:介绍微积分以及与其有关的科学技术或者历史人物.

设计意图:引起学生的兴趣.

(2) 探究新知

用数学的眼光看世界——具象到抽象.

问题1 吹气球问题.

问题1-1:回忆吹气球的情境,观察有什么变化现象,这些变化的快慢情况如何.

问题1-2:从数学的角度,描述和解析这种变化快慢的现象.

问题1-3:用数量关系来定量解释这种现象.

问题1-4:用图形形象描述这种现象.

问题2 运动员跳水问题.

人们发现,进行跳水运动时,时间与高度存在 $h(t) = -4.9t^2 + 6.5t + 10$ 的函数关系.

操作表征:首先,让学生用计算器进行计算(初步体验);其次,再让学生用计算器进行计算(制造认知冲突).

问题2-1:在0 s到0.5 s这段时间里运动员下落的平均速度是多少?

问题2-2:在1 s到2 s这段时间里运动员下落的平均速度是多少?

问题2-3:在0 s到$\frac{65}{49}$ s这段时间里运动员下落的平均速度是多少?

设计意图:通过若干个问题,采用视觉化的冲击将导数概念中学生易于接受的表征(情境表征和操作表征)融入教学设计,情境化能引导学生观察和思考问题,为后续学生抽象出导数的概念提供感性材料.让学生体验并初步建立起平均速度(平均变化率)的概念,用数学语言描述世界.2017年的普通高中数学课程标准重视教学中情境的合理创设和问题的提出,从而培养学生的数学感悟和形成.

用数学的眼光看世界——个别到一般.

问题 3 对于一个描述变化过程的函数 $y = f(x)$，在 (x_1, x_2) 上的平均变化率是多少？并画出它的示意图.

设计意图：无论是吹气球还是高台跳水，本质上都可以归结为函数问题，这也是导数研究的最终形态.

问题 4 物体的平均速度能否准确地反映它的运动状态呢？

设计意图：引发学生的认知冲突，从而思考为什么要引入瞬时变化率，明确本节课学习和了解导数（瞬时变化率）的必要性.

用数学的眼光看世界——整体到局部.

问题 5 继续对问题 2 进行深入研究，该运动员在第 4 s 时的下落速度是多少？是怎么计算出来的？

问题 5-1：扩大范围，4 s 左右的下落速度怎样表示？

操作表征：用数学实验的操作来计算一下 $t = 4$ s 附近很小的一个时间段里运动员的平均速度，设计 Excel 表，用 Excel 表的计算功能快速算出结果.

列表表征：先计算一下 $t = 4$ s 之后的一个很小的时间段里的平均速度，见表 1.

表 1

初始时刻	增量 Δt	末了时刻	平均速度 $\frac{\Delta s}{\Delta t}$
4.000000000000000	0.100000000000000	4.100000000000000	33.190000000000000
4.000000000000000	0.010000000000000	4.010000000000000	32.749000000000000
4.000000000000000	0.001000000000000	4.001000000000000	32.704900000000000
4.000000000000000	0.000100000000000	4.000100000000000	32.700490000000000
4.000000000000000	0.000010000000000	4.000010000000000	32.700049000000000
4.000000000000000	0.000001000000000	4.000001000000000	32.700004900000000
4.000000000000000	0.000000100000000	4.000000100000000	32.700000490000000
4.000000000000000	0.000000010000000	4.000000010000000	32.700000049000000
4.000000000000000	0.000000001000000	4.000000001000000	32.700000004900000
4.000000000000000	0.000000000100000	4.000000000100000	32.700000000490000
4.000000000000000	0.000000000010000	4.000000000010000	32.700000000049000

列表表征：再计算一下 $t = 4$ s 之前的一个很小的时间段里的平均速度，见表 2.

表 2

初始时刻	增量 Δt	末了时刻	平均速度 $\frac{\Delta s}{\Delta t}$
3.900000000000000	0.100000000000000	4.000000000000000	32.210000000000000
3.990000000000000	0.010000000000000	4.000000000000000	32.651000000000000

续表2

初始时刻	增量 Δt	末了时刻	平均速度 $\frac{\Delta s}{\Delta t}$
3.999000000000000	0.001000000000000	4.000000000000000	32.69510000000000
3.999900000000000	0.000100000000000	4.000000000000000	32.69951000000000
3.999990000000000	0.000010000000000	4.000000000000000	32.69995100000000
3.999999000000000	0.000001000000000	4.000000000000000	32.69999510000000
3.999999900000000	0.000000100000000	4.000000000000000	32.69999951000000
3.999999990000000	0.000000010000000	4.000000000000000	32.69999995100000
3.999999999000000	0.000000001000000	4.000000000000000	32.69999999510000
3.999999999900000	0.000000000100000	4.000000000000000	32.69999999951000
3.999999999990000	0.000000000010000	4.000000000000000	32.69999999995100

设计意图：导数概念中的各种属性会刺激学生的多种感官．操作表征是学生幼儿时期就具备的，可训练学生的动手能力；列表（图形）表征利用表格、图形的形式去刺激学生的心理，也是从具体到抽象的开始；让学生经历观察（看）、分析（思）、归纳（想）、发现规律（总）的数学过程，体会瞬时速度的含义，更多的数值有利于学生发现其中蕴含的规律．实验化教学的融入在一定程度上降低了导数概念中对数学抽象的要求，数据化的教学也要求学生对数字具有一定敏感度．

问题 5-2：如何描述在 $t=4$ s 这一时刻的运动快慢呢？

问题 5-3：用文字语言和数学符号进行简单描述．

设计意图：训练学生数学符号的表达．

用数学的眼光看世界——模糊到严谨．

问题 6 依照上面的研究，能否给出函数 $y=f(x)$ 在 $x=x_0$ 处的瞬时变化率的含义？

问题 6-1：归纳其算法(一差二比三极限)，并加以标准化．

问题 6-2：改变导数的形式．

设计意图：通过形式的改变，理解导数定义："一动一定，双侧趋近"．

问题 7 感受导数在生活中的作用．

设计意图：让学生在学习中感受到导数的强大力量．

（3）例题解析

用数学的语言话世界——理论到实际．

已知原油加热温度（单位：T）与时间（单位：h）之间的关系为：$f(x)=2x^2-7x+15$，计算第 5 h 和第 10 h 时，原油温度的导数，并说明它们的意义．

练习：计算第 100 h 和第 10000 h 时原油温度的导数，并说明它们的意义．

设计意图：例题教学是高中数学教学最重要的组成部分，是学生思考问题、教师发现学生学习问题的重要环节．学生学习数学概念的最终目的是转化为自身的数学能力，通过例题把本节课的知识、学习技能、思想方法综合在一起，让所学的知识点与相关的数学思想和方法很好地展现出来，是将具体知识点转化为学习能力的桥梁．通过例题和作业练习将本节内容所掌握的理论又运用于实际生活，实现"生活—理论—实际"的循环，也证实了数学是来源于生活又高于生活的科学.

（4）总结新知

用数学的语言话世界——实际到理论.

归纳小结：通过今天的学习，你对导数有了什么认识？我们是通过什么方法得到函数导数概念的？本节课我们用到了哪些数学技能？引导学生完成知识网络结构图.

设计意图：小结是指在完成本节课的教学内容或活动后，教师对知识、技能进行归纳总结，学生形成系统知识，并转化升华为行为的方式方法. 但小结不是只针对知识内容的复述. 好的总结不仅可以对所教学内容或活动构成系统概括，起到画龙点睛和提炼升华的作用，而且能拓宽延伸教学内容，激发学生的求知欲望和学习兴趣，对提高课堂效率和学生学习效果产生重要作用.

（5）布置作业

书面作业：教材第 10 页习题 2 题，预习下节课的内容.

设计意图：复习导数定义，并且根据这节课内容预习导数的几何意义，将前后内容联系起来；让学生构建系统化的知识体系，使得已有知识体系更加稳固坚定.

3.3 教学思考

这节概念课的教学设计过程总的分为三个部分，即引入新知、获得新知和总结新知. 从实际生活引入数学情境再到纯数学世界的循环体中，按照由一般到特殊的研究思路，设计教学时充分运用图像表征、列表表征、解析表征、语言表征（定义）和符号表征等多种手段引导学生自主探究和小组合作得到结论；多元表征对提高学生对数学概念的表征水平有一定的帮助，数学概念表征水平越高，对数学概念的理解越全面和深刻，越有利于提高数学概念的学习水平. 在数学的教学过程中，应提倡数学概念知识与文化、生活、自然、世界及其他学科领域等进行多元联结，既达到温故知新，进入深度学习，又达成活学活用、触类旁通，构建一个新的教学与学习系统.

4 结束语

4.1 研究总结

概念（concept）、技能（skill）、解题能力（ability）是传统教学观念中数学学习的三个关键，而数学概念的教学在整个初高中占了大部分，在学生学习时，概念本身或许早已失去了原本的"形态"，这需要教师去寻找概念最初的样子，然后用通俗易懂的语言描述给学生，即制订出合理的教学设计. 好的教学过程不仅能向学生传递文化知识，还能将科学、理性、思考的种子悄悄埋在知识的土壤中，让学生在提高自身知识水平的同时磨砺数学思维.

导数的出现，开辟了数学领域另一个天地，将导数内容安排在高中数学学习是国家教育的改革趋势. 导数自身所具备的独特教学方式让高中数学学习方法、工具和语言等多方面更加丰富，应用形式更加灵活，也促进了新课程数学教育改革和考试改革. 虽然每年全国各地高考数学使用的试卷有所不同,但是导数综合运用题目类型基本一致,是命题热点,能很好体现高考数学选拔人才的功能.

作为教师要把"双基"教学摆在教学第一位,那么怎样做才是真正地注重基础呢?对此,章建跃认为数学概念间是有联系的,教师教学时要在某种联系中寻找解决问题的思路,从而打通数学概念间的联系通道.

4.2 教学建议

教学设计是教师对教学内容的思考与谋划,既要源于教材,又不要拘泥于教材. 要符合教育规律,同时也应结合学生的实际情况,全面把握教学过程. 教学设计是一个不断探索、学习、实践的过程. 布鲁纳认为:"只要方法合适,可以将任何知识传授给任何年龄的学生."数学课堂的内容远重于形式,因此,教师应扎根于内容,找到适合学生的形式,才能达到最佳教学效果.

导数对于高中生解决复杂函数问题有着极为重要的作用,由导数的正负可知函数的增减性,进而得到函数的图像. 尽管导数概念不是在严格极限理论基础之上的,但它仍然是一个非常抽象的概念,形式化程度较高,涉及无限逼近,这对教师的教和学生的学都构成较大的挑战. 为引导教师重视导数概念教学,提升导数概念教学的有效性,研究者就现实教学中出现的问题提出如下教学建议:

(1) 关于导数的教学,目前大多数的研究集中在如何解答有关导数的题型和归纳总结题型,对导数概念教学这方面涉猎很少.

(2) 由于受高考的影响,直接考查"导数概念"的题目非常少,从而导致在教学中教师对"导数概念"的教学力度不够,教学研究不充分,这需要引起重视.

(3) 在"导数概念"的教学中,如何渗透极限思想,如何让学生体会导数的科学价值、应用价值、教育价值,值得研究.

(4) 通过"导数概念"的教与学,如何培养学生的数学核心素养,值得研究.

参考文献

[1] 罗辉东,薛红霞. 2019 年高考"函数与导数"专题命题分析 [J]. 中国数学教育(高中版),2019 (7—8):28—40.

[2] 李鸿昌. 回归导数概念,求解"0/0"型极限题 [J]. 中国数学教育(高中版),2020 (1):120—122.

[3] 彭国荣. 让导数教学散发数学的应用价值 [J]. 课程教育研究,2018 (12):127—128.

[4] 胡典顺. 新课程中的微积分及其教育价值 [J]. 数学教育学报,2010 (1):13—16.

[5] 杨锋. 内容下移:数学教学一种可能的方向——基于导数教学的反思 [J]. 数学教学通讯,2018 (30):50—51.

[6] 秦德生,孙晓雪. 中学教师数学知识结构的模型分析 [J]. 数学教育学报,2009 (5):88—90.

[7] 蔡勇全. 把脉导数问题中的十三个易错点 [J]. 中学数学杂志,2019 (1):28—33.

[8] 廖翔. 微积分核心概念教学难点分析及突破 [J]. 高师理科学刊,2019 (11):90—93.

[9] 王芝平. "变化率与导数"教学设计 [J]. 数学通报,2013 (7):33—36,39.

[10] 王昌元. 关于导数概念的教学设计片段 [J]. 数学通报,2012 (6):28—29.

[11] 李文磊. APOS 理论视角下的高中导数教学研究——以《导数的概念》教学为例 [J]. 数学教学通

讯，2018（33）：26-27.

[12] 孟庆杰. 概念教学的一种尝试——数学实验"瞬时速度与导数"教学设计[J]. 数学教学通讯，2019（33）：14-18.

[13] 王强. 数学"微课"初探——以"导数的概念"一课为例[J]. 高中数学教与学，2016（4）：27-30.

[14] 殷融，叶浩生. 多元表征假设：概念表征机制的新观点[J]. 心理科学，2014（2）：483-489.

[15] 孙彬. 基于多元表征的数学概念课教学设计——以函数的奇偶性教学设计为例[J]. 中学数学研究，2019（12）：3-6.

第十四节 分析法的教学设计[①]

1 引言

分析法是常用的思维方法，是正向思维的补充. 对分析法的学习不仅有利于能力的提升，还有利于促进思维的发展. 下面结合认知心理学、脑科学等知识来研究高中学生的思维特点.

高中阶段学生的思维已经达到了新的水平，具有更高的抽象概括性、反省性、监控性. 其中，抽象概括性主要体现在学生能够通过生活实例归纳出问题的共性，进而对知识形成从数学角度的严格定义，同时，他们能够运用学习理论分析、综合各种材料，加深对事情发展规律的认识，使得抽象思维趋向理论型发展，为思维的发展奠定基础. 反省性主要表现为学生在学习和生活上不断地进行自我反思、自我总结，并在反省的过程中能够弥补自己的不足，辩证地看待自己的优点与缺点，进而使得自己的辩证逻辑思维快速发展. 监控性主要体现在学生能够清晰地感知自己在学习、生活中的状态，能够根据认知目标及时评价认知活动的结果与不足，能够正确地估计自己距离正确目标的差距，进而根据有效标准评价各种认知行动.

2 文献综述

著名的哲学家、物理学家、数学家笛卡尔曾高度评价分析法，认为分析法是发现真理的真正方法[1]. 哲学家康德评价分析法是从事实追溯真理的方法[2]. 牛顿评价分析法是研究自然科学的重要方法[3]. 数学家罗巴切夫斯基指出："在数学的研究中，人们遵循两种方法——分析与综合."[4]他们对分析法都有很高的评价.

在中学数学阶段，主要学习两类证明方法——直接证明的方法（如分析法、综合法、数学归纳法）和间接证明的方法（如反证法）. 通过证明方法的学习，感受逻辑证明的作用，使学生在今后的数学学习、日常生活、科学研究中，养成言之有理、论证有据的良好

---

① 作者：罗东、王佩（指导教师）.

习惯. 因此,本节从分析法的文化价值、思维训练价值和方法论价值等角度对分析法进行阐述.

2.1 分析法的文化价值

2.1.1 分析法的产生

分析法的产生可以追溯到欧几里得（Euclid,公元前 330—公元前 275 年）时期,他在研究几何学的证明方法时,将分析看作从未知到已知的方法,这是最早对分析的解释及运用[5]. 苏格拉底（Socrates,公元前 470—公元前 399 年）时期,开始从哲学的角度去解释分析,将分析与综合赋予从特殊到普遍、从普遍到特殊的含义,并把它们运用在辩论术中. 柏拉图（Plato,公元前 424—公元前 347 年）时期,认为分析不仅是认识事物本质的方法,还是从事物的特征到事物原理的方法,是从事物的表面逐渐深入思考事物内部的手段[5]. 由此看出,人们对分析的认识正在从纵向的角度逐渐加深,由简单到复杂,对分析的深入挖掘体现在不仅仅把分析当作一种思想方法对待,还赋予了分析更多的功能作用和应用价值.

亚里士多德（Aristotle,公元前 384—公元前 322 年）时期,他通过对分析和演绎证明的研究,提出"分析是演绎证明的前提和手段"的观点,并把它看作经验方法论的基石[6]. 与前面的时期相比,这个时期对分析的认识是从横向的角度进行思考,不再把分析作为单独研究的对象,而是注重与其他证明方法的横向联系,发掘分析与其他思想、证明方法的功能作用.

分析在不同的时期被科学家、哲学家赋予了不同的含义. 直到约公元 300 年的希腊时期,数学家帕普斯（Pappus）从数学的角度提出了分析法的程序:"在分析中,我们从需要求解或求证的内容开始,假定它成立,由此得出结果,从这结果又得出结果,直到达到可作为综合的起点的这一点为止."[7]并做出相应的解释. 由此可以看出,数学上的分析法来源于哲学上的分析[8],或者说,分析法是分析在数学中的具体表现,这也体现了数学与哲学之间的联系. 通过对哲学上的分析与数学上的分析法的比较,发现分析的运用更加广泛,不限于具体的学科,而数学上的分析法则更加具体,是建立在数学学科体系上的一种推理方法、证明方法.

2.1.2 分析法的发展

(1) 哲学上的发展

分析法的发展离不开各个时期科学家的努力. 在古代科学体系中,人们对世界的认识有限,同样,对分析法和综合法的认识也是有限的[5]. 随着时代的发展,直到 16 世纪和 17 世纪,哲学家培根（Bacon,1561—1626 年）、洛克（Locke,1632—1704 年）从经验论的角度出发,结合当时的科学发展认识分析法,认为分析法具有将事物从整体上进行分解,从而获得单个对象"简单概念"的功能作用,进而忽视综合法的作用;哲学家斯宾诺莎（Spinoza,1632—1677 年）则提出不同的观点,她从唯理论的角度出发,认为"综合法是最完善的方法",强调综合法在科学中的作用,从而忽视分析法存在的意义[9]. 由此可以看出,经验论和唯理论都是单一地去研究分析法或综合法,原因可能就是对分析法与综合法的理解不同. 从整个发展过程来看，这是片面的、不完全的、形而上学的.

康德（Kant，1724—1804 年）在《道德形而上学原理》中运用了分析法，并从辩证思维逻辑的角度正视分析法与综合法的作用，这是分析法和综合法发展中的一次进步，这标志着分析法从形而上学的角度逐渐向辩证逻辑思维的角度过渡[6]. 但康德并未研究它们之间的联系，弥补这一空白的是哲学家黑格尔（Hegel，1770—1831 年），他从唯心主义辩证逻辑思维的角度去认识分析与综合，并强调不能像经验论、唯理论一样将分析与综合分开研究，而是要将其进行融合，这是分析与综合在发展中的一大突破[10]. 马克思（Marx，1818—1883 年）、恩格斯（Engels，1820—1895 年）吸收了黑格尔将分析与综合结合的辩证思想，从唯物主义的角度出发去理解分析与综合，认为分析的实质是从对象的总体中找出最本质的属性，并强调分析与综合是循环往复、螺旋上升的结合[5].

（2）数学解题上的发展

唐以荣[11]认为分析法是传统数学上解决综合问题的最高法则. 卢正勇[12]认为分析法是解决难题的"利器". 同时，分析法也可以作为"生长点"，在它的基础上产生其他的方法，可以分为以下几类：

一是追溯型分析法[4,13]，即把研究对象看作整体，并寻找整体中各个部分成立的充分条件的方法，也称为选择型分析法[14]、等价变形式分析法[15].

二是可逆型分析法[13]，即在从结论向条件追溯的过程中，每一步的推理都是等价（充分必要）的方法. 与追溯型分析法相比，用追溯型分析法证明的问题，用可逆型分析法同样可以，但反之不一定成立，即追溯型分析法可以看作可逆型分析法的特殊情况.

三是构造型分析法[12-13]，即从结论向条件追溯的过程中，需要采取构造措施，如构造式子、添加辅助线等，用于解决起点不清晰与辅助元素不明确的问题.

四是设想型分析法[13]，即在向已知条件追溯的过程中，需要借助有根据的设想、假定，再进行"言之有理"的证明，进而找出正确途径的方法. 与构造型分析法相比，设想型分析法需要"假定""设想"某个结论或条件成立，再去证明它们成立；而构造型分析法注重从已有的已知条件或已有知识的基础上进行构造，无须证明.

五是前进型分析法[4,13]，即从整体事物中某一成立部分出发，经过严格的逻辑推理，扩展到其他成立部分，直到挺进至原事物成立的必要条件，即原命题成立的必要条件，常用于解决结论带有模糊性的较为复杂的问题.

六是综合分析法[13]，即同时从条件和结论出发，得到同一个中间条件，从而将"已知"与"未知"联系起来的方法，也称为混合分析法、夹桥法[4].

七是目标式分析法[16]，即在证明命题时，强调紧扣命题的目标，即要证的结论，再进行有目的的分析.

八是知识溯源式目标分析法[17]，即先强调明确解题的目标，再追溯与目标有关的知识，最后结合题意，选择合适的知识进而解决问题的方法. 与目标式分析法相比，知识溯源式目标分析法的解题程序更加详细、明确.

九是结构式分析法[18]，即强调从要证明的结论结构出发，运用知识将其转化为已知条件，从而将问题解决.

以上方法以分析法作为"基石"，通过结合具体的问题类型对分析法进行深入研究，形成了具有不同特点的"分析法"，从而提出多种解题思路. 在解题过程中，可通过比较筛选出最佳解决方案.

2.2 分析法的思维训练价值

分析法是一种证明方法，也是一种思维方法. 分析法的思维训练价值主要体现在以下几个方面：

（1）分析法在证明数学命题的过程中有着固定的程序，即"欲证…需证…只需证…"等结构，能够锻炼学生的逻辑推理、逻辑证明的思维[19].

（2）运用分析法解题时，从结论出发，寻找使结论成立的充分条件可能有多种，如何选择最优的思维路径，需要结合学生强大的知识储备量，这样能够有效地锻炼学生思维的发散性和灵活性；同时，要搭建从"未知"到"已知"的"桥梁"的过程有时是复杂、困难的，运用分析法能够有效地锻炼思维的探索性和启发性.

（3）分析法是"执果索因"的思维方法，能够有效地锻炼学生的逆向思维[20]，如基本不等式的证明方法.

（4）分析法的运用十分广泛，能够运用在多种数学问题背景或其他学科（如物理、化学、生物等）背景下，以及日常生活、社会工作、科学研究等方面，这为学生锻炼思维提供了条件.

（5）通过介绍"为反对笛卡尔提出的演绎主义的科学方法，牛顿提出了分析—综合法和公理法，并运用它们建立了力学理论体系，牛顿也被称为第一个将分析法运用在物理学的人"的故事[21]，培养学生敢于质疑的批判精神，激发学生的创造性思维.

（6）分析法在应用题、数学建模中的运用，能够锻炼学生的抽象思维能力.

（7）分析法是不断重复"结论到条件"的过程，能有效地锻炼学生的算法思维，即解决一类问题的方法和步骤的思维方式[22].

（8）分析法是一个数学模型，通过分析法的运用能够有效锻炼学生的模型思维[23].

（9）分析法是从复杂到简单连续转化的思维过程，能够有效锻炼思维的变通性.

总之，对分析法的学习能起到训练学生思维的作用，分析法是训练思维的有效载体.

2.3 分析法的方法论价值

数学方法论主要是研究和讨论数学的发展规律、数学的思想方法以及数学中的发现、发明与创新等一般法则的一门学问[24]. 分析法的方法论价值主要体现在以下几个方面：①具有普适性的价值，即分析法不仅可以运用在数学学科中，在其他学科以及日常生活中同样适用；②具有高阶思维的价值，即发生在较高认知水平层次上的心智活动或认知能力，因此，分析法也是培养高阶能力的核心；③具有执果索因的逆向思维价值，即分析法是一种从结论到原因、从"未知"到"已知"的方法，具有逆向思维的特点，有利于培养学生的创新思维[25]；④具有提高能力的价值，即通过分析法的学习，有利于培养学生分析问题、解决问题的能力，并获得在未来学习或生活中所必需的基本知识、基本技能、基本活动经验、基本思想方法等核心素养[26]；⑤分析法的掌握有利于学生解题能力的提高，进而让学生获得成功的体验感.

2.4 思考与建议

分析法有着悠久的文化历史，蕴含着丰富的文化价值. 通过对文献的研读发现，分析法的产生、发展主要体现在哲学上的研究和数学解题方面的研究，然后将其运用在数学中即形成了数学分析法．分析法是一种常用的思维方法，有深刻的思维训练价值和广泛的应用价值，是值得学习的方法，在教师的教学和学生的学习中都应该给予重视．分析法是一种直接证明方法，对分析法的学习有利于培养学生的核心素养和高阶认知能力以及创新思维．

3 分析法在 KWL 教学策略下的教学设计案例

KWL 教学策略是指以已有的知识（已知）为基础，通过独立思考、合作探究等激发学生的学习欲望（想知），最后在教师的引导下获得新的知识（新知）的过程．研究者采用 KWL 教学策略，即依从已知—想知—新知的教学逻辑，对分析法的教学过程进行设计．

希望经过数学学习后，学生将来在面对复杂的现实或学术问题情境时，能够在数学精神、思想和方法的指导下，创造性地解决问题．也就是说，当学生处在给定信息和目标之间有某些障碍需要被克服，且缺乏现成方法的问题情境下，能够有效提取认知系统中的相关信息，并通过联想、探索、猜测等形成解决方案．为提升联想、探索、猜测等尝试过程中的效率，系统学习分析法（执果索因法）的思考过程和特点，归纳其操作流程框图，是非常有必要的．

如何根据学生已有的知识经验有效进行分析法的教学？如何降低归纳、探究分析法思维过程中的无效劳动？如何引导学生科学有效地总结和复习分析法的相关内容？为尝试性地解决这些问题，本节提出结合 KWL 教学策略对分析法的教学过程进行设计．

3.1 KWL 教学策略简介

20 世纪 90 年代，美国学者 Donna 在针对以"教师如何教学"为主题的美国教育改革运动的背景下，结合学习理论、教学评估、图式理论等知识，提出了 KWL 教学策略[27]，旨在帮助学生提高元认知水平、优化学习过程、建构学习意义等[28]，解决"如何降低课堂教学的无效劳动"等问题[27]．传入我国后在语言学[29]和医学[30]中均得到广泛运用，在中学数学学科的教学中也有所尝试[31-34]．

KWL 教学策略分为 K、W、L 三个阶段进行知识建构．其中，K（Know）—(What I Know) 指学生已有的知识，W（Want）—(What I Want to Learn) 指学生想要学习的知识，L（Learned）—(What I Learned) 指学生通过学习后学到的知识．也就是说，从学生已有的知识图式，通过"同化"和"顺应"不断作用从而达到新的平衡点，继而获得新的认知的活动过程[35]．KWL 教学策略具有双边性的特点，既是指导教师教学的"教学清单"，又是引导学生学习的"学习清单"，为课堂教学提供帮助[31]．

3.2 分析法在 KWL 教学策略下的教学设计

3.2.1 分析法的地位与作用

《普通高中数学课程标准（2017 年版）》[26]对分析法的教学要求是通过数学实例，理解分析法在数学和生活中的意义. 分析法被安排在人教 A 版选修 2-2 第二章第二节的第二课时中，具有承前启后的作用，如分析法的逆向思维可以作为综合法的正向思维的补充[20]，同时为反证法的学习奠定了逆向思维基础.

3.2.2 教学目标

让学生理解分析法的概念、思考过程和特点，能用分析法解决一些数学问题；培养学生的逆向思维；让学生感受逻辑证明在数学及现实生活的作用，养成言之有理、论证有据的好习惯，逐步形成理性思维、培养科学精神.

3.2.3 教学重点、难点

教学重点：了解分析法的思考过程和特点；运用分析法证明数学问题.
教学难点：对分析法的思考过程和特点的概括.

3.2.4 KWL 教学策略

结合 KWL 教学策略，将教学过程分为三个阶段. 在教学过程中，通过"逐步完善"KWL 表格（表 1），实现教师"教"的过程和学生"学"的过程；通过问题驱动理论，引导学生对问题进行思考、探究；通过构建学习共同体，组织学生独立思考、小组讨论，充分发挥学生的主体作用，体现"以人为本"的教学理念.

表 1

K（What I Know）	W（What I Want to Learn）	L（What I Learned）

3.3 教学过程设计

3.3.1 K 阶段（What I Know）

在这个阶段，教师提出一系列的问题去激活学生已有图式中有关"综合法"的相关知识内容，即已知的部分. 为了让学生更好地进入课堂学习状态，通过构建学习共同体，组织学生对问题进行讨论，为后续学习分析法奠定基础.

环节 1 激活已知
教师在给出这堂课的主要内容"分析法"之前，先提出如下问题.
问题 1 上节课我们学习了哪些内容？
设计意图：当老师提出这个具有引领性的问题时，同学们会根据自己对上节课知识的理解在脑海中进行回忆，形成头脑风暴. 为了让学生不要过度地偏离学习主题，进而将问题进行如下细化：
问题 1-1：综合法的概念是什么？
问题 1-2：如何用框图表示综合法的思维过程？

问题1-3：运用综合法解题时，思考过程有什么特点？

设计意图：运用问题驱动理念提出一系列具有逻辑性的问题，产生问题驱动，引导学生对上节课综合法的相关知识内容进行思考、回顾，构建"旧"的图式；同时，由于学生是发展中的人，具有个体差异性，可能导致不同的学生对知识的理解不同，于是构建小组合作交流，可以互相学习，弥补自己的知识"盲点"或"误区"，再由教师对回答进行精炼后组织学生将知识填入表1的"K栏"中，详见表2，使课堂教学活动围绕学生展开.

表2

K（What I Know）	W（What I Want to Learn）	L（What I Learned）
问题1-1：综合法的概念是什么？ 问题1-2：如何用框图表示综合法的思维过程？ 问题1-3：运用综合法解题时，思考过程有什么特点？		

3.3.2 W阶段（What I Want to Learn）

托尔曼曾说，学习的实质就是期望的获得，即实现对目标的认识和期待的过程．在K阶段，已经对"已知"的内容进行了回顾．在这个阶段，组织学生对本节课的教学内容进行讨论，通过活动探究新知，让学生提出本节课的主题，即期望的提出，并让学生主动参与知识的构建，形成有意义的学习．为防止学生"偏题"，需在教师的引导下将讨论的主题填入"W栏"中，构成教师的"教学清单"和学生的"学习清单"，并带领学生实现"期望的获得"．该阶段也是KWL策略的中心环节.

环节2　探究新知

运用多媒体投影出波利亚解题表中的部分内容："若不能解决一个困难问题．能不能先解决一个有关的容易问题？一个更普遍的问题？一个更特殊的问题？一个类比的问题？直到最简单的问题，找到最简单问题中'未知'与'已知'的联系."[7]并提出思考.

思考1 从局部上看，这些问题之间都有什么联系呢？

设计意图：投影的内容是波利亚解题表中的第二部分——拟定计划（部分），即分析问题的部分．通过结合波利亚的"拟定计划"，引导学生从局部的角度进行思考，从问题间的关系着手，发现后一个问题是在前一个问题的基础上提出的.

思考2 从整体上看，这些问题之间有怎样的联系呢？

设计意图：引导学生从整体的角度出发，去探索问题链蕴含的逻辑联系，发现要解决"困难问题"，就要通过将"困难问题"转化为"简单问题"，最后通过解决"简单问题"来解决"困难问题"的特点，引导学生发现解决问题的逆向思维过程.

思考3 若把将要解决的问题设为Q（Question），更容易解决的问题设为Q_1，更普遍的问题设为Q_2，按照这样的规律，直到转化为最容易解决的问题Q_n，我们能不能从数学的角度描述这些问题的解决过程呢？如果可以，怎样描述呢？

设计意图：在学生已经了解问题链蕴含的逆向思维逻辑的联系后，引导学生用数学的语言去描述问题解决的过程，并能够用符号去代替其中的问题，即要解决问题Q，就要先

解决问题 Q_1，要先解决问题 Q_1，就要解决问题 Q_2，按照这样的规律，直到转化为最容易解决的问题 Q_n，即形成一条解决问题的逆向思维路线，引导学生学会用"数学的语言表达世界"[36].

环节 3　提出期望

问题 2　通过复习，你们认为应该学习分析法哪些内容呢？

设计意图：爱因斯坦说过，提出一个问题比解决一个问题更难．在教师的引导下，同学们模仿复习综合法时教师提出的问题串，通过小组内、不同小组间进行讨论交流，提出问题，即期望的提出．在教师的指导下进行修改、完善，并将问题进行细化，形成"学习清单"，填入表 3 的"W 栏"中．这样的方式有利于培养学生提出问题的能力.

表 3

K（What I Know）	W（What I Want to Learn）	L（What I Learned）
问题 1-1：综合法的概念是什么？ 问题 1-2：如何用框图表示综合法的思维过程？ 问题 1-3：运用综合法解题时，思考过程有什么特点？	问题 2-1：分析法的概念是什么？ 问题 2-2：如何用框图表示分析法的思维过程？ 问题 2-3：运用分析法解题时，思考过程有什么特点？	

说明：通过学生小组内、小组间的探讨，将本堂课的教学目标可视化，使学生明确学习任务，激发学生的求知欲，进而引导学生主动参与课堂教学的构建．同时，还要重视学生的"最近发展区"，将 L 阶段的分析法（需知）和 K 阶段的综合法（已知）联系起来，实现新旧知识的过渡衔接.

环节 4　实现目标

采用爬山法实现表 3"W 栏"中的"学习清单"，即通过降低初始状态与目标状态的距离以达到解决问题的方法，将问题 2-1（问题 2-1-1，问题 2-1-2）、问题 2-2（问题 2-2-1）、问题 2-3（问题 2-3-1）进行拆解，具体如下：

问题 2-1-1：若将"拟定计划"部分看作解决一个问题的分析过程，用 Q（Question）表示最终需要解决的问题，用 P（Prerequisite）表示解决问题的前提、先决条件，用 $P_i(i=1,2,3,\cdots,n)$ 表示某一个环节的条件，我们能够描述整个过程吗？

设计意图：引导学生类比思考 3，发现"要解决问题 Q，就要先找到解决问题 Q 的前提条件 P_1，要找到 P_1，就要找到 P_1 的前提条件 P_2，以此类推，直到我们找到最明显的成立的知识或条件 P_n 为止"的逆向思维的过程，并鼓励学生尝试用自己的语言进行概括.

问题 2-1-2：问题 Q 与条件 P 有怎样的关系呢？

设计意图：引导学生发现 P 是使 Q 成立的充分条件，即解决问题的过程是从结论出发寻找使结论成立的充分条件的过程．通过适当的追问，促进学生深入思考，使学生由表层学习向深层学习的方向过渡，拓展学生的思维.

在教师的引导下得出分析法的概念：从要证的结论 Q 出发，反推回去，寻求使 Q 成立的充分条件 P_1；为了证明 P_1 成立，再去寻求 P_1 成立的充分条件 P_2，为了证明 P_2 成立，再去寻求 P_2 成立的充分条件 P_3……直到找到一个明显成立的条件（已知条件、定理、定义、公理等）为止，这种证明方法叫作分析法[37].

问题 2-2-1：我们已经知道 Q 与 P 之间的关系，如何用框图表示分析法的整个思维过程呢？

$$(Q \Leftarrow P_1) \rightarrow (P_1 \Leftarrow P_2) \rightarrow \cdots\cdots \rightarrow (P_{n-1} \Leftarrow P_n) \rightarrow (P_n \Leftarrow P).$$

设计意图：在学生已经初步理解分析法概念的基础上，类比综合法的学习，组织学生讨论如何从概念中抽象出逆向思维的过程，并能够用框图进行表示，体现新知识是在已有知识的基础上进行建构的思想．同时，通过问题促进学生从文字语言转化为图形语言，提高学生的归纳、概括能力．

环节 5　学会运用

在学习了分析法的相关知识内容后，还要进行应用.

问题 2-3-1：用分析法证明下列问题.

已知 a，$b>0$，求证：$\dfrac{a+b}{2} \geqslant \sqrt{ab}$.

证明：要证 $\dfrac{a+b}{2} \geqslant \sqrt{ab}$，只需证 $a+b \geqslant 2\sqrt{ab}$，只需证 $a+b-2\sqrt{ab} \geqslant 0$，只需证 $(\sqrt{a}-\sqrt{b})^2 \geqslant 0$，由于 $(\sqrt{a}-\sqrt{b})^2 \geqslant 0$ 显然成立，则原不等式成立.

设计意图：用分析法证明基本不等式成立是中学阶段最好的证明方法之一，通过该题的讲解，帮助学生理解分析法的概念、认识逆向思维思考的过程以及从"未知"到"需知"再到"已知"特点，并强调解题过程中的书写格式，可谓一举多得．

3.3.3　L 阶段（What I Learned）

该阶段是教学过程的第三个阶段，也是检验课堂教学是否有效的阶段．通过提出问题的形式，让学生自主对本节课的学习内容进行总结，总结学习了哪些知识，学会了哪些思想方法，以及如何去运用这些知识解决问题，最后通过教师的总结将其填入"L 栏"中，并与"W 栏"进行对照，形成完整的"KWL"表格.

环节 6　课堂小结

问题 3　这节课我们学习了哪些内容？

设计意图：当教师提出这个具有总结性的问题时，同学们会在自己脑海中重现教学过程，对知识再次加工，有利于学生加深对知识的理解．最后教师引导学生归纳总结出本节课的主要内容是解决"W 栏"中的问题，并将"W 栏"中的内容填入"L 栏"中（见表 4）.

表 4

K（What I Know）	W（What I Want to Learn）	L（What I Learned）
问题 1：上节课我们学习了哪些内容？	问题 2：通过复习，你们认为应该学习分析法哪些内容？	问题 3：这节课我们学习了哪些内容？
问题 1-1：综合法的概念是什么？	问题 2-1：分析法的概念是什么？	问题 3-1：分析法的概念是什么？
问题 1-2：如何用框图表示综合法的思维过程？	问题 2-2：如何用框图表示分析法的思维过程？	问题 3-2：如何用框图表示分析法的思维过程？
问题 1-3：运用综合法解题时，思考过程有什么特点？	问题 2-3：运用分析法解题时，思考过程有什么特点？	问题 3-3：运用分析法解题时，思考过程有什么特点？

环节 7　及时反馈

在将内容填入"L栏"形成完整的"KWL"表格后，教师要及时对本节课进行总结、评价和反馈．从知识上，强调学生对"KWL"表格的充分利用，体会 KWL 教学策略对学生课堂学习的指导作用，有助于学生理解各个教学环节中蕴含的逻辑联系，并形成认知地图．从情感上，主要以表扬为主，鼓励学生，充分体现马斯洛需要层次理论中的"尊重需要"．表扬时，要面向全体学生，既要表扬个体在教学活动中的参与，也要表扬团体在教学活动中的参与，让学生获得成功体验感的同时，促进学生独立思考、合作探究、互相交流等方面的发展．

作业：（1）P91 习题 A 组 3；B 组 1，2，3．（2）预习反证法．

设计意图：及时复习有助于巩固新形成的知识结构，也能揭露知识漏洞，继而寻得查缺补漏的方向；A 组题和 B 组题既可以考查所有学生对本节课知识点的掌握情况，也可以让学有余力的学生得到综合训练；预习即将学习的内容，可预热大脑来接受对新知的学习．

3.4　教学反思

KWL 教学策略重视学生的"最近发展区"，重视学生的认知发展，同时还强调教师在教学中要重视新旧知识的衔接，实现从旧知到新知的过渡；KWL 教学策略强调学生在课堂教学中的角色，是以学生为主体、教师为主导的双边教学模式，它提倡学生独立思考、自主学习和小组合作探究相结合的学习方式，加强学生之间的交流，培养学生发现问题、提出问题、分析问题、解决问题的能力；KWL 教学模式将课堂还给学生，促进学生的主动学习，有效地改善了课堂教学时间的浪费，降低了教师在课堂教学的无效劳动，与传统教学模式相比，教师不再是课堂的权威者，而是学生学习的引导者和促进者．

参考文献

[1] 贾克防．笛卡尔论分析方法与"我思故我在"[J]．世界哲学，2014（3）：96−104．
[2] 陈志远．康德的综合和分析概念[J]．现代哲学，2005（1）：111−120．
[3] 杨春燕，刘凤收．经典力学代表人物的研究方法及比较[J]．聊城大学学报（自然科学版），2007（4）：101−104，107．
[4] 李树臣．数学推理中的分析法[J]．山东教育：中学刊，2001（8）：41−42．
[5] 周钺，宋国忠．论分析与综合观的历史发展[J]．四川大学学报（哲学社会科学版），1986（3）：42−47．

[6] 范进. 康德哲学的三个问题 [J]. 文史哲, 1992 (2): 57-64.
[7] 波利亚. 怎样解题 [M]. 阎育苏, 译. 北京: 科学出版社, 1982: 39.
[8] 张东梅, 李海春, 李大卫. 高等数学教学中运用分析法的体会 [J]. 中国科教创新刊, 2007 (21): 162.
[9] 张则幸. 略论分析与综合的辩证法 [J]. 杭州大学学报（哲学社会科学版）, 1982 (4): 9-16.
[10] 史开来. 论黑格尔关于认识论的合理思想 [J]. 贵州民族学院学报（社会科学版）, 1999 (2): 10-12.
[11] 唐以荣. 中学数学综合题规律讲义 [M]. 重庆: 西南师范大学出版社, 1987: 78.
[12] 卢正勇. 数学解题思路 [M]. 福州: 福建教育出版社, 1980: 108.
[13] 范青环. 数学证明中的分析法 [J]. 中学数学杂志, 2010 (6): 47-48.
[14] 沈文选. 平面几何方法 [M]. 哈尔滨: 哈尔滨工业大学出版社, 2005: 2-10.
[15] 罗增儒. 数学解题学引论 [M]. 西安: 陕西师范大学出版社, 2000: 77-78.
[16] 赵雪鹏. 目标分析法在数学解题中的应用 [J]. 数学学习与研究, 2019 (14): 106, 108.
[17] 刘华为. "知识溯源式目标分析法" 解题一例 [J]. 初中数学教与学, 2019 (21): 34-36.
[18] 郑华亭. 浅谈结构分析法解题 [J]. 中学数学教学, 2003 (2): 31-32.
[19] 马芹. "分析法" 下解题思路的寻找 [J]. 中学数学, 2013 (3): 76-77.
[20] 张景中. 逆向思维 海阔天空 [J]. 数学教学通讯, 2010 (16): 32-33.
[21] 杜瑞芝. 简明数学史辞典 [M]. 济南: 山东教育出版社, 1991: 514.
[22] 骈俊生, 程向阳. 算法的含义、结构与描述方式 [J]. 中小学教材教学, 2005 (6): 90-91.
[23] 舒素琴, 江益珍. 唯有因"境"定法, 方显解读实效 [J]. 数学月刊, 2019 (1): 31-33.
[24] 张雄, 李得虎. 数学方法论与解题研究 [M]. 北京: 高等教育出版社, 2013: 3-7.
[25] 花秀坤. 浅谈数学教学中创新思维的培养 [J]. 学周刊, 2016 (7): 135.
[26] 中华人民共和国教育部. 普通高中数学课程标准（2017年版）[M]. 北京: 人民教育出版社, 2018.
[27] Donna M O. KWL: A Teaching Model that Develops Active Reading of ExpositoryText [J]. Reading Teacher, 1986, 39 (6): 564-570.
[28] 吕方方, 黄婉莺, 曾文婕. 融通学生的已知、想知和新知——KWL策略的缘起、应用与成效 [J]. 基础教育参考, 2016 (19): 8-12.
[29] 梁婷, 张樱子. 论基于图式理论的KWL阅读策略在大学英语阅读教学中的应用 [J]. 英语广场: 学术研究, 2014 (11): 106-107.
[30] 薛海峰, 闫宏. KWL策略在高血压健康教育中的应用 [J]. 实用预防医学, 2008 (3): 917-918.
[31] 陆萍. KWL策略指导下的高中数学教学——以"抛物线的标准方程"为例 [J]. 数学通报, 2013, 52 (2): 25-28, 40.
[32] 王静, 段有强. KWL策略指导下的初中数学教学——以"二元一次方程组"为例 [J]. 数学教学通讯, 2014 (19): 5-6, 17.
[33] 孔胜涛. KWL教学模式在高中数学教学中的尝试——以"不等式选讲"习题课中的一个教学片断为例 [J]. 中学教研（数学）, 2016 (8): 6-8.
[34] 黄玲玲. KWL策略让高中数学课堂大放异彩——以抛物线及其标准方程为教学案例 [J]. 数学教学通讯, 2015 (24): 26-27.
[35] 刘浪飞. "KWL" 教学模式凸显人文关怀价值 [J]. 中国教育学刊, 2015 (9): 102-103.
[36] 史宁中. 学科核心素养的培养与教学——以数学学科核心素养的培养为例 [J]. 中小学管理, 2017 (1): 35-37.
[37] 刘绍学, 钱佩玲, 章建跃. 普通高中课程标准实验教科书（选修）2-2（A版）[M]. 北京: 人民教育出版社, 2007: 86.

第三章 教师及学生发表的论文

第一节 核心素养视角下的数学教学设计[①]
——以"任意角的三角函数的定义"为例

摘 要:"任意角的三角函数"是培养数学核心素养的有效载体. 对"任意角的三角函数"教学过程进行了设计,旨在于数学概念的教学过程中有效培育学生的数学抽象、逻辑推理、数学建模、直观想象、数学运算等核心素养.

关键词:数学核心素养;任意角;三角函数;教学设计

一个人经过数学教育后,不管将来从事的工作是否与数学有关,其应当具有的数学特质大体上可以归纳为:会用数学的眼光观察现实世界;会用数学的思维思考现实世界;会用数学的语言表达现实世界[1]. 本质上,这"三会"就是数学核心素养,也就是说,这"三会"是超越具体数学内容的数学教学目标. 基于此,对"任意角的三角函数"概念进行教学设计,旨在使学生掌握知识技能的同时,形成和发展数学核心素养.

一、数学核心素养概述

北京师范大学研究小组将学生核心素养定义为"学生应具备的,能够适应终身发展和社会发展需要的必备品格和关键能力"[2]. 课标(征求意见稿)将数学核心素养定义为"具有数学基本特征的、适应个人终身发展和社会发展需要的人的思维品质和关键能力". 高中阶段数学核心素养包括数学抽象、逻辑推理、数学建模、直观想象、数学运算和数据分析.

(1)数学抽象是指舍去事物的一切物理属性,得到数学研究对象的素养. 包括从事物的具体背景中抽象出一般规律和结构,并且用数学符号或者数学术语予以表征. 数学抽象使得数学成为高度概括、表达准确、结论一般、有序多级的系统.

(2)逻辑推理是指从一些事实和命题出发,依据规则推出其他命题的素养. 包括从特殊到一般的推理、从一般到特殊的推理. 逻辑推理是数学严谨性的基本保证,是人们在数学活动中进行交流的基本思维品质.

(3)数学建模是对现实问题进行数学抽象,用数学语言表达问题、用数学知识与方法

[①] 作者:王佩、赵思林.

建构模型解决问题的素养. 数学模型搭建了数学与外部世界的桥梁，是数学应用的重要形式，也是推动数学发展的动力.

（4）直观想象是指借助几何直观和空间想象感知事物的形态与变化，利用图形理解和解决数学问题的素养. 包括利用图形描述、分析数学问题等. 直观想象是探索和形成论证思路、进行数学推理、构建抽象结构的思维基础.

（5）数学运算是指在明晰运算对象的基础上，依据运算法则解决数学问题的素养. 包括理解运算对象、掌握运算法则、探究运算思路、选择运算方法、设计运算程序和求得运算结果等. 数学运算是解决数学问题的基本手段.

（6）数据分析是指针对研究对象获取数据，运用统计方法对数据进行整理、分析和推断，形成关于研究对象知识的素养. 包括收集数据、整理数据、提取信息、构建模型、进行推断和获得结论. 数据分析是大数据时代数学应用的主要方法.

二、基于核心素养视角下的任意角的三角函数教学设计

日落日出，寒来暑往……自然界中有许多"按一定规律周而复始"的现象，这种按一定规律不断重复出现的现象称为周期现象. 周期现象一般与周期运动有关. 一个简单又基本的例子便是"圆周上一点的运动".

（一）周期现象

摩天轮上游客舱的运动可以形象地描述为"周而复始"，如图1的左图所示. 那么，游客舱按怎样的规律不断重复出现呢？用什么样的数学模型来刻画呢？让我们带着这些疑惑，一起来进入今天的学习.

问题1 如何刻画游客舱的运动情况呢？

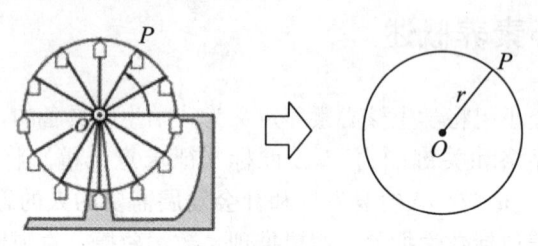

图1

分析：为了刻画游客舱的运动情况，引导学生将摩天轮抽象为一个圆，游客舱抽象为圆上的某个点 P，如图1的右图所示. 那么，将问题1抽象转化为"如何刻画圆上点 P 的运动情况呢"？

设计意图：舍去摩天轮和游客舱的一切物理属性，得到数学研究对象，即圆上的点 P. 此过程培养了学生用数学的眼光看世界，即从数学视角观察、感受、认识、描述和理解世界，并且培养了学生在日常生活和实践中运用数学抽象的思维方式，对问题进行一般性的思考和分析. 这样可以促进学生数学抽象素养的形成和发展.

问题2 如何刻画圆上点 P 的运动情况呢？

分析：为了解答问题2，需先将点 P 的位置表示出来. 假设以水平方向作为参照方

向，设 OP 与水平方向的夹角为 α，如图 2 所示，则可用有序数对 (r, α) 表示点 P.

假设以水平线为 x 轴，圆心 O 为原点建立直角坐标系，如图 3 所示，则有序数对 (x, y) 也可以表示点 P.

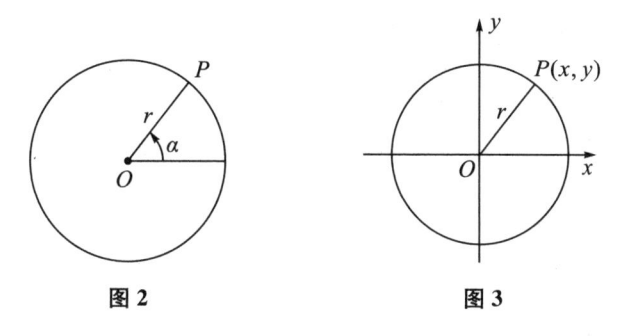

图 2

图 3

问题 3 $P(x, y)$ 与 $P(r, \alpha)$ 这两种表示之间有什么内在联系呢?

设计意图：此问题标志着"建立刻画周期性现象的数学模型"已取得阶段性的成果. 因为问题 3 可以理解为"用怎样的数学模型刻画 (x, y) 与 (r, α) 之间的关系"[3]. 此环节从两个不同的数学视角来表示点 P，培养学生有意识地用数学语言表达经过数学抽象的研究对象，有效促进学生数学建模素养的形成和发展.

（二）锐角三角函数

分析：为了解答问题 3，过点 P 作 x 轴的垂线，垂足为 M，如图 4 所示. 此时学生自然而然地会联想到锐角三角函数.

问题 4[4] 如图 4 所示，在 Rt$\triangle OMP$ 中，角 α 的对边、邻边、斜边分别与点 P 的坐标有什么关系?

设计意图：通过建立数与形的联系，解决直角三角形中各边与坐标的关系. 让学生直观体会到角 α 的对边 $=y=$ 点 P 的纵坐标，邻边 $=x=$ 点 P 的横坐标，斜边 $=\sqrt{x^2+y^2}$. 利用图形来理解和解决问题，是培养学生直观想象素养的有效途径.

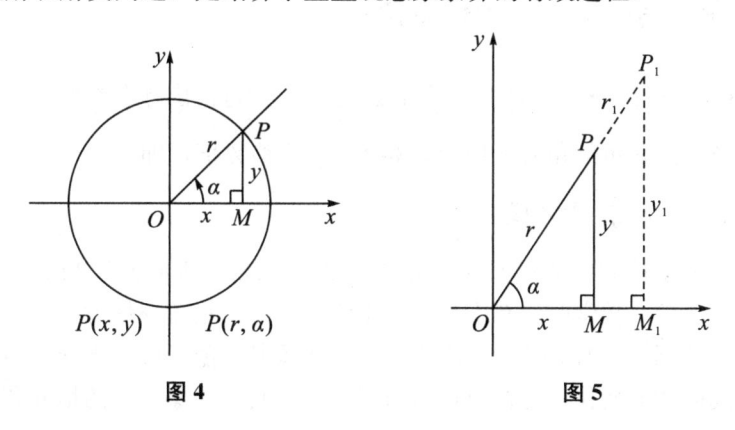

图 4

图 5

若令 $r=\sqrt{x^2+y^2}$，则得到 $\sin\alpha=\dfrac{y}{r}$，$\cos\alpha=\dfrac{x}{r}$，$\tan\alpha=\dfrac{y}{x}$.

设计意图：此时复习锐角三角函数是为了刻画 (x, y) 与 (r, α) 之间的联系. 这样安排能让学生自主发现"三角函数"与"周期性现象"之间的关系，且能有效避免学生

"一刀切"地将"锐"和"任"理解为"特例"和"推广"的关系. 章建跃[5]曾指出,无论从三角学的发展史,还是研究的对象和表现的性质来看,既不能把"任"看成"锐"的推广(或一般化),也不能把"锐"看成"任"在锐角范围内的"限定".

(三)锐角三角函数中的函数关系

若脱离了摩天轮,则角 α 的终边上有无数多个点,且每一个点都有其对应的坐标 (x,y) 和到原点 O 的距离 r,那 $\sin\alpha$ 的值是不是也有无数个呢?

问题5 $\sin\alpha=\dfrac{y}{r}=\dfrac{y_1}{r_1}=\dfrac{y_2}{r_2}=\cdots$ 是否成立?

分析:过点 P_1 作 x 轴的垂线,垂足为 M_1,如图5所示. 有相应的 y_1 和 r_1,根据相似三角形比的不变性,则 $\dfrac{y}{r}=\dfrac{y_1}{r_1}=\dfrac{y_2}{r_2}=\cdots$,因此上述等式成立,故 $\sin\alpha$ 的值唯一确定.

设计意图:对于确定的角 α,比值 $\dfrac{y}{r}$ 不会随点 P 在 α 的终边上的位置的改变而改变,这为引入单位圆定义奠定了基础. 同理,对角 α 的余弦和正切也成立. 此环节通过三角形相似比的不变性,推导出比值的不变性,这有利于学生形成重论据、有条理、合逻辑的思维品质和理性精神,即促进学生逻辑推理素养的形成和发展.

问题6 $\alpha\to\dfrac{y}{r}$ 是一种什么对应关系?

根据以上分析,当 α 确定时,有唯一确定的 $\dfrac{y}{r}$ 与之对应. 如果在一个数集当中任意一个元素,在另一个数集当中都有唯一确定的元素与之对应,则就是函数关系.

设计意图:注意引导学生,角 α 既是一个角,又是一个实数(弧度数). 因为在弧度制下,角的集合与实数集 **R** 之间建立起了一一对应的关系,这样才能与函数定义中的"两个非空数集"保持一致.

(四)锐角三角函数推广到任意角

问题7 对应关系 $\alpha\to\dfrac{y}{r}$,是不是只在 $\alpha\in\left[0,\dfrac{\pi}{2}\right]$ 范围内才存在?

分析:一条终边表示的角有无数个,相差 2π 的整数倍,即 $\alpha+2k\pi,k\in\mathbf{Z}$. 故此对应关系不只在 $\alpha\in\left[0,\dfrac{\pi}{2}\right]$ 上才成立.

设计意图:由于角的概念已经由锐角推广到任意角,因此研究角 α,不只是研究锐角,还要研究任意角. 教学时注意引导,帮助学生突破从锐角→任意角的认知障碍. 若想让学生理解终边相同的角有无数个,则需要学生想象其"隐形般"不断旋转的过程,即通过想象感知事物隐性的变化,这样可以有效促进学生直观想象素养的培养和发展.

(五)任意角的三角函数

以上讨论了当圆上的点 P 在第一象限,即角 α 为锐角时,可通过锐角三角函数刻画圆周上点 P 的运动. 那么,当点 P 在第二象限、第三象限、第四象限时,又应该怎样刻

画点 P 的运动呢?

问题 8 从锐角获得的 $\sin\alpha=\dfrac{y}{r}$ 能否推广到任意角?

分析：可以先考虑当点 P 在第二象限，即角 α 为钝角时的情况，如图 6 所示. 因为点 P 仍然有坐标 $P(x,y)$，且对于确定的角 α，比值 $\dfrac{y}{r}$ 仍不变，故仍然满足 $\alpha\to\dfrac{y}{r}$ 的函数对应关系. 因此，从锐角获得的 $\sin\alpha=\dfrac{y}{r}$ 可以推广到任意角. 同理，$\cos\alpha=\dfrac{x}{r}$，$\tan\alpha=\dfrac{y}{x}$ 也可以推广到任意角. 在 $\tan\alpha=\dfrac{y}{x}$ 中，$x\neq 0$，即角 α 的终边不能落在 y 轴上.

图 6　　　　图 7

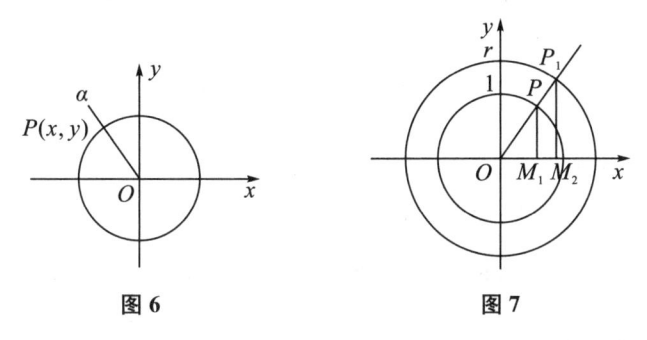

设计意图：通过归纳、类比，引导学生延用符号和名称，完成概念的建构. 通过归纳、类比，培养学生在关联的情境中，发现、提出并解决数学问题. 即让学生理解，逻辑推理是得到数学结论、构建数学体系的重要方式，因此应有效促进学生逻辑推理素养的培养和发展.

任意角的三角函数定义[6]：对任意角 α，如图 6 所示，规定：

(1) 比值 $\dfrac{y}{r}$ 叫作 α 的正弦，记作 $\dfrac{y}{r}=\sin\alpha$，即 $\sin\alpha=\dfrac{y}{r}$.

(2) 比值 $\dfrac{x}{r}$ 叫作 α 的余弦，记作 $\dfrac{x}{r}=\cos\alpha$，即 $\cos\alpha=\dfrac{x}{r}$.

(3) 比值 $\dfrac{y}{x}$（$x\neq 0$）叫作 α 的正切，记作 $\dfrac{y}{x}=\tan\alpha$，即 $\tan\alpha=\dfrac{y}{x}$.

对于确定的角 α，比值 $\dfrac{y}{r}$ 和 $\dfrac{x}{r}$ 都唯一确定，故正弦和余弦都是角 α 的函数. 同理，对于确定的角 α（$\alpha\neq\dfrac{\pi}{2}+k\pi$，$k\in\mathbf{Z}$），比值 $\dfrac{y}{x}$ 也唯一确定，故正切也是角 α 的函数. $\sin\alpha$，$\cos\alpha$，$\tan\alpha$ 分别叫作角 α 的正弦函数、余弦函数、正切函数. 以上三种函数都称为三角函数.

（六）刻画周期性现象的数学模型

综上所述，可以用任意角的三角函数刻画圆上点 P 的运动，即从周期性现象的原型中抽象出来的数学模型是"任意角的三角函数"，简称"三角函数".

设计意图：以"如何刻画游客舱的运动情况"，作为建立刻画周期性现象数学模型的起始问题，期间使学生经历数学建模的过程，理解数学建模的意义，并且引导学生用数学语言清晰、准确地表达数学建模的过程和结果．因此，整节课的始终，均为培养学生的数学建模素养铺设"康庄大道"．

（七）利用单位圆定义任意角的三角函数

问题9 能否在终边上取适当点 P，将 $\sin\alpha=\dfrac{y}{r}$ 简化？

设计意图：联想对于确定的角 α，比值不会随着点 P 的位置而改变，因此，将点 P 取在使 $r=1$ 的特殊位置上．这体现了简约思想，并引出单位圆定义．

单位圆定义：在直角坐标系中，称以原点 O 为圆心，以单位长度为半径的圆为单位圆．

任意角的三角函数定义[7]：设 α 是一个任意角，如图6所示，它的终边与单位圆交于点 $P(x,y)$，那么，

(1) y 叫作 α 的正弦（sine），记作 $y=\sin\alpha$，即 $\sin\alpha=y$.

(2) x 叫作 α 的余弦（cosine），记作 $x=\cos\alpha$，即 $\cos\alpha=x$.

(3) $\dfrac{y}{x}$ 叫作 α 的正切（tangent），记作 $\dfrac{y}{x}=\tan\alpha$，即 $\tan\alpha=\dfrac{y}{x}(x\neq 0)$.

（八）范例与练习

例1 已知角 α 的终边经过点 $P(2,3)$，求角 α 的正弦、余弦和正切值．

设计意图：例1旨在使学生认识到，只要知道角 α 终边上一点的坐标，就可以根据"终边定义"求出角 α 的三角函数值．同时，可借此例题为学生介绍两种定义的相通性，即通过平面几何知识（如图7所示），将其转化为求角 α 的终边与单位圆的交点坐标．

例2 求 $\dfrac{5\pi}{3}$ 的正弦、余弦和正切值．

设计意图：例2旨在巩固根据"单位圆定义法"求一个角的三角函数值，需先求出这个角与单位圆的交点坐标．

通过以上两个例题的练习，促进学生理解运算对象，掌握运算法则，探究运算思路，形成程序化思考问题的品质，养成一丝不苟、严谨求实的科学精神，促进学生数学运算素养的形成和发展．

三、结语

"任意角的三角函数"是培养数学核心素养的有效载体．基于核心素养视角下的三角函数教学设计，是把对周期性现象的数学研究看成教学的起点．因此，教师可在本节课中，提供"数学地研究现实世界的一个范例"[3]，从而提升学生的数学抽象、逻辑推理、直观想象、数学运算和数学建模素养．

之所以要设计并且实施合适的教学活动，是因为学生数学核心素养的形成和发展，本质上是学生自己"悟"出来的，是学生通过自己的独立思考以及和他人的讨论与反思，逐

渐养成的一种思维习惯．因此，在数学教学活动中，教师应当结合教学任务及其蕴含的数学核心素养，设计合适的情境与问题，引导学生用数学的眼光观察现象、发现问题，引导学生用数学的语言描述背景、表达问题，引导学生用数学的思维分析问题、解决问题．

参考文献

[1] 史宁中，林玉慈，陶剑，等．关于高中数学教育中的数学核心素养 [J]．课程·教材·教法，2017 (4)：8-14．
[2] 核心素养研究课题组．中国学生发展核心素养 [J]．中国教育学刊，2016 (10)：1-3．
[3] 张乃达，石志群．追求数学活动的本原——也谈任意角三角函数定义的呈现方式 [J]．教育研究与评论·中学教育教学，2011 (10)：4-10．
[4] 王佩，赵思林．基于问题驱动的数学教学设计——以"任意角的三角函数"为例 [J]．中学数学月刊，2017 (10)：17-20．
[5] 章建跃．为什么用单位圆上点的坐标定义任意角的三角函数 [J]．数学通报，2007，46 (1)：15-18．
[6] 单墫，李善良．普通高中课程标准实验教科书数学 4（必修）[M]．南京：凤凰出版传媒集团，2012：1-13．
[7] 刘绍学，钱珮玲．普通高中课程标准实验教科书数学 4（必修）（A 版）[M]．北京：人民教育出版社，2007：11-13．

第二节 "单位圆定义法"与"终边定义法"的有机融合[①]
——以三节"任意角的三角函数"课堂实录为例

摘　要：基于课堂实践发现问题，经过对比、思考、研究，提出将"单位圆定义法"与"终边定义法"有机融合的大胆假设，秉承实践是检验真理的唯一标准，通过三节"任意角的三角函数"课堂教学实录，验证其假设的合理性和可行性．在体现用单位圆上点的坐标定义"任意角的三角函数"优点的同时，保证学生思维过程的自然连贯，从而使学生真正掌握数学活动参与的主动权，感受数学的魅力．

关键词：三角函数；单位圆定义法；终边定义法；融合

2017 年 11 月 27 日，首都师范大学博士生导师王尚志老师、北京理工大学附属中学关健老师应邀到成都市锦江区四川师范大学附属中学（高中部）参加"核心素养导向的高中数学研修活动"．研修活动之一为"任意角的三角函数"同课异构，分别由四川师范大学附中的李兴福老师、北京理工大学附中的关健老师执教．下面拟从这两节课堂实录中，提出两个引发笔者深思的问题，再借鉴陆萍老师的课堂实录，提出教学实施建议．

---

① 作者：王佩、赵思林、曾心鹅．

一、课堂实录

（一）四川师范大学附中李兴福老师的课堂实录

四川师范大学附中使用的教材是人教A版必修4，其中"任意角的三角函数"是利用单位圆定义的，简称"单位圆定义法". 李老师的教学流程如图1所示.

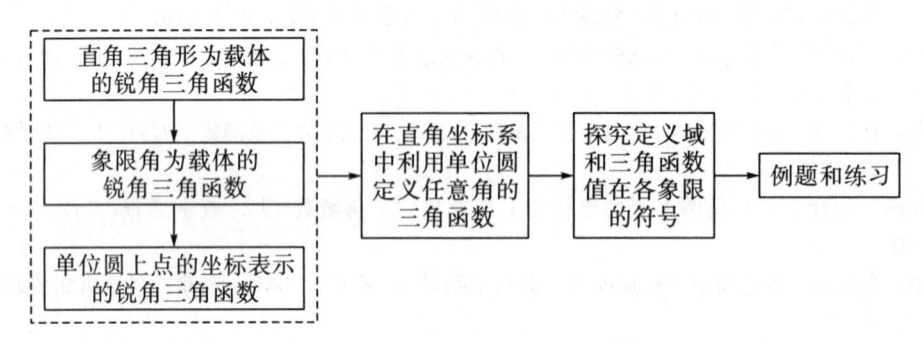

图1

在例题和练习这一环节中，李老师请学生独立思考并解答例1（注：教材上是例2，以下不再说明），课堂实录呈现如下.

例1 已知角 α 的终边经过点 $P_0(-3, -4)$，求角 α 的正弦、余弦和正切值.

生$_1$：我算出来 $\sin \alpha = -\dfrac{4}{5}$……

师：好，稍等，你是如何求出角 α 的正弦值的？

生$_1$：根据点 P_0 的坐标 $(-3, -4)$ 算出，单位圆半径 $r = 5$.

师：单位圆的半径能不能等于5？

生（略带笑意并大声回答）：不能.

师（追问）：那单位圆的半径为多少？

生（齐答）：单位圆的半径为1.

（此时下课铃声响起，李老师请另一位同学对此例题进行补充）

生$_2$：在平面直角坐标系中，作出点 $P_0(-3, -4)$，连接 OP_0，如图2所示，计算得 $|OP_0| = 5$. 设角 α 的终边与单位圆交于点 $P(x, y)$，因为单位圆的半径为1，所以 $\dfrac{|OP|}{|OP_0|} = \dfrac{1}{5}$，故相当于将点 $P_0(-3, -4)$ 的坐标缩小5倍，因此 $P\left(-\dfrac{3}{5}, -\dfrac{4}{5}\right)$，这样就可以根据刚才所学的定义（单位圆定义），得 $\sin \alpha = y = -\dfrac{4}{5}$，$\cos \alpha = x = -\dfrac{3}{5}$，$\tan \alpha = \dfrac{y}{x} = \dfrac{4}{3}$.

图2

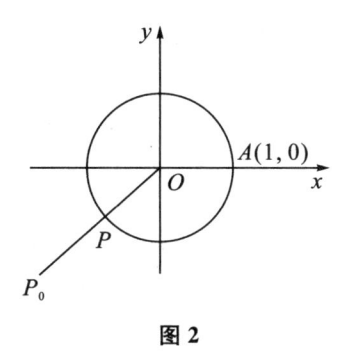

（李老师简单点评，并介绍根据相似可用平面几何的知识解答此题．最后伴随着一个问题的提出，结束本节课）

师：以后是不是凡是遇到点 P 不在单位圆上的，都要对其进行转化呢？大家能不能将其推广到一般情况，即对于终边上任意一点 $P(x,y)$，如何来表示它的正弦、余弦和正切？

（二）北京理工大学附中关健老师的课堂实录

关健老师通过四个层层递进的问题推动教学，其教学流程如图3所示．

图3

关老师在给出"任意角的三角函数"定义时，采用的是"终边定义法"，如图4所示，设任意角 α 终边上任意一点 $P(x,y)$，$|OP|=r=\sqrt{x^2+y^2}$，定义 $\sin\alpha=\dfrac{y}{r}$，$\cos\alpha=\dfrac{x}{r}$，$\tan\alpha=\dfrac{y}{x}$，$\cot\alpha=\dfrac{x}{y}$，$\sec\alpha=\dfrac{r}{x}$，$\csc\alpha=\dfrac{r}{y}$，以上六个比值是角 α 的三角函数．

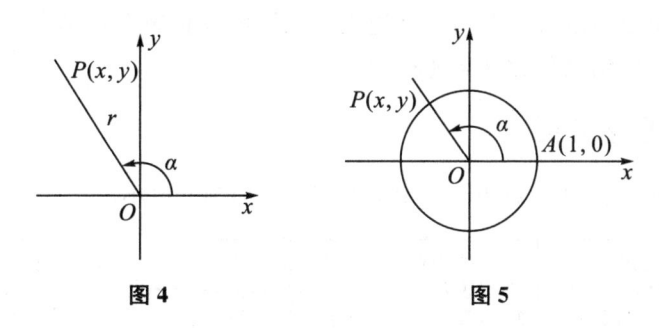

图4 图5

二、引发思考

根据李老师和关老师的课堂实录，引发笔者提出如下两个思考：第一，单位圆的半径是否为1？第二，怎样将"单位圆定义法"与"终边定义法"有机融合？

(1) 单位圆的半径是否为1？

人教A版必修4中单位圆的定义为[1]：在直角坐标系中，称以原点O为圆心，以单位长度为半径的圆为单位圆.

何谓单位长度，百度百科解释为：一个单位的长度. 单位长度就是可供参考的标准，它没有固定值，依设定而变动，不是实际的长度计量单位. 但是根据教材第12页的图$1.2-3$[1]（即图5）中点A的坐标为$A(1,0)$，可以推导教材在此处默认单位圆的半径为1，即默认单位长度为1.

教材在静态地呈现数学知识时，应该严谨，既要考虑到高中学生（16～18岁）认知发展水平的有限性，又要保证知识的可发展性，如单位圆对后继学习拓扑学、复变函数论等的影响.

(2) 怎样将"单位圆定义法"与"终边定义法"有机融合？

人教A版必修4中的例1有让学生研究"终边定义法"的意图，通过教材旁白中的小贴士可以看出. 李老师在认真钻研并仔细揣摩教材编写意图后，已经使例1较好地完成了它的使命. 只是学生在解答例1的过程中，出现了"不按常理出牌"的"小插曲".

当然，欲将两种定义法有机融合，并不完全是因为"单位圆定义法"不利于解题，而是因为李老师和关老师分别用"单位圆定义法"和"终边定义法"给出"任意角的三角函数"的定义. 致使笔者大胆猜想，为何不将这两种定义法有机融合呢？

因为在完成用直角坐标系内点的坐标表示锐角三角函数后，只需要再适当引导学生完成从锐角到任意角的突破，实现用点的坐标表示任意角的三角函数（即"终边定义法"）已经呼之欲出，最后根据相似，引导学生取适当点P的位置，简化三角函数定义中的表达式，自然合理地实现从"终边定义法"到"单位圆定义法"的过渡. 这样做既不会削弱用单位圆上点的坐标定义任意角的三角函数的优点，又可以绕过通过例1（实际教学中往往让学生感觉吃力的例题）来引入"终边定义法"的圈子.

三、教学实施建议

为了实现"单位圆定义法"与"终边定义法"的有机融合，笔者尝试着调整人教A版中"任意角的三角函数"的教学流程.

（一）调整教学流程

人教A版必修4定义任意角的三角函数的流程如图6所示.

直角三角形为载体的锐角三角函数 → 象限角为载体的锐角三角函数 → 单位圆上点的坐标表示的锐角三角函数 → 在直角坐标系中利用单位圆定义任意角的三角函数

图6

笔者在认真研读、对比人教A版和苏教版"任意角的三角函数"的内容后，结合2013年江苏省中小学数学研究室名师课堂直播活动中的课堂视频[2]，即扬州大学附属中学的陆萍老师执教的"任意角的三角函数"课例,将教学流程进行了调整,如图7所示.

```
直角三角形为      象限角为载体      象限角为载体      单位圆上点的坐      在直角坐标系中利
载体的锐角三  →   的锐角三角函  →   的任意角的三  →   标表示的任意角  →   用单位圆定义任意
角函数          数              角函数           的三角函数         角的三角函数
```

图 7

(二) 教学实施建议

已得到用直角坐标系内点的坐标表示的锐角三角函数,即 $\sin\alpha = \dfrac{y}{r}$,$\cos\alpha = \dfrac{x}{r}$,$\tan\alpha = \dfrac{y}{x}$,其中 $r = \sqrt{x^2+y^2}$.这就是初中已学过的用边的比值来刻画的锐角三角函数,但是今天却用坐标来刻画了,它的价值在何处体现呢?上面有三个等式,我们先来研究其中一个等式.

问题 1 观察等式 $\sin\alpha = \dfrac{y}{r}$ 中出现了哪些量?

生:α,y,r.

师:如果角 α 确定了,其终边也就确定了,那这条终边上有多少个点呢?

生:无数个.

师:每一个点 P_i 都有其对应的坐标 (x_i, y_i) 和到原点的距离 r_i,那 $\sin\alpha$ 的值是不是也有无数个呢?

问题 2 $\sin\alpha = \dfrac{y}{r} = \dfrac{y_1}{r_1} = \dfrac{y_2}{r_2} = \cdots$ 是否成立?

生$_1$:等式是成立的,$\sin\alpha$ 的值只有一个.我们可以通过相似三角形来解决这个问题.

师:很好,如图8所示,过点 P_1 作 x 轴的垂线,垂足为 M_1,相应地有 y_1 和 r_1,又因为相似三角形对应边所成的比例相等,即 $\dfrac{y}{r} = \dfrac{y_1}{r_1} = \dfrac{y_2}{r_2} = \cdots$,故上述等式成立,$\sin\alpha$ 的值也唯一确定.

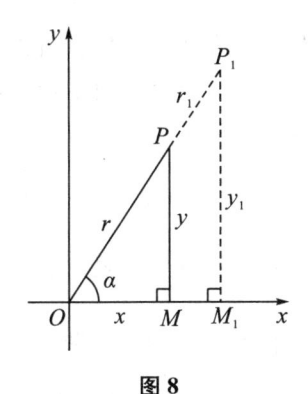

图 8

设计意图:根据相似三角形,引出相似比的不变性.进而得到对于确定的角 α,比值

$\frac{y}{r}$ 不会随点 P 在 α 的终边上的位置的改变而改变. 同理,对角 α 的余弦和正切也成立.

师：理解等式 $\sin\alpha=\frac{y}{r}$ 的意义,它实际上是 $\alpha \to \frac{y}{r}$ 的对应关系,即当 α 确定时,有唯一确定的 $\frac{y}{r}$ 与之对应.

问题 3 $\alpha \to \frac{y}{r}$ 是一种什么对应关系？

师（提示）：如果在一个数集当中任意一个元素,在另一个数集当中都有唯一确定的元素与之对应,那么这是什么对应关系？

生（齐答）：函数关系.

设计意图：注意引导学生,角 α 既是一个角,又是一个实数（弧度数）. 因为在弧度制下,角的集合与实数集 **R** 之间建立起了一一对应的关系. 这样才能与函数定义中的"两个非空数集"保持一致.

师：对应关系 $\alpha \to \frac{y}{r}$,是不是只在 $\alpha\in\left[0,\frac{\pi}{2}\right]$ 范围内才存在呢？

生$_2$：是的.

师：那角 α 的终边表示的角有多少个？

生$_2$：无数个.

师：怎么表示的？

生$_2$：$\alpha+2k\pi$,$k\in\mathbf{Z}$.

师：既然有无数多个角,怎么能说对应关系 $\alpha \to \frac{y}{r}$,只在 $\alpha\in\left[0,\frac{\pi}{2}\right]$ 范围内才存在呢？

设计意图：此处学生已出现从锐角过渡到任意角的认知障碍,教师应及时给予正确的疏导,通过对学生错误的质疑释疑,巧妙地将其转化为"美丽的错误".

问题 4 从锐角获得的 $\sin\alpha=\frac{y}{r}$ 能否推广到任意角？

设计意图：教师引导学生思考,任意角是否也存在对应关系 $\alpha \to \frac{y}{r}$？同时让学生经历类比、联想等思维过程,完成从锐角三角函数到任意角的三角函数概念的建构.

师：当角 α 的终边落在第二象限时,如图 4 所示,是否也存在这样的对应关系？

设计意图：通过图 4 的直观呈现,以"形"刺激,突破学生认知图式中锐角的局限.

生$_3$：存在,因为点 P 仍然有坐标 $P(x,y)$,有比值 $\frac{y}{r}$,且 $\sin\alpha=\frac{y}{r}$ 的值不变.

师：从锐角推广到任意角（终边落在其他象限）依然有关系 $\alpha \to \frac{y}{r}$ 成立,即当 α 确定时,有唯一确定的 $\frac{y}{r}$ 与之对应. 那你们觉得把它叫作什么比较合适？

生$_4$：因为我看出它与三角有关系,所以我们可以叫它三角函数.

师：那更具体一点呢？在锐角的时候,我们叫它什么？

生$_4$：锐角三角函数，如果锐角扩展到任意角的话，我们可以叫它任意角的三角函数.

师：那特定的$\frac{y}{r}$呢？在锐角三角函数里叫什么？

生$_4$：$\frac{y}{r}$在锐角里叫正弦，用符号"sin"表示.

问题5 在任意角的时候，能否依然沿用这种符号和名称呢？

生$_4$：可以.

师：好，在此过程中，我们并不只是推广符号和名称，重点是推广角 α 与比值 $\frac{y}{r}$ 之间的这种函数对应关系. 因此，依然称比值 $\frac{y}{r}$ 为角 α 的正弦，$\sin \alpha$ 为角 α 的正弦函数.

师：那刚刚从锐角获得的余弦和正切，即 $\cos \alpha = \frac{x}{r}$，$\tan \alpha = \frac{y}{x}$ 能否推广到任意角呢？

生：能.

设计意图：教师低调、轻松的风格，使学生不会因为不熟悉的符号而畏缩，不会感觉好像在受数学的威胁.

师：请同学们观察上述三个等式，有什么需要注意的地方？

生$_5$：在 $\tan \alpha = \frac{y}{x}$ 中，$x \neq 0$，也就是说，角 α 的终边不能落在 y 轴上.

（此时教师鼓励学生类比、联想锐角三角函数，尝试着主动建构任意角的三角函数的概念）

生：平面直角坐标系中，在任意角 α 的终边上任取点 $P(x, y)(r = \sqrt{x^2 + y^2} > 0)$，规定 $\sin \alpha = \frac{y}{r}$，$\cos \alpha = \frac{x}{r}$，$\tan \alpha = \frac{y}{x}(x \neq 0)$.

师（总结）：对于确定的角 α，比值 $\frac{y}{r}$ 和 $\frac{x}{r}$ 都唯一确定，故正弦和余弦都是角 α 的函数. 同理，对于确定的角 $\alpha (\alpha \neq \frac{\pi}{2} + k\pi, k \in \mathbf{Z})$，比值 $\frac{y}{x}$ 也唯一确定，故正切也是角 α 的函数. $\sin \alpha$，$\cos \alpha$，$\tan \alpha$ 分别叫作角 α 的正弦函数、余弦函数、正切函数. 以上三种函数都称为三角函数.

以上是借鉴汲取陆萍老师的课堂实录，实现了"终边定义法"下的任意角的三角函数概念的建构. 下面进行"单位圆定义法"与"终边定义法"的无缝连接.

问题6 能否通过取适当点 P，将任意角的三角函数定义中的表达式简化呢？

生$_6$：如果 $r = 1$，此时 $\sin \alpha = y$，$\cos \alpha = x$，也就是说，角 α 的正弦值等于点 P 的纵坐标，角 α 的余弦值等于点 P 的横坐标.

设计意图：教师引导学生对比发现，取到原点的距离 $r = 1$ 时，能简化表达式，体现简约思想，并为引出单位圆奠定基础.

在直角坐标系中，称以原点 O 为圆心，以单位长度为半径的圆为单位圆.

利用单位圆定义任意角的三角函数.

任意角的三角函数定义[4]：如图9所示，设 α 是一个任意角，它的终边与单位圆交于

点 $P(x, y)$，那么，

(1) y 叫作 α 的正弦（sine），记作 $y = \sin \alpha$，即 $\sin \alpha = y$.

(2) x 叫作 α 的余弦（cosine），记作 $x = \cos \alpha$，即 $\cos \alpha = x$.

(3) $\dfrac{y}{x}$ 叫作 α 的正切（tangent），记作 $\dfrac{y}{x} = \tan \alpha$，即 $\tan \alpha = \dfrac{y}{x}(x \neq 0)$.

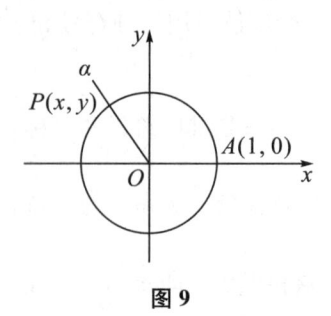

图 9

设计意图：为体现用单位圆上点的坐标定义任意角的三角函数的优点之一，可再次引导学生理解引进弧度制的必要性．即采用弧度制度量角，就是用单位圆的半径来度量角，这时角度和半径长度的单位一致，这样，三角函数就是以实数（弧度数）为自变量，以单位圆上点的坐标（也是实数）为函数值的函数[3]．需要特别指出的是，此定义完善了人教 A 版必修 4 中任意角的三角函数定义的两个小瑕疵，详见参考文献[4]．

四、结语

本节结合来自四川、北京、江苏的三位名师分别执教，且具有代表性的三节"任意角的三角函数"课堂实录，提出将两种定义方法有机融合的教学实施建议，使其更符合学生的认知发展规律，有利于学生建构其知识结构图，从而真正理解概念的本质．

数学教学需要问题来驱动，数学思维需要问题来发动，数学灵感需要问题来触动[5]．因此，在数学教学中设计具有逻辑性、生成性、层次性的问题串，是学生享受数学乐趣的切入点．数学问题有了逻辑性，才是合理、自然的，学生才能效仿、尝试着提出新的问题，并且愿意去解决这些问题；数学问题有了生成性，学生在一个初始问题的引导下，才会顺着自然的思路、逻辑的框架提出一系列问题；数学问题有了层次性，学生在不同层级问题间的跨级和交换，才会实现从具体的操作向数学思想方法、数学观念的跨越．这样的数学课堂，学生才拥有了参与数学活动的主动权，才拥有了"吾思故吾在"的感悟，才能感受到自己最直接的价值，感受到学习的快乐．

参考文献

[1] 刘绍学，钱珮玲. 普通高中课程标准实验教科书数学 4（必修）（A 版）[M]. 北京：人民教育出版社，2007：11－13.

[2] 陆萍. 高中数学名师课堂：《任意角的三角函数》[EB/OL]. [2017－12－27]. https://www.ixigua.com/i6495641726386962957/? utm _ source = toutiao&utm _ medium = feed _ stream # mid = 71675369193.

[3] 章建跃. 为什么用单位圆上点的坐标定义任意角的三角函数 [J]. 数学通报，2007，46（1）：

15—18.
[4] 王佩，赵思林. 对人教 A 版高中数学教材中几个问题的商榷 [J]. 教学与管理（中学版），2018 (2)：42—44.
[5] 王佩，赵思林. 基于问题驱动的数学教学设计——以"任意角的三角函数"为例 [J]. 中学数学月刊，2017 (10)：17—20.

第三节　多种教学理论视角下的排列概念的教学设计①

摘　要：排列概念的教学设计应运用知识逻辑、教学逻辑、学习逻辑等规律. 具体来说，运用知识逻辑要考虑排列概念抽象概括的过程，提炼排列概念蕴涵的数学观；教学逻辑需根据学情，以 APOS 理论的四步程式为"教学路线"，以发现教学法"激发创意"，以问题串的方式"点燃思维"，以培养数学核心素养为"目标归宿"；学习逻辑应重视激发学习动机，要组织好学习材料，并注意学习材料呈现的时机和方式.

关键词：排列概念；教学理论；逻辑；教学设计

教学的根本原理可以归结于教是为了学. 数学教学以学生的意义学习、认知加工和知识内化为基本目标，其归宿是为了学生的学习. 数学学习作为一种复杂的、交互的、动态的脑力活动，应遵循学习的规律和学习的理论. 排列概念作为概念教学的一个难点，适宜整合多种教学理论，并充分运用知识逻辑、教学逻辑、学习逻辑等规律. 具体来说，运用知识逻辑要考虑排列蕴涵的两大数学观：一是数学模型观（排列的定义与排列数公式均是数学模型），二是注意"元素"和"位置"的相对观. 教学逻辑在根据学生学情的前提下，排列概念的教学以 APOS 理论的四步程式为"教学路线"，排列数公式的发现以发现式教学法"激发创意"，教学全过程以问题串的方式"点燃思维"，教学目标以培养数学核心素养为"目标归宿"，如图 1 所示. 学习逻辑既要了解学生的学习需求、能力水平、认知风格，又要考虑认知冲突的设计、学习动机的激发、深度思维的参与，还要考虑学习材料（如问题、例题、练习等）的组织及呈现的时机和方式，此外，学习逻辑应体现主体参与、操作感知、意义建构、认知理解、知识迁移、形成图式等学习过程.

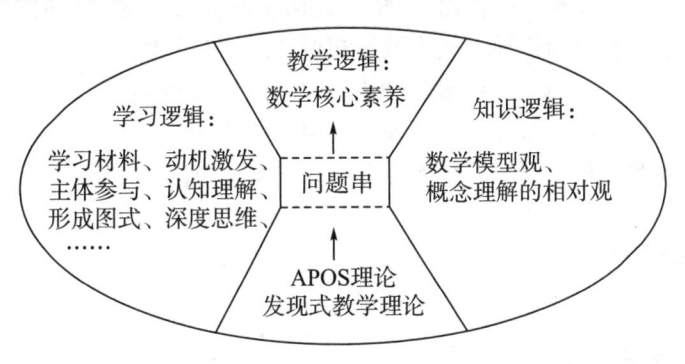

图 1　排列概念的教学理念

---

① 作者：刘艺、赵思林. 本节内容刊登在《中学数学月刊》2020 年 8 期.

一、教学理论概述

（一）APOS 教学理论

杜宾斯基（Dubinsky）提出的 APOS 理论是数学概念教学的重要理论．该理论认为学生学习数学概念需要在已有知识、经验的基础上，经过四步程式，即操作（Action）阶段、过程（Process）阶段、对象（Object）阶段、图式（Schema）阶段[1]，主动建构新知识的意义，形成数学知识、数学技能和数学观念的图式．"排列"对高二学生来说是一个半旧半新的概念，学生处于似懂非懂的认知状态，似懂是指对"排列"概念的字面意义学生懂一点，非懂是指对"排列"严格定义中的"元素""顺序"等概念并非真正能懂．因此，排列概念的教学可按照问题情境、抽象概括、提炼定义、公式推导等过程展开．此过程恰好与 APOS 理论的四步程式（操作→过程→对象→图式）构成一一对应．排列概念的教学流程适合以 APOS 理论的四步程式为"教学路线"，这体现了"过程与方法"教学理念．

（二）问题驱动教学理论

"问题是数学知识的心脏"，"问题是数学教学的心脏"，问题是"四能"教学的焦点，"四能"是学习目标的灵魂．数学知识需要问题来发动，数学教学需要问题来驱动，数学学习需要问题解决来行动．APOS 理论的每一步都与问题密切相关．事实上，"操作→过程→对象→图式"中每一步的实施都可用"问题"来串联，这更有利于激活学生的持续思维和深度思维．问题驱动教学理论的本质就是问题串的教学．问题串有这样一些特点：指向一个目标抽丝剥茧式追问；各子问题之间符合知识间内在的逻辑联系；各子问题存在一定的思维空间，符合自主建构知识的情境[2]．问题串的活用有助于学生获得数学思维素养．

（三）发现式教学理论

波利亚在《数学的发现》中指出："学习任何东西的最好的途径是自己去发现．"[3] 发现式教学是指学生在教师的指导下成为数学知识"再创造"者的一种教学方法，即让学生通过观察、思考、讨论、归纳、猜想等方式，主动地去发现问题、提出猜想、证明猜想、获得知识、应用知识．排列数公式的发现可采用"试算→观察→归纳→猜想→证明"的方法，引导学生从问题 1 和问题 2 的特例计算中归纳并猜想出排列数公式，最后给予证明．

二、教学分析

（一）教学内容分析

排列的内容安排在人教版 A 版《数学选修 2-3》第一章第 2 节，相对独立，自成体系．本节紧接在两个基本计数原理之后，是学生学习概率统计知识的基础．

（二）教学目标

让学生经历问题情境、抽象概括、提炼定义、发现公式等过程，理解排列和排列数的概念，掌握排列数公式的推导，了解排列的数学观，能够解决一些实际问题，培养数学抽象、数学建模、逻辑推理、数学运算等核心素养.

（三）教学重点和难点

重点：排列的概念，排列数公式.

难点：排列的数学观，实际问题的建模.

三、教学过程

（一）问题引入——操作阶段（Action）

此阶段让学生接触问题情境，感知、认识并抽象概括4个小题的共同特点.

问题1 （1）北京、成都、上海之间的高铁（只考虑一个班次，且每个班次只计为1类车票），问任意两个城市之间需要几类不同车票？

（2）从1、2、3这三个数字中任取出两个数字，可以组成几个没有重复数字的两位数？

（3）新学期我们班要从3个学生中选拔一名班长和一名学习委员（不能兼任），有几种选拔结果？

（4）现有班长、学习委员、体育委员3个空缺职务，2名学生来参选（一个职务只能有一人担任，且不能兼任），有几种选拔结果？

说明：四个小组分别完成第1、2、3、4题，各小组派代表回答.

设计意图：呈现的4个问题情境贴近学生经验，让学生获得对问题的感性认识. 要求分组思考后，各组推选代表交流思路历程和结果，激发学习动机，刺激学生与问题对话，这符合学习逻辑.

（二）抽象概括——过程阶段（Process）

在上一阶段，引导学生用数学抽象的眼光观察4个小题的共同特点，抽象出"元素""顺序""占位"等核心概念，形成表象，在此基础上得到排列的朴素概念.

问题1.1 问题1中的对象有哪些？各共有几个对象？取出来的对象是怎样安排的？

预设：学生、职位、城市、数字；各共有4个对象；"选取出来的对象按照一定顺序排成一列".

追问：怎样理解"顺序"？怎样把"顺序"直观地表示出来？

由此预设引出"元素""占位"的概念.

问题1.2 用"元素""占位"概念叙述问题1；问题1中4个小题的情境虽不同，但其背后的数学结构（即数学模型）是否相同？能否建立一个数学模型？

预设：数学模型：取元素，占位置. 简化为：取元，占位.

问题 1.3 在问题 1 中，(3)(4) 的"元素"和"位置"分别是什么？

设计意图：设置 4 个小题，让学生认识到虽然问题的情境不同，但其数学的本质（结构/模型）相同. ①通过抽象得到"元素"和"顺序"的概念，这里"顺序"的概念是从"选取出来的对象按照一定顺序排成一列"里抽象出来的. ②怎样比较简便地对"顺序"进行"操作"或直观地表征"顺序"？结合实例让学生理解体现"顺序"就是"占位置". ③综上可概括出排列的数学模型："取元素，占位置"，简化为"取元，占位"，再简化为"取元占位"，这里经历的三次简化就是三次抽象. ④问题 1 的 4 个小题都可以归结为"从 3 个不同元素中取出 2 个元素，然后把这 2 个元素按照一定的顺序排成一列，叫作从 3 个不同元素中取出 2 个元素的一个排列"，这个叙述太长，可简化为"从 3 个元素取 2 个元素，然后让 2 个元素去占 2 个位置"，再简化为"从 3 个元素取 2 个去占位"，这里用了两次抽象. 从知识逻辑来看，我们得到了排列的数学模型，即"取元占位"，这个"口诀"比排列的定义简单了很多，符合把"复杂知识讲简单"的教学逻辑，也符合"口诀易学"的学习逻辑. ⑤问题 1.3 的作用在于让学生理解"元素"和"位置"的相对性，即在不同的情境下，"元素"和"位置"可以互换位置. 对上述问题的分析与探究，可培养学生的数学抽象、数学模型等核心素养.

（三）归纳推理——对象阶段（Object）

在问题 1 的基础上，对上一阶段得到的特殊情境下的概念进行一般化，就能得到形式化的定义及符号，让学生对"排列"这个"对象"形成一个明确的概念.

定义 1 从 n 个不同元素中取出 $m(m \leqslant n)$ 个元素，按照一定的顺序排成一列，叫作从 n 个不同元素中取出 m 个元素的一个排列（Arrangement）. 当 $m < n$ 时，叫作选排列；当 $m = n$ 时，叫作全排列.

设计意图：在"抽象概括——过程阶段"已经得到"从 3 个元素取 2 个去占位"的排列概念. 只要把从数字 3，2 分别推广到 n，m，即得排列的形式化定义. 此阶段主要用了归纳推理、数学抽象，可以培养学生的数学抽象、逻辑推理等核心素养.

问题 2 举出几个生活中排列的例子.

定义 2 从 n 个不同元素中取出 m（$m \leqslant n$）个元素的所有不同排列的个数，叫作从 n 个不同元素中取出 m 个元素的一个排列数，用符号 A_n^m 表示.

问题 2.1 在排列数 A_n^m 中，n 为元素总数，m 为位置个数，且 $m \leqslant n$. 怎样区分"元素"和"位置"呢？

设计意图：问题 2 的安排体现了"实例→理论→实际"的认识观. 区分"元素总数"和"位置个数"的原则（即"位置个数"不大于"元素总数"），对初学者是有用的. 定义 2 为后面探究 A_n^m 的算法做铺垫.

问题 3 下列问题哪些是排列问题？并说明理由.

(1) 从 2，3，4，5 中任取两个数相乘，可得到多少个不同的积？

(2) 从 2，3，4，5 中任取两个数相除，可得到多少个不同的商？

(3) 从集合 $\{x, y, z\}$ 中任取两个数作为一个有序数对，可得到多少个不同的有序数对？

设计意图：问题 3 既有巩固新知、促进知识迁移的作用，又有为计算 A_n^m 埋下伏笔之意. 此问题旨在培养学生的数学抽象、逻辑推理、数学运算等核心素养.

（四）发现排列数公式——图式阶段（Schema）

在此阶段，让学生经历"特殊→一般→猜想"的发现过程，体会排列数公式的"再创造". 让学生将新知识纳入原有知识结构，形成新的认知结构（图式）.

问题 4 我们已知道了排列数 $A_3^2=6$，$A_4^2=12$，那么 A_n^2 是多少？A_n^3 是多少？由此能否发现计算 A_n^m 的一般规律？能证明它吗？

让学生经历"从特殊到特殊，再到一般"的合情推理过程，得到猜想.

猜想：$A_n^m=n(n-1)(n-2)\cdots(n-m+1)$ $(m,n\in \mathbf{N}^*,m\leqslant n)$.

当 $m=n$ 时，叫作 n 个元素的一个全排列，即 $A_n^n=n\times(n-1)\times(n-2)\times\cdots\times3\times2\times1=n!$.

符号"!"读作"阶乘". 特别地，规定 $0!=1$.

设计意图：①对问题 4 采用发现法教学，让学生经历"特殊→一般→猜想"的发现过程，培养创新思维能力；②猜想的证明留作课后思考或作业，让学生带着问题走出教室. 从知识逻辑来看，我们得到了排列数的数学模型，即排列数公式. 排列数公式是排列数定义的进一步数学化，符合教学逻辑和学习逻辑. 问题 4 的教学可培养学生的逻辑推理、数学计算、数学建模、数学创新意识等核心素养.

（五）回顾总结，交流答疑

略.

（六）布置作业，练习巩固

略.

四、教学反思

（一）数学教学目标指向于培养学生的数学核心素养

数学核心素养既是个体在长期的数学理解、应用、思维、发现（创造）等活动中反复修炼、自主生成的过程，也是个体对数学经验不断积累、反省、反证的自我体验过程[4]. 数学教学重视数学观的教学是知识逻辑之应然，有助于学生获得数学思想素养，并把数学知识上升到数学观念的水平. 运用 APOS 理论的四步程式，体现了"过程与方法"教学理念，学生可获得"四能"素养；运用发现教学理论可让学生经历"再创造"排列数公式的过程，有利于培养学生的创新意识；数学思维的鲜花永远生长在问题串的土壤上，问题串揭示了问题驱动教学理论的核心机制，问题串的活用有助于学生获得数学思维素养. 因此，提炼排列的数学观、运用 APOS 理论、发现教学理论和问题驱动教学理论，都指向于培养学生的数学核心素养.

（二）充分发挥数学问题的"心脏"功能

问题是知识逻辑、教学逻辑、学习逻辑的心脏. 问题在实现"情境→问题→知识"的过程中发挥着桥梁作用，基于问题与问题解决的教学是数学教学的基本理念，问题是体现学习逻辑、实现学习方式多样性的基本载体．教师在教学中要借助问题串教学，让学生充分暴露思考过程和各种逻辑错误，并促进深度思考和批判性思维；通过问题解决，让学生提高分析问题、探究问题和解决问题的能力，并增加学习的获得感；通过追问，让学生拓展思维的广度、深度和厚度，并促成全脑思维.

（三）提倡"从数学知识到数学观念"的深度学习

数学观对数学知识具有"高观点"作用．提炼排列的数学观有助于学生获得数学思想素养，并有助于学生把数学知识上升到数学观念的水平．这节课凝练了两大数学观：一是数学模型观（排列是一种数学模型——取元占位，排列数也是一种数学模型——排列数公式），分别源于对问题 1 中 4 个"情境"的数学化和对问题 4 中由特殊到一般的不完全归纳法；二是概念（即"元素"和"位置"）理解的相对观，正确理解"元素"和"位置"这两个核心概念，是理解排列概念的有效策略[5]．数学教学设计应充分运用知识逻辑、教学逻辑、学习逻辑的内在力量，在多种教学理论的指导下，发掘排列概念的数学观，让学生通过典型案例进行意义建构，并对排列概念经历"从知识到观念"的深度学习过程.

参考文献

[1] 张奠宙，宋乃庆．数学教育概论［M］．北京：高等教育出版社，2016：119-120.

[2] 卓斌．例谈数学教学中问题串的设计与使用［J］．数学通报，2013（6）：40-43.

[3] 乔治·波利亚．数学的发现：对解题的理解、研究和讲授［M］．刘景麟，曹之江，邹清莲，译．北京：科学出版社，2006：283.

[4] 赵思林．数学核心素养的培养策略［J］．数学通报，2019，58（5）：28-32.

[5] 王佩，赵思林．浅谈高效破解排列应用问题的数学观及解答策略［J］．数理化学习，2018（2）：6-9.

第四节　基本不等式教学研究综述[①]

摘　要：基本不等式是培养学生发现数学知识、逻辑推理能力和数学应用意识的好素材．采用文献法，分析了基本不等式的数学文化价值，介绍了四个课程标准对基本不等式的教学要求，探讨了基本不等式教学需要注意的几个问题，并提出了一些教学建议.

关键词：基本不等式；教学研究；综述

一、基本不等式的数学文化价值

（1）从赵爽的"弦图"可发现基本不等式．早在公元 3 世纪，中国数学家赵爽在给

[①] 作者：唐瑞、赵思林．本节内容刊登在《教学月刊：中学版》2020 年 7、8 期.

《周髀算经》"勾股圆方图"作注时，便写道："以图考之，倍弦实，满外大方，而多黄实．黄实之多，即勾股差实，以差实减之，开其余，得外大方．大方之面，即勾股并也．"[1] 用数学符号语言表达，即：若直角三角形两直角边为 a，b，$a>0$，$b>0$，斜边为 c，则 $(a+b)^2=4ab+(b-a)^2$，$(a+b)^2=2c^2-(b-a)^2=2(a^2+b^2)-(b-a)^2$，由此可得不等式链 $4ab \leqslant (a+b)^2 \leqslant 2(a^2+b^2)$．从而，可得 $\sqrt{ab} \leqslant \dfrac{a+b}{2}$ ($a \geqslant 0$，$b \geqslant 0$)，当且仅当 $a=b$ 时取"$=$"．

赵爽通过直角三角形能够发现不等式链 $4ab \leqslant (a+b)^2 \leqslant 2(a^2+b^2)$ 是非常了不起的，在此链中 a，b，c 为实数即可．

（2）从欧几里得的矩形之变可发现基本不等式．古希腊数学家研究过部分中项的几何作图法以及它们之间的数量关系．欧几里得在《几何原本》卷六命题 13 中给出了两条已知线段之间的几何中项的作图法，现行教材就是采用的这种几何证明方法[1]．

（3）从芝诺多鲁斯的等周问题可发现基本不等式．在欧几里得之后，芝诺多鲁斯写了一本名为《论等周图形》的书，专门研究等周问题．在书中，他给出了许多命题，其中一个是："在边数相同、周长相等的所有多边形中，等边且等角的多边形的面积最大．"[1] 在四边形情形中，我们考虑长为 b、宽为 a 的矩形以及与之等周的正方形（边长为 $\dfrac{a+b}{2}$），即有不等式 $\sqrt{ab} \leqslant \dfrac{a+b}{2}$．

二、四个课程标准对基本不等式的教学要求

《上海市中小学数学课程标准（试行稿）》[2] 对基本不等式的教学要求是：利用平方的非负性导出基本不等式 $a^2+b^2 \geqslant 2ab$，并导出相关二元不等式，掌握基本不等式并会用于解决简单的问题．这个推导公式的思路自然、简单，也是以前教材成功的做法．苏教版《普通高中数学课程标准（实验）》[3] 的要求是：探索并了解基本不等式的证明过程，会用基本不等式解决简单的最大（小）值问题．这个课程标准强调其证明过程的探索与发现．《普通高中数学课程标准（实验）》的要求是：了解基本不等式的证明过程，会用基本不等式解决简单的最值问题．这个课程标准重视基本不等式的应用．《普通高中数学课程标准（2017 年版）》[4] 的要求是：掌握基本不等式 $\sqrt{ab} \leqslant \dfrac{a+b}{2}$ ($a \geqslant 0$，$b \geqslant 0$)；结合具体实例，能用基本不等式解决简单的求最大值或最小值问题．2017 年版课程标准限定了应用范围，即求解最值问题，也即求解最优化问题，最优化问题的解决有利于让学生感受到基本不等式的实用价值，增强学习的成就感．但若仅限于求解最优化问题，则会限制师生利用基本不等式去探究更多有价值数学问题的兴趣，缩小基本不等式广泛的应用价值，这容易让人产生"用高射炮打只蚊子"的感觉．

三、基本不等式的教学研究

（一）教材的分析

(1) 教材的地位与作用

"基本不等式"是初中学过不等式的几条简单性质及一元一次不等式的解法、高中学过一元二次不等式的解法之后，人教 A 版教材从几何背景（赵爽弦图）中探究发现的结论. 基本不等式的较高应用价值体现在以下几方面：一是发现和证明其他一些不等式的重要工具，如利用基本不等式可发现和证明 n 元算术—几何平均值不等式[5]；二是求解最值问题的有力工具；三是解决其他数学问题的重要工具；四是高考数学的重点和热点；五是学习高等数学的基础.

(2) 教学目标

结合课程标准要求、教材内容和学生实际，袁红[6]将本节课的教学目标确定如下：①能在具体的几何问题情境中，通过抽象概括及演绎替换获得基本不等式；②在多角度探索基本不等式的过程中，体会数形结合的数学思想方法；③会运用基本不等式解决简单最值问题，体会数学的应用价值. 此外，祝存建[7]还提出，基本不等式的证明也应该作为本节课的教学目标，让学生在得出基本不等式的过程中，体会数学建模的思想，感受数学形式化结论的一般形成过程——实验、观察、猜想、归纳、抽象、概括，形成结论，体会数学的理性思维价值，便于发现学生的数学思维能力.

(3) 教学的重点和难点

大部分教师都将"应用数形结合的思想理解基本不等式，并从不同角度探索基本不等式的证明过程"视为教学重点；将"从不同角度探索基本不等式的证明，能利用基本不等式的模型求解函数最值"作为教学难点. 陶文晶[8]建议，应该将基本不等式成立时的三个限制条件（简称"一正、二定、三相等"）作为本节课的难点. 从教学实践来看，很多初学者对"一正、二定、三相等"的掌握并不容易，这的确是一大难点.

（二）基本不等式教学需要注意的几个问题

黄娅、张波[9]对教师的"面向教学的数学知识（MKT）"的调查发现，基本不等式教学存在三个问题：一是教师自身的数学知识系统不够完善，二是不够重视数学知识本质的教学，三是教学缺乏足够的反思、自省. 因此，教师自身提升数学素养和教学素养是非常必要的.

(1) 在新课的引入中渗透数学文化或联系生活实际问题

基本不等式的引入方式大致分为五种：一是从基本不等式的历史背景引入，如人教 A 版利用赵爽的"弦图"引入；二是从其他学科知识引入，如在苏教版教材中，通过天平称重，引导学生利用物理知识得出数学公式；三是从生活实际问题引入[10]，如利用"装箱"问题引入；四是从代数问题引入，如通过赋值比较 $\sqrt{ab}$ 与 $\dfrac{a+b}{2}$ 的大小[11]，由特殊到一般归纳出基本不等式；五是采用公理化思想的方法，即直接把 "$a^2 \geqslant 0\ (a \in \mathbf{R})$" 作为不等式的一个公理[5]，由此推导出基本不等式，这样处理突出了数学知识的内在联系，可以回避烦琐情境，降低学生的认知负荷. 曾萍、邵婧怡[12]对"弦图"引入法提出质疑：①用"弦图"表示重要不等式的等号成立的条件不易直接从"弦图"看出；②分别以 $\sqrt{a}$，$\sqrt{b}$ 替换 a，b 的思路不自然；③证明方法单一，不利于培养发散思维. 对此，利用 AMA 软件，通过对原图形的伸缩变化，减少视觉对图形位置改变的处理，减少注意力的分散；用"问题串"引导学生对重要不等式进行变形，得到基本不等式；分别从几何视角和函数视角解释基本不等式，以增强对不等式的理解. 但需注意的是，若用赵爽的"弦图"引入，则会产生数学"育人"之效应，一是可激发学生的爱国主义情感，二是可渗透数学文化的教育. 张忠旺[13]认为第一种引入方式中的"弦图"的本质就是完全平方公式的变形，也即基本不等式的几何意义；第二、三种引入方式过于复杂，耗时较长，冲淡了教学目标；第四种引入方式有虚假之感；第五种引入方式的困难在于学生对"公理"的理解并不容易.

每种引入方式都有利有弊，应根据学生的实际情况选择合适的引入方式. 综合来看，利用"天平称重"引入基本不等式是较佳的方式，不仅联系生活实际，而且涉及物理知识，最重要的是避免了人教 A 版中"替换"的不自然过程，通过分析真实重量，直接得到 $\sqrt{ab}$ 和 $\frac{a+b}{2}$，再通过猜测、验证得出基本不等式. 这个引入方式自然、简捷，有利于学生体会数学建模思想，但会增加学生的认知负荷.

（2）基本不等式证明方法的选择

人教 A 版教材仅给出三种证明方法，即分析法、综合法和几何模型法. 陶文晶、郭要红[8]认为，用人教 A 版中第一种证明方法即分析法有困难，难点在于学生不容易理解为什么可以这样证明以及证明的书写格式，其原因是学生还没有接触过分析法的逻辑依据，教师需对分析法证明的合理性进行适当说明. 用分析法证明不等式，在 2003 年前的教材中虽然安排了 2 学时，但仍有很多学生学得很艰难甚至痛苦；现行的人教 A 版教材只安排了几分钟，可能教材编写专家低估了分析法的教学难度，需要评估这种安排的实际效果.

黄娅、张波[9]对教师采用的证明方法调查发现，采用作差法占 59.3%，几何模型法占 51.9%，分析法占 48.1%，函数单调性占 14.8%，弦图占 11.1%. 需要说明的是，不少教师同时选用了 2~3 种引入方法. 基本不等式不仅有代数表示和几何意义，而且可以和其他知识（数列、向量）建立联系，只有打通基本不等式与其他知识之间的壁垒，才能对知识体系结构通晓以理，融会贯通[14].

（3）对基本不等式中"基本"的解释

在学完基本不等式后，有学生会问：为什么称 $\sqrt{ab} \leqslant \frac{a+b}{2}$ ($a \geqslant 0$，$b \geqslant 0$) 为基本不等式？曾萍、邵婧怡[12]从两个正数通过加法、乘法、除法和开方的运算，发现算术平均数与几何平均数的大小的规律来解释"基本"二字；也可以用基本不等式涉及代数与几何中的"基本量"，以及不等式表述的形式简单明了地解释"基本"二字. 陈义明[15]通过分析学习基本不等式的重要性，得出对"基本"二字的认识. 笔者认为，关于"基本"的解释宜点到为止.

（4）运用基本不等式的解题要领的口诀："一正、二定、三相等"

学习的关键环节是个体利用工作记忆系统对所关注信息的加工，其心理机制是对"组块"进行加工,加工能力受到个体的工作记忆容量的限制,即满 14 岁的人的工作记忆容量为 7±2 个组块[16]. 这里的组块是用于计量工作记忆容量的最小单位[17],可能是一个字、一个字母、一个术语、一个词组等. 根据这些理论,一线教师常常会在讲解完一个知识点或一类题目时,为学生总结出一个解题规律的口诀,口诀的妙处在于减少记忆加工的组块,可以让学生的记忆变得更轻松. 粗略估算,初学者加工 $\sqrt{ab} \leqslant \frac{a+b}{2}$ 需要 8 个组块(分数线没有计算在内),加工"一正""二定""三相等"又至少需要 3 个组块,合计有 11 个组块,这显然超过了正常人工作记忆容量的上限. 如果再考虑面对新的具体问题,则会新增一些组块. 这就不难理解,即使有了口诀,学生在运用基本不等式时仍易忽视"一正、二定、三相等"[9]的深刻原因了. 对本节课来说,教师一般都会在讲完例题后总结出用基本不等式解题的要领的口诀,即"一正、二定、三相等". 这个口诀的确比较重要,但不宜由教师灌输,最好是用 3 个反例让学生经历"错误"过程,然后反思"错误"原因,最后让学生自己总结得到"口诀",这符合建构主义教学理念.

(5) 基本不等式与重要不等式的关系

基本不等式与重要不等式的关系不是难点,难点在于如何由重要不等式推导出基本不等式. 在人教 A 版中,教材直接将重要不等式 $a^2+b^2 \geqslant 2ab$ 中的 a,b 分别替换为 $\sqrt{a}$,$\sqrt{b}$,得到 $a+b \geqslant 2\sqrt{ab}$,学生很难理解这种替换的必要性. 钟志华、李渺[18]通过问题串"重要不等式还可以做怎样的变形?""看到不等式的左边,你能想到什么熟悉的数学知识?""能不能将不等式左边转化为算术平均数?""如何转化?"等一系列问题,逐步引导学生通过代换将重要不等式变为基本不等式. 张礼勇[19]等的做法较为巧妙,利用弦图引入重要不等式,利用折纸活动引入基本不等式,再让学生找出它们的异同,但这种方式比较耗时.

四、基本不等式的教学建议

数学教学是一个复杂的动态系统,需要关照的事项很多,如新课如何引入、新知如何探究、知识如何发现(或再创造)、知识如何理解(内化)、知识如何迁移、技术如何辅助等.

心理学认为,激发学习动机和学习兴趣是教学成功的关键. 因此,在新知引入环节,应高度重视学习动机和学习兴趣的激发. 如果引入环节自然、新颖、简单、有趣,那么整堂课就成功了一半. 对于本节课而言,弦图法、生活情境、代数法、"问题串"等引入方法各有利弊. 对此,教师应根据学生的实际情况和最近发展区,优先选择生活情境、弦图法、"问题串"等引入方式.

抓住时机培养学生的创造性思维. 基本不等式的证明是本节课的重点之一,教师应当根据学情,选择证明方法,除教材中提到的比较法、分析法及综合法,还有几何法. 鉴于基本不等式的证明方法很多[9],可以抓住"一题多证"这一培养学生发散思维的良机. 这有助于培养学生的创造性思维,其依据是心理学的一句名言——"发散思维是创造性思维的核心". 但需注意的是,聚合思维也能培养创造性思维,因此,不宜过度发散,发散之后还应聚合.

建构主义学习理论认为，学习是个体对知识的意义建构. 知识的意义建构究其本质来说，就是让学生"理解数学"."理解数学"可以从问题的生活意义、历史意义、代数意义、几何意义等角度着手.

针对"公式"课型的教学，与其说是教公式，不如说是教发现. 因此，本节课适合采用以"发现教学法""发现学习法"为主的教学方法. 在教学时，应考虑把公式的发现过程变成学生积极主动的探究过程，这对培养学生的"数学探究"意识和探究能力都是有益的. 对基本不等式做一些变式和推广，能够让学生经历猜想（即等待证明的命题）的发现、提出、分析和解决的过程，这无疑对培养学生的"四能"大有益处.

参考文献

[1] 杨志文. 基本不等式的历史背景及几何意义 [J]. 新高考：高一数学，2017（5）：11-12.
[2] 上海市教育委员会. 上海市中小学数学课程标准（试行稿）[M]. 2版. 上海：上海世纪出版集团，上海教育出版社，2004：12-13.
[3] 中华人民共和国教育部. 普通高中数学课程标准（实验）[M]. 北京：人民教育出版社，2003.
[4] 中华人民共和国教育部. 普通高中数学课程标准（2017年版）[M]. 北京：人民教育出版社，2017：13.
[5] 赵思林. 初等代数研究 [M]. 北京：科学出版社，2017：131-132.
[6] 袁红. "基本不等式"教学设计 [J]. 中国数学教育（高中版），2015（4）：43-46.
[7] 祝存建. 预设求精巧 生成方无痕——"基本不等式"的教学设计 [J]. 江苏教育：中学教学，2016（7）：59-61.
[8] 陶文晶，郭要红. 基于问题解决模式下的"基本不等式"的教学设计 [J]. 中小学数学（高中版），2015（4）：25-28.
[9] 黄娅，张波. 中学数学教师"基本不等式"部分MKT调查研究 [J]. 数学教育学报，2016，25（4）：84-88.
[10] 张龙兴. 引入均值不等式的教学新探索 [J]. 中学数学教学参考，2002（5）：14-15.
[11] 徐德均. "阅读 引导 探究 提炼"范式教学设计案例解析 [J]. 高中数学教与学，2017（10）：1-3.
[12] 曾萍，邵婧怡. 基于认知负荷理论的"基本不等式"教学设计 [J]. 中学数学杂志，2018（9）：9-12.
[13] 张忠旺. 数学教学中对"问题情境"创设的思考——以基本不等式的教学设计为例 [J]. 数学教学，2015（6）：8-10.
[14] 蒋茵. 提升数学核心素养的有效途径：与隐性知识深度对话——以基本不等式的教学为例 [J]. 上海中学数学，2018（11）：32-35.
[15] 陈义明. 在教学中践行"三个理解"——以《基本不等式（第1课时）》的教学为例 [J]. 数学通报，2017，56（12）：33-36.
[16] George A M. The magical number seven, Plus or minus two: Some limits on our capacity for processing information [J]. Psychological review, 1956 (63): 81-97.
[17] 钟祖荣. 组块与专家 [J]. 中小学管理，1996（2）：23.
[18] 钟志华，李渺. 基于变式教学的数学教学设计——以"基本不等式"为例 [J]. 数学通报，2019，58（5）：23-27.
[19] 张礼勇. 问题为主线，思维为核心——"基本不等式"（第1课时）教学设计 [J]. 中学数学教学参考，2017（1-2）：51-54.